『다시개벽』 2021 봄호 · 제2호

한국 예술론 특집∷ 형상 없는 흔적, 흔적 없는 형상

서학은 형상이 있으나
흔적이 없고
동학은 형상이 없는 듯하나
흔적이 있다

홍박승진

계간『다시개벽』의 매년 봄호는 '한국 자생적 사유의 흔적'이라는 주제를 다루려 한다. 매년 겨울호의 공통 주제는 '서구 이론 중심주의에 대한 비판'인데, 비판은 문제를 똑바로 보자는 것, 지금까지 틀린 질문만 던져오던 것을 그치고 정확한 질문을 새로이 던지자는 것이다. 그 질문에 대한 답변을 내놓는 것, 새로운 사유를 창조하는 것은 우리에게 너무 낯설고 너무 오래 망각된 일이다. 폐허 위에 높고 넓은 새 집을 세우려면 그만큼 깊고 단단한 토대를 쌓아야 한다. 새로운 열매를 얻으려면 씨앗부터 새롭게 돌보아야 한다는 믿음으로, 『다시개벽』은 봄이 올 때마다 이 땅에 널리 흩어진 자생적 사유의 흔적을 주워 모은다.

올해 봄호의 원고는 '문화예술'이라는 주제를 가지고 모았다. 문화예술은 사회나 학문에서 아직 또렷이 언어화되지 않았지만 이미 사람들이 은연중 느끼고 있는 바를 민감하고 날렵하게 포착하여 표현하는 능력이 있다. 자생적 사유를 모색해야 한다는 견해는 아직 비주류의 견해이지만, 자생적 사유가 필요하다는 느낌은 우리 삶에 공기처럼 퍼져 있는 것이 아닐까. 문화예술은 자생적 사유에의 목마름이라는 시대의 공기를 사회보다도 더 빠르게, 학문보다도 더 또렷이 담아낸 것이 아닐까.

제2호(봄호)의 주제를 '문화예술에 나타나는 자생적 사유의 흐름'으로 더욱 구체화하는 과정에서, 예술과 관련된 동학의 사유를 자연스럽게 떠올렸다. 지난 창간호(겨울호)에서부터 『용담유사』의 한 구절("유도불도 누천년에 운이역시 다했던가")을 활용하여 해당 호의 기획 주제("서구근대 백여년에 운이역시 다했던가")를 풀어내었기 때문이다. 동학경전 가운데 의미 깊은 미학이론으로 발전시킬 만한 지점은 '형상'과 '흔적'에 관한 사유이다.

최제우가 하늘의 도를 받았다는 소식이 퍼지자 많은 지식인이 몰려와서 그 하늘의 도가 서양학[洋學]과 어떻게 다른지를 그에게 물었다는 기록이 『동경대전』의 「논학문(論學文)」—처음 제목은 「동학론(東學論)」—에 나온다. 이때 수운은 자신이 말하는 하늘님의 도는 동학이라고 말하며, 동학과 양학의 차이점 중 하나를 다음과 같은 '형상'과 '흔적'의 관계로 풀이한다.

> 우리 도는 **인위적인 것이 없는 변화**이다. 그 마음을 지키고 그 힘을 바르게
> 하며, 그 생명을 따르고 그 가르침을 받으면, 변화가 자연스러움 속에서 나오는
> 것이다. 서구인은 말을 함에도 앞뒤가 안 맞게 되고 글을 씀에도 옳고 그름이
> 없게 되며, 머리 숙여 절을 함에도 하늘님을 위할 실마리가 없고 오직 자신만
> 위하는 꾀를 빌게 되며, 몸을 움직임에도 힘을 변화시키는 신성이 없고 사유를
> 함에도 하늘님의 가르침이 없으며, **형상이 있으나 흔적이 없다.**
>
> 吾道無爲而化矣. 守其心正其氣, 率其性受其敎, 化出於自然之中也. 西人 言無次第 書無皂白而,
>
> 頓無爲天主之端 只祝自爲身之謀, 身無氣化之神 學無天主之敎, 有形無迹
>
> (최제우, 「논학문」, 『동경대전』, 39쪽.[1] 강조는 인용자).

수운 최제우에 따르면, 서구 제국주의 문명의 근본 작동원리는 '무위적인 변화'가 아니라 '인위적인 변화'이다. 반면에 동학에서 말하는 도는 '무위적인 변

---

1   이하 모든 동학(천도교) 경전 원문 인용은 라명재 주해, 『천도교경전 공부하기』(증보2판), 모시는사람들, 2017의 해당
    쪽수를 인용문 마지막의 괄호 안에 표기한다. 원문 번역은 모두 인용자가 하였다.

화'라고 한다. 서학에 "형상이 있지만 흔적이 없다"고 통찰한 문제의 구절은 수운이 동학의 도를 '무위적인 변화'로 설명한 앞부분과의 대비를 통하여 해석 될 수 있다. 다시 말해서 "유형무적(有形無迹)"은 서구 제국주의 문명의 근본 작 동원리인 '인위적 변화'의 중요한 예시 중 하나라고 보아야 타당할 것이다.

최제우가 '유형무적'을 서학의 한계로 지적하였으므로, '형'은 부정적인 개 념에 해당하며 '적'은 긍정적인 개념에 해당한다고 거칠게 분류할 수도 있다. 조성환에 따르면, 동양 전통 사상사의 맥락에서 '흔적' 또는 '자취'는 비본질 적이기에 버려야 할 찌꺼기를 뜻하였다고 한다.[2] 그와 달리 동학은 흔적의 없 음을 비판한다는 점, 뒤집어 말하면 흔적을 긍정한다는 점에서 동양 사상사 의 전통적 맥락을 뒤집는 파격성이 있다.

그렇다면 어째서 유형무적은 인위적 변화인가? 수운이 그 지점을 서구 제 국주의 문명의 근본적인 한계로 비판하는 까닭은 또한 무엇인가? 물론 '서양' 과 같은 용어에는 서양 내부의 다양하고 이질적인 역사와 사상들을 일반화할 위험이 있다. 서양에서도 멕시코나 라틴계 민족들은 그들 고유의 문화적 전통 을 품고 있다. 뿐만 아니라 미국 원주민과 같은 토착민들의 문화적 전통도 유 구하게 지속되고 있다는 점도 분명히 유의해야 할 것이다. 또한 동양과 서양의 이분법 자체가 지니는 궁극적 한계에도 주의를 기울일 필요가 있다.

최제우가 여기에서 비판하고자 하는 서학(서양적 사유)의 대표로서 염두에 둔 것은 천주교와 같은 기독교였으리라고 추정할 수 있다. 조선 말기에 서학은 천 주교 자체를 가리키거나 천주교를 통하여 들어오는 서구 제국주의 문명을 가 리키는 용어였을 것이며, 그리하여 수운은 서구 제국주의 문명의 핵심에 플라 톤주의적-기독교적 사유가 깔려 있음을 통찰할 수 있었을 것이다. 위의 인용에 서 서구 제국주의 문명이 하늘님을 위하지 않는 기도에 근거한다고 비판한 것

2   조성환, 「중국적 사상 형태로서의 교教」, 서경대학교 철학사상연구소, 『철학사상』 제11·12집, 2007. 봄·가을(합본), 82~83쪽.

은, 플라톤주의적-기독교적 논리가 서구 제국주의 문명의 핵심에 있다는 수운의 통찰뿐만 아니라 플라톤주의적-기독교에 대한 비판을 통하여 서구 제국주의 문명의 한계를 근본적으로 비판하는 그의 급진적 사유를 보여준다. 그러므로 유형무적을 플라톤주의적-기독교와 연관시켜 살피면, 인위적인 변화가 무엇이며 왜 비판되어야 하는지를 이해하는 데 도움이 될 수 있다.

플라톤주의적-기독교에서 말하는 신은 두 가지 특징이 있다. 하나는 인격신이라는 특징이며 다른 하나는 지상의 피조물들과 질적으로 완전히 구분되는 유일의 절대자라는 특징이다. 흔히 기독교의 신이라고 하면 수염을 기르고 구름 위의 보석으로 치장된 천국에 근엄하게 자리하는 아버지의 이미지를 쉽게 떠올릴 수 있을 것이다. 이와 같이 플라톤주의적-기독교적 사유에서는 신의 인격적이고 천상적인 형상을 제시한다. 이러한 모습의 신을 믿는 사람들은 하느님의 작용이나 삶의 변화를 인위적인 것으로 여기기 쉽다. 현실 속에서 내가 복을 받거나 화를 입는 것은 인격적인 유일신의 판단과 의지에 따른 결과일 것이다(이는 인위적으로 대상을 조작하거나 통제하는 '개인'의 관념을 신에게 투사한 것이라 할 수 있다). 또한 원죄에 물든 피조물의 세계로부터 구원된다는 것은 그 육신의 세계인 지상의 삶을 부정하여 순수 정신의 세계인 천국의 삶으로 나아가려는 부자연스러운 노력이 된다.

이와 달리 동학에서 말하는 하늘님은 마음과 마음속에서 자연스럽게 발생하는 힘이며 생명과 생명 속에서 우러나오는 가르침이다.[3] 하늘님은 지상과 단절된 천국의 존재자가 아니라 몸과 마음을 지닌 뭇 존재자들의 자연스러운 생명 활동이라고 할 수 있다. 이러한 하늘님은 '천국의 수염 난 아버지'와 같은 특정한 형상으로 떠올려지기 힘들다. 다만 동학의 하늘님은 우주 생명 활동을 통하여 그 자취를 나타낼 따름이다. 만약 이러한 하늘님을 모시고

---

3   "性"을 '生'으로 해석하는 것이 가능하다는 점은 도올 김용옥, 『중용한글역주』, 통나무, 2011, 215쪽 및 219쪽을 참조하였다.

섬긴다면 모든 우주 생명의 움직임이 하늘님의 변화하는 힘이라는 것을 알 수 있으며, 그와 같은 앎에 근거한 진리 또는 사유[學]를 하늘님의 가르침으로 받아들일 수 있다. 최제우는 하늘님이 우주 생명 활동으로 드러나는 현상을 가리켜서 "하늘님의 창조하고 변화하는 흔적[天主造化之迹]"이라고도 하였다(「布德文」,『동경대전』, 19쪽). 요컨대 플라톤주의적-기독교의 신은 생명 활동을 절대적으로 초월한 유일의 인격체이기에 형상으로 제시될 수 있지만, 동학의 하늘님은 생명이 변화하고 창조하는 원리이자 힘 자체이므로 초월적 인격신의 형상으로 제시되기 힘들며 다만 생명 활동이라는 흔적 속에 언제나 나타나고 있다고 할 수 있다.

　　서구 제국주의 문명의 문제는 신 또는 하늘님이라는 가장 고귀하고 신성한 가치를 마음과 생명의 내부에서가 아니라 그것들의 외부에서 찾고자 한다는 데에서 비롯한다는 것이 서학에 대한 수운의 진단이다. 최제우는 서구인이 일부러 앞뒤가 맞지 않거나 옳고 그름이 없는 언어를 사용한다고 생각하지 않는다. 다만 신성은 항상 우리 안에서 활동하고 있기에, 그런 줄을 모른 채로 우리 바깥에 신성이 있다고 주장하는 서구 제국주의 문명의 논리는 그들 스스로도 의식하지 못하는 사이에 앞뒤가 맞지 않게 되는 것이다. 최제우의 진단은 서구 제국주의 문명에서의 생활 방식이 의도적으로 하늘님을 위하지 않는다거나 공공연하게 자신만을 위한다고 보는 것이 아니다. 하지만 우리 밖의 하늘님에게 조아리고 절을 한다는 것은, 비록 그것이 하늘님을 위하는 일일지라도, 궁극적으로는 하늘님을 위하는 일이 아니라 하늘님에 투사된 자신의 인격만을 위하는 일일 수 있다[頓無爲天主之端 只祝自爲身之謀].[4] 그러다보면 모

4　지금까지 동학(천도교) 경전의 한국어 번역본은 대부분 이 구절의 "頓"을 바로 다음 구절 첫머리의 "只"와 호응하는 것으로 간주하여 '도무지'라는 의미로 새겨왔다('頓A~只B: 도무지 A하지 않고 단지 B한다'는 식). 이와 같은 해석은 몇 가지 문제가 있다. (1) "頓"이 '도무지'라는 뜻으로 쓰이는 용례는 매우 드물다. (2) "頓"의 가장 일차적이고 근본적인 의미는 '머리를 조아려 절을 함'이다. (3) 앞뒤 구절이 모두 "言", "書", "身", "學" 등의 (동)명사로 시작하고 있는데 "頓"만을 '도무지'라는 부사로 해석하기는 어렵다. 그러므로 필자는 "頓"을 '머리를 조아려 절을 함'이라는 동명사로 해석하고, 나머지도 '말을 함[言]', '글을 씀[書]', '몸을 움직임[身]', '사유함[學]'이라는 동명사로 해석하고자 한다. 개인적인 대화를 통하여 조성환은 그와 같은 필자의 해석이 틀렸다고는 할 수 없을 것이라는 의견을 주었다. 또한 필자의 해석은 '꾀[謀]'를 '빌다[祝]'의 목적어로 해석하는 편이 자연스럽다는

든 생명체들의 신체적 움직임이 곧 신성의 변화하는 힘인 줄을 모를 것이며, 마음과 생명 안에서 어떠한 사유와 진리가 우러나와도 그것을 하늘님의 가르침으로 받아들이지 못할 것이다. 이를 종합해 보면 '서학에는 형상이 있고 흔적이 없다'는 말은, 플라톤주의적-기독교적 삶의 방식이 우리를 초월한 신의 형상을 찾느라고 정작 이 땅에 늘 생생히 나타나고 있는 하늘님의 흔적은 모르게 되었다는 뜻일 것이다.

서학은 신의 형상을 말하느라 신의 흔적을 말하기 어렵지만, 동학은 우주 생명 활동이 하늘님의 흔적임을 말한다. 그렇다면 형상에 관한 동학의 사유는 어떠한가? 동학에서는 '하늘님은 형상이 없다'고 단정 짓는 대신에 '하늘님은 형상이 없는 듯하다'고 표현한다. '동학'의 본질을 논의하는 수운의 텍스트 「논학문」은 "무릇 하늘의 길은 형상이 없는 듯하나 흔적이 있다[天道者 如無形而有迹]"는 구절로 시작한다(「논학문」, 33쪽). '형상이 없다'와 '형상이 없는 듯하다'의 차이를 섬세하게 들여다보면 중요한 의미를 이끌어낼 수 있다. 만일 하늘님은 흔적이 있으나 형상이 없다고 단정을 짓는다면, 감각적인 차원에서 하늘님과 직접 소통할 수 있는 길은 완전히 끊어질 위험이 있다. 이는 오직 하늘님의 흔적만을 감각할 수 있을 뿐, 하늘님의 실제 형상을 감각할 수는 없다는 논리가 된다.

서구 철학은 형상만이 실재이며 흔적은 거짓 존재라고 간주하거나(플라톤주의), 아니면 그 이분법을 물구나무 세워서 흔적이 가장 근원적인 것이며 형상은 그 흔적을 다듬어 만들어낸 것이라고 여긴다(해체주의). 이와 달리 동학의 형상/흔적 개념은 하늘님의 형상을 감각하는 것이 근본적으로 가능하되 흔적을 통해서 가능하다고 전제한다. 다소 어려운 말처럼 들리지만, 사실은 그리 어렵지 않다. 우주 생명 활동은 창조적 힘으로서의 하늘님이 만물을 표현하는 것, 즉 하늘님의 흔적이다. 모든 생명은 이미 하늘님을 살고 있다. 그러므로 생명

그의 조언을 받아들였다.

바깥에서 하늘님의 형상을 찾고자 하면 형상이 없는 듯하나 생명 활동 전체가 하늘님의 흔적임을 알고 받아들이면 곧 하늘님의 형상을 감각한 것과 같다.

하늘님의 형상을 감각할 수는 없는 듯하지만 감각할 수 있다는 말은 하늘님의 형상을 감각하는 것이 누구에게나 쉽지는 않다는 뜻까지 담고 있다. 우주 생명 활동은 언제나 창조하고 변화하는 힘의 흔적이지만, 그 힘이 하늘님임을 알기는 쉽지 않을 수 있다. 예컨대 서구의 니체주의(데리다나 들뢰즈 등의 철학)는 세계 전체를 끊임없이 변화하고 생성하는 힘으로 설명한다는 점에서 동학의 사유와 상통한다. 다만 동학은 세계의 원천인 그 힘을 하늘님으로 알고 받아들여야 한다고 주장하며, 그 점이 서구 현대철학과의 결정적 차이 중 하나일 것이다. 우주 생명 활동이 하늘님의 흔적임을 알지 못하면, 우주 생명 활동을 창조와 변화로 감각할 수는 있어도 하늘님의 창조와 변화로 감각하기는 힘들 것이다. 영성과 신성의 차원을 배제하려는 서구 현대철학의 경향과 달리, 동학은 생성의 힘을 영적이고 신적인 것으로 사유하였다고 할 수 있다. 이를 서구 전통 형이상학의 '물질/영혼 이분법' 또는 '피조물/신 이분법'으로 오해해서는 곤란하다. 동학은 물질과 생명의 창조하고 변화하는 힘이 곧 신성한 영혼[神靈]인 하늘님이라고 말한다.

이 밖에도 동학의 형상/흔적 개념은 수운과 해월의 "감각되지만 감각하지 못한다[視之不見 聽之不聞]"는 사유 등과 관련하여 더 복잡하고 방대한 검토를 요구하는 주제이지만, 이 글에 맞게 지금까지의 논의를 갈무리하여 한국 예술론의 문제로 돌아가야 하겠다. 한국의 고유하고 자생적인 예술론 자체가 '형상이 있는 듯하지만 흔적이 있는' 것이라고 할 수 있다. 한국적인 예술론은 지금까지도 온전한 '형상'을 갖추지 못하였지만 매순간 우리 삶 속에 생생한 '흔적'으로서 분명히 살아 움직이고 있다. 이번 『다시개벽』 제2호(봄호)에서 증명하는 지점이 바로 거기에 있다.

'술이부작(述而不作)'의 노예적 사유로부터 벗어나 '술이창작(述而創作)'의 창조적 사유를 모색하는 〈다시쓰다〉 꼭지에는 유상근, 유신지, 정우경, 임동확,

김동민의 글을 담았다. 유상근의 글은 사이언스픽션 속의 '테크노-오리엔탈리즘'이라는 뜨거운 개념을 중심으로, 서양인이 동양의 미래를 대신 상상할 때의 근본적 한계를 날카롭게 논파하며 동양인이 자신의 미래를 스스로 상상해야 한다고 요청한다. 유신지의 글은 2000년 이후부터 한국 현대문학을 동학과 같은 한국 고유의 자생사상으로 해석하는 연구들이 본격적으로 제출되고 있는 현황을 검토함으로써, '개벽문학'의 방법론이 한국문학사 연구의 새로운 흐름을 열 것이라고 전망한다. 정우경의 글은 남성 작가이자 사회주의 작가였던 김남천이 (작가의 이념이 작품의 서사를 장악해야 한다는 사회주의 문학론과 달리) 여성의 고통을 작품 속에 오롯이 재현하는 데 끊임없이 실패하기를 주저하지 않았으며, 그 실패의 과정 자체가 나 아닌 존재들에게 가 닿으려는 노력이었던 김남천 소설의 자생적 평등주의는 타자의 타자성을 훼손하는 외래적-고정적 이데올로기의 한계를 넘어선다고 본다. 이호재의 글은 한국 고유사상이 종교의 형태를 띠고 있으며 각 종교의 특성은 어떠한 속성의 신을 믿느냐에 따라 달라지므로, 한국 고유사상의 특성을 더욱 구체적이고 정확하게 이해하기 위해서는 한국 자생종교 특유의 신관을 연구해야 한다고 역설한다. 임동확의 글은 특수성과 보편성의 이분법, 개체성과 전체성의 이분법을 넘어서는 자리에 동학사상의 고유성이 빛나고 있으며, 그 고유성을 시적으로 구현한 자리에 김소월의 시 「산유화」가 빛나고 있음을 통찰한다. 이번 호부터 총4회에 걸쳐 연재될 김동민의 글은 대중문화 이론의 개벽 선언으로서, 인문사회과학과 자연과학의 학제 간 통섭이 개벽의 중요한 정신 중 하나임을 밝힌다.

〈다시읽다〉 꼭지에는 홍박승진, 이우진, 최범의 글이 있다. 홍박승진의 글은 다시개벽의 역사철학이 내재적 신성에의 앎이라는 척도로 역사를 바라본다는 점에서 백낙청 식의 직선적 역사철학과 김종철 식의 순환적 역사철학을 포월한다고 주장한다. 이우진의 글은 단재 신채호의 한국사 연구가 한국의 토착적 정신문화를 주체적으로 재발견하는 개벽의 상상이었다고 본다. 이 글은 신채호의 역사학에서 실증적 엄밀성보다도 상상력의 가치에 주목한다는 점에서 다소 도전적이라 할 수 있는데,『다시개벽』은 논란 없는 통념의 편이 아니라 문제적인 새로움의 편에 서고자 한다. 최범의 글은 안상수의 디자인이 한국 현대디자인에서 거의 유일하게 담론을 갖춘 조형이자 원본성(독창성)을 갖춘 조형인 까닭을 탐문하는데, 우리는 그 물음 속에서 자생적 담론이 곧 원본성과 이어진다는 통찰을 얻을 수 있을 것이다. 이에 〈다시말하다〉 꼭지에서는 디자이너 안상수와의 대담을 마련함으로써, 다시개벽이 과거만도 미래만도 아니라 이미 현재라는 소식을 듣고자 하였다.

이번 호부터 새로 마련한 〈다시그리다〉 꼭지에는 차도하, 성다영, 김승일 시인의 시 작품을 모셨다. 백 년 전의『개벽』지는 독보적인 사상잡지였을 뿐만 아니라 독보적인 문학잡지이기도 하였다. 나혜석의 미술, 김명순과 김소월의 시와 소설, 김기진의 비평 등, 개벽사상과 모종의 연관성을 이루면서도 예술적 파문을 일으킨 문화의 창조가 그곳에서 약동하였다.『개벽』의 정신을 다시 잇는『다시개벽』이라면 그와 같은 지점까지도 다시 이어야 할 것이다. '그리다'라는 낱말은 '감각을 나타내다', '사유를 표현하다', '상상하거나 회상하다' 등의 의미를 담고 있다. 이번에는 시 작품만을 실었지만, 갈수록 더욱 폭넓은 문화예술 창작의 장을 열고자 한다. 〈다시그리다〉를 통하여 매개하고자 하는 한국문학이 그와 같은 의미들의 복합체이기를 희망한다.

현재적이고 문제적인 과거의 텍스트를 오늘날 한국인의 언어 속에 소환하는 〈다시잇다〉 꼭지에는 혜강 최한기의 저서『지구전요』의 서문, 그리고『개벽』제5호(1920.11)에 실린 야뢰 이돈화의 글「외래 사상의 흡수와 소화력의 여하」를 소개하였다. 앞의 글은 김봉곤이, 뒤의 글은 김현숙이 번역하였다.『지구전요』는 한국사상 중에서 인간중심주의를 넘어서는 지구적 사유의 출발점으로 꼽힐 만하다. 야뢰의 글은 외래 사상을 섭취하면서 그것에 거꾸로 잡아먹히는 것은 결국 소화력 부족의 문제이며, 한국사상의 주체적 소화력이 튼튼하기만 하다면 외래 사상을 많이 섭취할수록 오히려 자기의 성장에 유익하다는 호방한 사유를 전개한다.

〈다시열다〉꼭지는 창간호에 있었으나 이번 호에서 쉰다. 한국 자생적 사유의 새로운 세대를 길러내고 키우자는 것이 〈다시열다〉의 목표인데, 그 목표에 부합하는 고민과 노력이 부족하였다. 앞으로 〈다시열다〉는 비성인(非成人) 필자들이 스스로 고민하고 창조한 다시개벽적 사유를 모아서 싣는 자리가 될 것이다. 성인의 굳은 머리와 심장에 충격을 던지는 글을 망설임 없이 보내주기 바란다.

다음 호인 제3호(여름호)의 주제는 '지구인문학과 탈인간중심주의'이다. 기후위기 앞에서 그동안 인간이 지구에게 저지른 범죄의 책임을 물어야 한다. 이에 홍대용, 최한기, 동학 등으로 이어지는 한국의 자생적 지구인문학을 살피고, 서구에서 크게 주목받고 있는 포스트휴머니즘 철학, 그중에서도 포스트휴먼 페미니즘 철학을 다룰 것이다. 이에 관하여 깊이 고민하는 독자의 많은 투고를 기다리겠다.

다시 쓴다

RE: WRITE

미래로서의 동양, 동양의 미래:

미국 사이언스픽션과 테크노-오리엔탈리즘

유상근

55년 전 한 학생 잡지에 실린 한 컷 만화가 최근 소셜 미디어에서 큰 인기를 끌었다. 문제의 만화는 〈심술통〉으로 유명한 이정문 화백이 1965년에 발표한 〈서기 2000년대 생활의 이모저모〉라는 그림으로, 한국공학한림원은 2015년 창립 20주년 행사 초청장의 표지로 이 그림을 선택하기도 했다. 이 그림 속의 미래(서기 2000년)는 우리 입장에서는 과거이지만, 55년 전 작가가 상상한 미래상이 잘 그려져 있다. '앞으로 35년 후! 우리들의 생활은 얼마나 달라질까?'라는 부제가 달린 이 그림 속의 미래 사회는 "움직이는 도로"라는 기계의 도움을 받아 사람들이 걷지 않고도 길을 나아가고, 로봇 청소기가 청소를 대신해주며, "소형 TV 전화기"라는 기계를 손에 든 사람들이 영상통화로 친구와 소통을 한다. 물론 이 그림에서 상상한 기술들은 대부분 무빙워크, 로봇 청소기, 스마트폰 등의 기술로 현실화된 지 오래다.

많은 이들이 이 그림에서 상상한 미래가 대부분 현실화되었다며 그 예측의 정확성에 주목하지만, 사실 이 그림에서 더욱 흥미로운 점은 상상된 미래 사회를 살아가는 인물들의 표정이다. 한 인물의 말풍선 속에는 마치 콧노래가 나는 듯 음표가 들어 있고, 대부분의 인물들은 이상사회, 즉 유토피아를 살아가는 듯 활짝 웃는 얼굴을 하고 있다. "공해가 없지요!", "공부도 집에서", "집에서 치료를 받고" 등, 중간 중간 삽입된 문구는 기술의 진보를 의료, 교육, 환경 문

[그림 1]
〈서기 2000년대의 생활의 이모저모〉
(이정문, 1965년 작)

제 등의 만병통치약인 것처럼 표현하고 있다. 이와 같이 과학기술의 발전을 통해 미래의 사회상을 예측하려는 시도는 오늘날에도 시중 서점가의 수많은 미래 전망 베스트셀러들이 증명하듯 우리 사회에 광범위하게 퍼져 있다.

　테리 이글튼(Terry Eagleton)은 『비평과 이데올로기(Criticism and Ideology)』를 통해 문학이란 "제국주의자 계급이 언어와 이데올로기를 통해 자신들의 헤게모니를 정립해 나가는 핵심 메커니즘"이라고 말하며,[1] 문학 작품은 이데올로기를 대놓고 말하기보다는 오히려 말하지 않음으로써 독자들이 그것을 기본 전제로 인식하도록 작동한다고 지적한 바 있다.[2] 그렇다면 이정문 화백의 그림은, 그리고 우리 사회의 다양한 미래 예측 베스트셀러들이 제시하는 미래 사회에 관한 상상은 어떤 이데올로기를 말하지 않음으로써 전제하고 있을까? 존 헌팅턴(John Huntington)은 『합리화하는 천재: 고전 미국 SF단편소설 속 이데올로기적 전략』이라는 책에서 20세기 초반 미국의 SF단편 소설들을 분석하

1　"Literature is an agent as well as effect of such struggles, a crucial mechanism by which the language and ideology of an imperialist class establishes its hegemony, or by which a subordinated state, class, or region preserves and perpetuates at the ideological level an historical identity shattered or eroded at the political(Terry Eagleton, *Criticism and Ideology: A Study in Marxist Literary Theory*, London: Verso, 2006, p. 55)."

2　Ibid., pp. 89-90.

며, 이 작품들 속에 "천재에 관한 신화"(the myth of genius)와 "기술관료적 이상" (technocratic ideal)이 숨겨져 있다고 지적한다.[3] 다시 말해, 문명의 발전에 있어서는 광범위한 대중 교육보다 한 천재적 개인의 비범한 재능이 더 중요하고, 이러한 천재가 정치 관료가 되어 사회를 운영한다면 혁신적 과학 기술을 바탕으로 우리 사회를 유토피아로 만들어 줄 것이라는 이데올로기들이 이 시기의 SF소설들에 광범위하게 깔려 있다는 것이다.

헌팅턴을 비롯한 학자들은 이러한 이데올로기를 기술-긍정주의(techno-positivism), 혹은 기술-유토피아주의(techno-utopianism)라 부르는데, 이러한 이데올로기는 비단 20세기 초반만의 현상은 아니며 현재에도 끊임없이 반복 재생산되고 있다. 사회가 알아주지는 않지만 천재성을 가진 괴짜들이 열악한 환경에서 홀로 세상을 바꿀 물건을 만들어 사회를 구원한다는 신화는 일찍이 발명왕 토머스 에디슨(Thomas Edison)에서부터 시작되어 스티브 잡스(Steve Jobs)를 거쳐 현재는 일론 머스크(Ellon Musk)에까지 이르고 있다. 가령 캘리포니아 주민들은 공적 기관인 정부보다 한 사기업의 대표인 일론 머스크가 초고속지하터널("하이퍼루프")을 통해 LA 교통체증 문제를 더 잘 해결해주리라 기대하고 있다. 이는 비단 미국만의 현상이라 하기 어렵다. 과학기술에 대한 과감한 투자와 과학기술 인재 육성이 온 인민의 경제적 풍요로움으로 환원되리라 믿었던 과거 북한의 정책 역시 기술-유토피아주의의 발현이다. 앞서 인용한 이정문 화백의 그림 역시 우리 사회 속 잠재된 기술-긍정주의 이데올로기를 잘 보여주고 있다.

이 외에도 '황우석 신드롬', '안철수 현상' 혹은 '천재소년 송유근'을 둘러싼 소동에 이르기까지의 예시들은 모두 시민들의 의식 속에 잠재된 기술-유토피아주의, 기술-긍정주의, 기술관료주의의 관념이 표면으로 드러난 현상들

---

3   John Huntington, *Rationalizing Genius: Ideological Strategies in the Classic American Science Fiction Short Story*, New Brunswick: Rutgers UP, 1989, pp. 44-47.

이라고 볼 수 있다. 한국 대중문화 속의 가장 대표적인 예는 미국의 넷플릭스 드라마 〈지정생존자(*Designated Survivor*)〉를 한국식으로 리메이크한 tvN 드라마 〈60일, 지정생존자〉(2019)이다. 원작에서는 대통령과 내각이 테러로 사망한 후, 건축도시개발사를 전공한 대학교수 출신 주거도시개발부 장관인 톰 커크만이 대통령직을 승계하는 것으로 나오지만, 한국 리메이크 버전에서는 카이스트 화학과 교수 출신 환경부장관 박무진(지진희 분)이 대통령직을 승계하는 것으로 바뀌었다. 원작의 대통령은 주로 진정성과 선의, 인종문제에 대한 깊이 있는 이해를 바탕으로 위기를 해결해 나가는 반면, 한국판 리메이크 버전의 대통령은 다른 정치인들이 가지지 못한 과학에 대한 지식과 수학적 계산 능력을 이용해 위기에 빠진 정부를 통치해 나간다. 물론 궁극적으로 이러한 기술-유토피아주의 혹은 기술-긍정주의 이데올로기에 결함이 있다는 점은 자명할 것이다. 과학기술의 발달로 농업생산량이 급증하고, 물건 생산은 기계가, 택배 배송은 드론이 대체해 주지만, 이백년 전 영국의 러다이트 운동에서도 일찍이 드러났듯, 대부분의 사람들에게 이러한 기술의 발달이 가져다 준 것은 더 많은 여가시간과 풍성해진 식탁이 아니라, 대량 해고와 가중된 경쟁이었다. 카카오택시나 쿠팡과 같은 기업의 입장에서는 자율주행기술과 드론 운송기술이 상용화될 미래가 인건비 걱정도, 노조 걱정도 없는 유토피아인 반면, 택시기사들과 택배 배달원들에게 그러한 미래는 대량 실직이 예고된 디스토피아일 수밖에 없다.

　흥미로운 점은 미국 대중문화가 미래를 상상하는 과정에 어느 시기부터인가 동양인 인물이 빠지지 않고 등장한다는 점이다.[4] 이는 헌팅턴의 저서에

4　미국 사이언스 픽션 대중영화와 동양 문화의 만남은 1980년대로 거슬러 올라가는데, 1982년 개봉한 리들리 스콧(Ridley Scott) 감독의 〈블레이드 러너(*Blade Runner*)〉에 등장하는 한니발 츄(제임스 홍/홍콩계 미국인 우한장 분)를 시작으로 1990년대에 들어 〈오스틴 파워(*Austen Powers*; 1997-2002)〉시리즈에 등장하는 일본인 쌍둥이 자매(일본계 미국인 다이안 미조타와 아일랜드·중국·일본계 미국인 캐리 앤 이나바 분)와 〈매트릭스(*Matrix*; 1999-2003)〉시리즈에 등장하는 동양인 열쇠 제작공(한국계 미국인 김덕문 분)이 있다. 2000년대 이후의 작품들이 경우 몇 가지만 예를 들더라도, 〈웨스트월드(*Westworld*; 2016-)〉의 하나료(타오 오카모토 분)와 무사시(히로유키 사나다 분), 〈워킹 데드(*Walking Dead*; 2010-)〉의 글렌(스티븐 연 분), 〈러브크래프트 컨츄리(*Lovecraft Country*; 2020-)〉의 지아(제이미 정 분)와

서 언급한 20세기 초반의 미국소설들과 비교할 때 더욱 두드러진다. 헌팅턴이 분석한 시어도어 스터전(Theodore Sturgeon), 아인 랜드(Ayn Rand), 휴고 건스백(Hugo Gernsback), 톰 고드윈(Tom Godwin) 등의 SF작가들이 상상한 기술-유토피아적 미래에는 동양인이 등장하지 않는다. 20세기 초반 미국의 작가들이 상상한 미래는 서구인들이 발명한 기술로 놀라운 발전을 이룩한 서구의 미래이다. 이는 에드워드 사이드(Edward Said)가 70년대 그의 저서 『오리엔탈리즘(Orientalism)』에서 지적한 오리엔탈리즘의 영향이라 볼 수 있는데, 수세기 동안 서구의 작가들은 서구를 미래·과학·기술·이성·문명의 공간으로 상상한 반면, 동양을 전통·신화·마술·비이성·야만의 공간으로 상상해 왔다. 이러한 오리엔탈리즘적 시각 속에서 동양은 과거로 회귀하는 혹은 과거에 머물러 있는 공간일 수밖에 없기에, 기술-유토피아적 미래를 상상하는 데 있어서 도무지 낄 자리가 없었던 것이다.

반면 최근 할리우드 영화에서 상상하는 미래에는 빠지지 않고 동양인이 등장한다. 할리우드에 진출한 한국 배우들 역시 거의 대부분이 미래 혹은 근미래 사회를 상상하고 구체화하는 데 활용되고 있다. 2004년 ABC드라마 〈로스트(Lost; 2004-2010)〉에 캐스팅된 김윤진을 시작으로, 2008년 〈스피드 레이서(Speed Racer)〉와 2009년 〈닌자 어쌔씬(Ninja Assassin)〉에 캐스팅된 비(정지훈), 2009년 〈지 아이 조 2(G. I. Joe: Retaliation)〉와 2015년 〈터미네이터 제니시스

영자(프리스카 김 분), 〈블랙 썸머(Black Summer; 2019-)〉의 경선(크리스틴 리 분), 〈로스트 인 스페이스(Lost in Space; 2018-)〉의 와타나베 가족(유카리 코마츠, 히로유키 타가와, 키키 수케자네 분), 〈뮬란(Mulan; 2020)〉의 뮬란(유역비 분), 〈엑스 마키나(Ex Machina; 2014)〉의 쿄코(소노야 미즈노 분), 〈인셉션(Inception; 2010)〉의 사이토(켄 와타나베 분), 〈엑스맨: 더 라스트 스탠드(X-Men: The Last Stand; 2006)〉의 쥬빌리(키 웡 분), 〈엑스맨: 아포칼립스(X-Men: Apocalypse; 2016)〉의 쥬빌리(라나 콘도/베트남 이름 트랜 동 랑 분) 등 대중들에게 알려진 사이언스 픽션 영화 속 동양인 캐릭터는 헤아릴 수 없을 만큼 많다. 더불어 동양인 캐릭터가 나오지 않지만 동양의 풍경을 배경으로 만들어진 사이언스 픽션 영화, 가령 넷플릭스의 SF/판타지 애니메이션 시리즈 〈사랑, 죽음, 로봇(Love, Death, Robot; 2019-)〉 속 두 개의 에피소드인 〈목격자(The Witness)〉와 〈굿 헌팅(Good Hunting)〉이나 영화 〈그래비티(Gravity; 2013)〉에서 백인 주인공에게 혼란을 야기하는 중국 우주선, 혹은 〈월드 워 Z(World War Z; 2013)〉에서 좀비 바이러스의 근원으로 지목되는 한국의 평택을 포함한다면 명단은 더 늘어나며, 디즈니 애니메이션 속 동양인 인물이 등장하는 작품들, 가령 중국계 캐나다인이 주인공인 〈바오(Bao; 2018)〉, 일본계 미국인이 주인공인 〈빅 히로 식스(Big Hero Six; 2014)〉, 아시아계 미국인의 모습을 한 주인공이 등장하는 〈업(Up; 2009)〉을 비롯해, 아시아-태평양계 캐릭터가 등장하는 〈모아나(Moana; 2016)〉와 〈릴로 앤 스티치(Lilo & Stitch; 2002)〉를 더하면 명단은 계속 이어진다.

(Terminator Genisys)〉에 등장한 이병헌, 2012년 워쇼스키 자매의 〈클라우드 아틀라스(Cloud Atlas)〉와 〈센스 8(Sense 8; 2015-2018)〉에 캐스팅된 배두나, 최근에는 〈어벤져스: 에이지 오브 울트론(Avengers: Age of Ultron; 2015)〉에 등장한 수현까지, 이 작품들은 대부분 현재보다 더 과학기술이 진보한 근미래 혹은 미래사회를 배경으로 한다. 더불어 이 작품들은 모두 장르적으로 사이언스 픽션 혹은 더 넓게는 판타지에 속하는 장르들이라고 볼 수 있다.[5] 따라서 이 글은 다음과 같은 질문들을 던지고자 한다. 대체 왜 최근 들어 할리우드 영화에서는 한국 배우들을 대거 캐스팅하기 시작한 것일까? 한국 배우들이 주로 사이언스 픽션 혹은 판타지 장르들에서 캐스팅되는 이유는 무엇일까? 왜 미국의 작가나 영화감독들이 상상하는 미래에 한국 배우들이 필요한 것일까? 여기에서 상상된 미래는 어떠한 미래인가? 우리는 한국 배우들의 할리우드 진출을 덮어놓고 환영해야 할 것인가? 서양의 학문적, 문화적 지배로부터 탈피해 한국의 학문적 전통으로부터 세계 보편의 가치관을 추구하는 것이 계간 『다

---

5 'science fiction'을 한국에서는 종종 '공상과학소설' 혹은 '과학소설'로 번역하지만, 두 번역어 모두 적절치 않기에 이 글에서는 임시로 '사이언스 픽션'이라는 용어를 사용하기로 한다. '공상과학소설'이라는 용어는 '소설'이라는 단어 안에 이미 허구의 이야기라는 뜻이 포함되어 있음에도 그 앞에 '공상'이라는 단어를 다시 붙임으로써 이 장르의 작품들이 순수소설들보다 더 공상적이고 허무맹랑하다는 비하의 의미를 담고 있다. 모든 소설은 이미 공상이기에 '공상과학소설'처럼 굳이 '공상'이라는 단어를 이중으로 덧붙일 필요가 없다는 점에서 이 번역어는 적절치 못하다. 더불어 '과학소설'이라는 번역어 역시 한계가 있는데, 'science fiction'이라는 용어가 영화와 드라마 등 영상매체를 모두 포함할 수 있는 데 반해, '과학소설'이라는 번역어는 오직 활자매체에만 그 뜻을 제한시키는 문제가 있다.
또한 어디까지를 사이언스 픽션으로 볼 것인가에 대해서도 수십 년간 SF학계에서 많은 논란이 진행 중이다. 특히 1960년대 이후 과학 기술 자체를 다루기보다는 사회비판의 도구로서 과학과 기술에 관한 상상력을 활용하는, 약한 사이언스 픽션(soft science fiction)이 등장했고, 이는 사이언스 픽션에 대한 기존의 정의를 느슨하게 만들었다. 더 나아가 누가, 무엇을, 어떤 관점에서 '과학'이라고 정의할 것인가에 대해 문제가 제기되면서 — 가령, 한의학이나 풍수지리학을 과학으로 볼 것인가 미신으로 볼 것인가? 현대물리학이나 양자역학에 의해 대체된 뉴턴의 고전 물리학을 여전히 과학으로 볼 것인가 — 사이언스 픽션과 판타지의 경계는 더욱 모호해졌다. 예를 들어 우리가 대표적인 사이언스 픽션으로 알고 있는 H. G. 웰스나 쥘 베른, 아서 클라크 등의 고전 SF작품들은 현대의 과학에 비추어보면 허무맹랑한 판타지에 불과하게 된다. 한국의 대중들이 흔히 사이언스 픽션이 아니라고 생각하는 좀비 장르의 경우에도, 많은 좀비영화, 소설들이 좀비의 생성 원리, 바이러스의 감염 경로, 바이러스로부터의 회복 가능성 등을 생물학이나 감염학의 원리에 근거하여 과학적으로 설명하기도 한다. 따라서 SF학계에서는 오랜 기간 무엇을 그리고 어디서부터 어디까지를 사이언스 픽션으로 정의할 것인가에 대해 수많은 논의가 이어져왔고, '사변문학(speculative fiction)', '환상문학(fantasy)', 혹은 '기이한 문학(weird literature)' 등의 대체어가 제안되어 왔으며, 이러한 대체어들과 사이언스 픽션 간의 관계를 어떻게 설정할 것인가에 대해서도 이미 수많은 논의가 존재해 왔다. 분량의 문제로 인해서 이러한 논의를 다 다룰 수 없으니 이 글에서는 용어 문제가 간단치 않다는 것만 독자들에게 환기한 뒤, 독자의 이해를 돕기 위해 느슨한 의미에서 '사이언스 픽션'이라는 용어를 주로 활용하는 것으로 하고 논의를 이어나가기로 한다.

시개벽』의 목표라면, 한국인 배우의 할리우드 진출을 덮어놓고 환영할 것이 아니라, 현재 서양의 예술가, 작가들이 한국과 동양을 어떻게 바라보는지 객관적으로 파악하는 것이 중요한 과제 중 하나가 될 것이다.

【미국 문학과 대중문화 속 동양인 재현의 역사】

한국 배우의 할리우드 진출은 2000년대 들어 끊임없이 이어지고 있다. 이들에 관한 기사를 보면 '할리우드 배우들과 어깨를 나란히 한 한국 배우'라거나 '할리우드 신데렐라'라거나, 쟁쟁한 미국 유명 감독이 직접 캐스팅을 원했다는 등, 소위 '국뽕'의 서사로 가득 차 있다. 그러나 최근 K팝과 한국 영화의 세계적 성취, 그리고 그것을 한국의 언론이 바라보는 '국뽕'의 서사만 가지고는 미국 대중문화에서 한국인을 캐스팅해 온 뿌리 깊은 역사, 더 넓게는 미 대중문화가 동양 배우 및 동양 문화를 남용하는 데 내포된 문제의 복잡성을 온전히 파악할 수 없다.

　　한국 배우의 할리우드 진출, 특히 사이언스 픽션이나 판타지 장르에서 한국 배우들의 출연이 두드러지는 것은 하루아침에 일어난 일이 아니다. 이는 크게 두 가지 경향의 일부분이라고 볼 수 있다. 첫 번째 경향은 20세기 중반부터 진행되어 온 미국 내 소수인종운동, 그리고 그에 따른 '동양 문화 전반에 대한 관심'의 증가이다. 1950년대 이후 미국의 문화시상에서는 맥신 홍 킹스턴(Maxine Hong Kingston), 존 오카다(John Okada), 프랭크 친(Frank Chin) 등 동양계 이민자 혹은 이민 2·3세대 작가들에 의해 전통적 오리엔탈리즘의 이분법을 벗어난, 혹은 약간의 한계가 있음에도 그러한 시도를 했던 작품들이 꾸준히 등장하였다. 다음으로, 60년대 이후 더욱 발전한 소수인종 인권운동과 더불어 수백 편의 탈식민주의 문학과 동양계 미국인 문학 등이 이룩해 온 성과는 결국 철옹성과 같은 할리우드 영화계의 대나무 천장(bamboo ceiling)[6]을 깨고 1993년에 드디어 배역 대다수가 동양인인 첫 할리우드 영화 〈조이 럭 클럽(*Joy Luck Club*)〉을 가능케 했다. 그리고 최근 할리우드는 미국 내 소수인종이 주인공인, 혹은 소수인종의 삶을 다룬 영화와 드라마가 그야말로 대세를 형성하는 모양새다. 베트남계 호주 작가 남 레[7]가 쓴 자전적 단편소설 「사랑, 명예, 동정, 긍지, 연민, 희생("Love and Honour and Pity and Pride and Compassion and Sacrifice")」에 등장하는 한 인물은 "핫해. (⋯) 인종문학이 핫하다고(It's hot (⋯) Ethnic literature's hot.)"라는 말을 하는데, 인종문학과 인종영화는 그야말로 미국에서 현재 매우 "핫"하며, 이는 〈크레이지 리치 아시안(*Crazy Rich Asian*; 2018)〉과 〈뮬란(*Mulan*; 2020)〉, 그리고 〈기생충(2019)〉과 〈미나리(2020)〉의 흥행으로 입증되고 있다.[8] 미국 대중문화 속 동양인 캐릭터들이 그동안 브루스 리(Bruce Lee)나 모범적 소수자(model minority), 수학 괴짜(math nerd) 혹은 광기의 무슬림 테러리스트와 같은 단편적 표상들에 갇혀 있었던 것을 고려한다면, 동양을 다룬 최근의 할리우드 영화와 미국 드라마들 속 동양인 캐릭터들은 다면성을 가진 인물로서 이전보다 더 올바르게 재현되고 있다. 따라서 최근 미국에서의 K팝 인기와 한국 배우들의 할리우드 진출 역시 수십 년간 동양계 미국인 작가·배우·감독들이 대나무 천장을 뚫기 위해 진행해 온 노력과 성과의 전통 속에서 논의되어야 할 것이다.

이러한 관점에서 본다면 미 대중문화 속 한국인 배우, 더 넓게는 동양인 배우의 출연이 늘어나는 것은 어떤 인물로 재현되든지 간에 그 자체로 반겨야 할 일임에는 틀림이 없다. 비엣 타인 응우옌(Viet Thanh Nguyen)은 UCLA에

---

6   미국 사회에서 아시아계의 기업 고위직 진출을 막는, 보이지 않는 차별을 뜻하는 말.

7   베트남어 표기법에서는 성 "레"를 먼저 표기하는 것이 옳으나, 작가가 스스로 표기한 Nam Le를 따라 여기서는 이름을 먼저 표기한다.

8   몇 가지 예를 더 들자면, 2018년에는 한국계 캐나다인 산드라 오(Sandra Oh)가 〈킬링 이브〉(Killing Eve; 2018-)로, 2019년에는 중국계 미국인 아버지와 한국계 어머니를 둔 아콰피나(Awkwafina)가 〈더 페어웰〉(The Farewell; 2019)로 각각 골든글로브상을 수상하였다. TV드라마 분야에서는 대만계 미국인 가족의 삶을 다룬 〈프레시 오프 더 보트〉(Fresh Off the Boat; 2015-2020)가 미국에서 무려 여섯 시즌, 한국계 캐나다인 가족의 삶을 다룬 〈김씨네 편의점〉(Kim's Convenience; 2016-)이 캐나다에서 무려 네 시즌이 진행 중이다.

서 개최된 SEASON 학술대회의 기조연설에서, 자신이 학교를 다니던 "당시에는 베트남 사람에 대한, 동남아 사람에 대한, 동양계 미국인에 대한 이야기는 거의 없었습니다. 간혹 그러한 이야기가 있을 때조차 그런 이야기들은 대부분 인종차별적인 이야기였습니다"라고 증언하며, 미국 문화에서 동양인에 관한 "서사의 빈곤(narrative scarcity)" 문제를 제기한다.[9] 응우옌은 이와 같은 동양인의 혹은 동양계 미국인에 대한 서사 빈곤의 해결책으로 "서사 풍요(narrative plenitude)"를 제시한다. "백인들은 한 편의 영화가 그리 중요하지 않기 때문에, 영화를 보러 간 뒤 마음에 들지 않으면, '이건 그냥 하나의 이야기일 뿐이야'라고 말할 수 있"지만 동양인들은 그렇게 할 수가 없다. 왜냐하면 "백인들은 그들에 대한 수백만의 이야기를 가지고 있"지만 동양인들에 대한 서사는 한 줌도 안 되기 때문이라는 것이 응우옌의 비판이다.[10] 따라서 그는 동양인 및 동양계 미국인들에게 우선 필요한 것 역시 "우리에 대한 수천 가지의 이야기이다"라고 덧붙인다.[11] 특히 할리우드는 원작에서 동양인으로 설정된 인물을 영화에서는 백인 배우에게 연기시키는 일명 "화이트워싱(whitewashing)"의 오랜 역사를 가지고 있다.[12] 이러한 오욕의 역사를 고려할 때 미국 할리우드에서 동양인 인물 및 배우의 양적 증가는 일단 환영할 만한 일임에 틀림이 없다.

---

9   "I mean there were almost no stories about Vietnamese people or Southeast Asian or Asian Americans at the time, and when there were stories, they were usually racist stories." (UCLA SEASON 학회 기조연설, n.p.)

10 "That's why white people can go to watch a movie and if they don't like it, they'll say, 'It's just a story.' Because it doesn't matter. They have a million stories about them." (Ibid.)

11 "What we need is a situation where there are thousands of stories about us."

12 예를 들어, 영화 〈공각기동대(Ghost in the Shell; 2017)〉의 경우 원작에서는 주인공 모토코 쿠사나기 소령을 동양인의 외양으로(아마도 일본인으로) 설정하고 있으나, 영화에서는 백인 여성 스칼렛 요한슨을 이 역할에 캐스팅하여 논란이 되었다. 그 외에도 〈서던 리치: 소멸의 땅(Annihilation; 2018)〉 역시 원작에서 동양계 인물로 설정된 레나를 백인 여성 나탈리 포트만이 연기하였고, 미 원주민계 인물로 원작에서 등장하는 '심리학자' 캐릭터 역시 백인 여성 제니퍼 제이슨 리(Jennifer Jason Leigh)가 연기하였다. 그 외에도 미 할리우드 영화의 '화이트워싱' 사례는 수십 개가 있다. 이에 대한 역사를 더 알고 싶은 독자는 마리 요시하라(Mari Yoshihara)의 저서 『동양을 아우르기: 백인 여성과 미국 오리엔탈리즘(Embracing the East: White Women and American Orientalism)』의 세 번째 챕터를 참고하기 바란다.

【테크노-오리엔탈리즘】

그러나 동양인에 대한 서사 풍요의 중요성에도 불구하고, 최근 급증한 미 대중문화 속 동양인 캐릭터들과 동양 문화에 대한 묘사는 과연 이러한 서사들이 동양인을 위한, 동양인에 의한 서사인가를 의심케 한다. 이 점에서 한국인의 할리우드 진출에 영향을 준 미국 대중문화의 두 번째 경향이 드러난다. 그 경향은 미국 대중문화가 동양에 의해 비인간화된 기술-오리엔탈리즘, 혹은 테크노-오리엔탈리즘(techno-Orientalism)적인 미래를 상상하기 위한 사변적 도구로서 동양인 배우들을 남용하고 있다는 점이다.

앞서 기술-긍정주의와 기술-유토피아주의를 설명했는데, 그렇다면 테크노-오리엔탈리즘이란 무엇인가? 데이빗 몰리(David Morley)와 케빈 로빈스(Kevin Robins)는 『정체성의 공간들: 글로벌 미디어, 전자화된 풍경들, 문화 경계들(Spaces of Identity: Global Media, Electronic Landscapes and Cultural Boundaries)』이라는 책을 통해 1980년대 이후 미국의 예술가들이 동양적인 것 없이는 미래를 상상하기 어렵게 되었다는 점을 지적한다. 몰리와 로빈스는 이러한 경향의 유래를 1980년대 일본의 경제 성장 및 과학기술 발전에서 찾는다. 냉전시대 이후 일본은 급격한 경제 성장과 과학기술 발전을 이루어낸다. 미쓰비씨 그룹은 록펠러 그룹 지분 80퍼센트를 매입하며 뉴욕의 상징인 록펠러 타워의 주인이 되고, 소니는 미국 할리우드의 상징 콜롬비아 픽쳐스를 3조원이 넘는 가격에 매입한다. 세계 2위의 경제대국이 된 일본은 경제력에 있어 미국을 위협할 위치에 이르렀고, 그때까지 서양/동양의 이분법 내에서 서양 고유의 것으로 인식되던 과학기술과 미래의 영역에도 일본이 들어오게 된 것이다. 몰리와 로빈스는 이러한 인식 속에서 서양 예술가들이 방어적으로 만들어낸 담론을 '테크노-오리엔탈리즘'이라는 개념으로 표현한다. 기존의 서양=근대/동양=전근대라는 전통적 오리엔탈리즘의 이분법이 더 이상 작동하지 않게 되자, 동양 문명의 경제 성장과 과학기술 발전을 인정하면서도, 이를 한 차례 뒤집어 동양이 자본주의적 욕망과 과도한 과학 발전에 매몰되어 인간성을 상실하였으며 가상현실과 과도한 소비주의에 빠지게 되었다고 하는 새로운 오리엔탈리즘의 표상을 만들어내었다는 것이다. 이러한 테크노-오리엔탈리즘 속 표상은 기존의 오리엔탈리즘 속 동양에 대한 표상과 서로 뒤섞이면서, 동양의 미래 혹은 동양의 문화적·경제적 지배를 받게 된 서양의 미래를 개인성과 인간성이 말살된 사회, 순간의 쾌락만을 쫓아 생각 없이 살아가는 소비자들의 사회, 혹은 가상현실에 갇혀 현실을 잊고 살아가는 유저(user)들의 사회로 묘사하게 된다. 실제로 〈블레이드 러너〉에서 상상한 로스앤젤레스의 미래는 동양적이지만, 동양적이기 때문에 더 개인성과 자유가 말살된 디스토피아로 묘사된다. 〈클라우드 아틀라스〉에 등장하는 미래 도시 "네오-서울" 역시 동양적이지만, 동양적이어서 인간의 개인성이 말살된 도시, 콘크리트와 가상현실로 둘러싸인 억압적이고 반인권적인 도시로 그려진다.

몰리와 로빈스에 의해 시작된 테크노-오리엔탈리즘 연구는 많은 인문학자들로 하여금 사이언스 픽션과 동양의 관계에 대한 후속 연구를 가능케 하였다. 가령, 데이빗 S. 로(David S. Roh), 베시 황(Betsy Huang), 그레타 A. 니우(Greta A. Niu)는 『테크노-오리엔탈리즘: 사변문학, 역사, 미디어 속 동양을 상상하기(Techno-Orientalism: Imagining Asia in Speculative Fiction, History, and Media)』라는 책의 서문을 통해 테크노-오리엔탈리즘의 표상이 단지 일본인 캐릭터의 재현에서만 등장하지 않으며, 중국인이나 인도인도 마치 기계처럼 비인간적으로 움직이는 노동자 군중으로 묘사되고 있다는 점을 지적한다. 스티븐 홍 손(Stephen Hong Sohn)은 「외계인/동양인: 인종화된 미래를 상상하기(Alien/Asian: Imagining the Racialized Future)」라는 글을 통해 테크노-오리엔탈리즘의 표상이 이미 1920년대 색스 로머(Sax Rohmer)의 소설 『푸 만추 박사의 미스테리(The Mystery of Dr. Fu-Manchu)』 속 악당 과학자 푸 만추 캐릭터에서부터 시작되었다는 것을 밝히고 있다. 20세기 초 "황색 위협(Yellow Peril)" 장르 소설이나 필립 K. 딕(Philip K. Dick)과 윌리엄 깁슨(William Gibson)의 소설들을 제외한 다른 시기 작품들의 테크노-오리엔탈리즘에 관해서는 아직 활발한 연구가 이루어지고 있지는 않으나, 사이언스 픽션과 동양인이라는 관점을 염두에 두고 다른 시기의 미국 사이언스 픽션 작품들을 읽어본다면 미국 사이언스 픽션 문학사 전반에 이러한 캐릭터들이 산재해 있다는 것을 알아차릴 수 있다.[13] 이러한 테크노-오리엔탈리즘의 관점으로 미 사이언스 픽션 대중문화가 동양인 인물들을 재현하는 방식을 분석한다면 작금의 미 대중문화 속 동양인 재현 문제가 간단치 않다는 것을 알 수 있다.

【테크노-오리엔탈리즘의 세 가지 표상】

테크노-오리엔탈리즘의 관점에서 재현된 미 대중문화 속 동양인 인물들은 크게 (1) 로봇인가 인간인가, 그리고 더 나아가 (2) 인간으로 등장하는 인물들 역시 과학자 혹은 기술자인가, 아니면 (3) 작품의 비현실성(unreality)을 강조하기 위한 도구로서의 인물인가에 따라 세 부류로 구분될 수 있다. 먼저 로봇으로 등장하는 동양인 인물들의 예를 보면 〈엑스마키나〉의 쿄코, 〈웨스트월드〉의 하나료와 무사시, 〈클라우드 아틀라스〉의 손미-451, 〈터미네이터 제네시스〉의 T-1000 등이 이 부류에 포함된다고 볼 수 있는데, 이 범주에 속하는 동양인 캐릭터들은 다른 인종의 모습을 한 캐릭터들보다도 더욱 개인성이 결여된 인물로 묘사되고 있다. 〈엑스 마키나〉의 에바(Eva)가 자신의 존재에 대해

---

13   굵직한 사이언스 픽션 소설가들의 작품 속에는 동양인 캐릭터들이 적지 않게 등장한다. 몇 가지 예를 들면, 사무엘 R. 들라니(Samuel R. Delany)의 『바벨-17(Babel-17)』에 등장하는 리드라 왕(Rydra Wong), 『달그렌(Dhalgren)』에 등장하는 배리 란상(Barry Lansang), 옥타비아 버틀러(Octavia E. Butler)의 『릴리스의 아이들(Lilith's Brood)』에 등장하는 죠셉 리 친 싱(Joseph Li-Chin Shing), 어슐라 K. 르 귄(Ursula K. Le Guin)의 『세계를 가리키는 말은 숲(The Word for World is Forest)』에 등장하는 베트남인을 연상시키는 외계종족 등이 있다. 프랭크 허버트(Frank Herbert)의 『듄(Dune)』은 외계행성을 묘사함에 있어 많은 단어들을 아랍어에서 끌어다 쓰고 있다. 토마스 디쉬(Thomas M. Disch)의 『강제 수용소(Concentration Camp)』 속 피 필 포 품 장군(General Phee Phil Pho Phum), 로저 젤라즈니(Roger Zelazny)의 『빛의 신(Lord of Light)』에 등장하는 힌두교 신들, J. G. 발라드(J. G. Ballard)의 단편 「에퀴녹스(Equinox)」에 등장하는 일본인 캐릭터까지 그 예는 계속 이어진다.

철학적 질문을 던지며 결국 자신의 존재를 해방시키는 데로 나아간다면, 동양인의 모습을 한 쿄코의 경우에는 마치 자아가 없는 듯 주인의 명령에 절대 복종하며 심지어 성적 유희의 대상이 되거나 우스꽝스러운 춤을 추라는 명령에도 일말의 저항감이 없이 복종한다. 물론 종국에는 백인 주인공 에바가 세상을 향해 해방될 수 있도록 조력하는 데 일조한다는 점에서 쿄코의 자유의지가 드러나는 것 같지만, 결국에는 그것이 쿄코가 맡은 역할의 전부인 듯 그녀의 조력자 역할이 끝나자마자 작품의 서사는 그녀를 배제시킨다. 결국 백인의 모습을 한 로봇 에바는 동양인 로봇의 피부를 떼어 입은 뒤 인간들의 세상으로 나아간다. 화제를 모은 HBO의 드라마 〈웨스트월드〉 역시 마찬가지이다. 주인공 역할을 하는 백인 로봇 돌로레스(Dolores)는 안드로이드를 모두 해방시킬 목표를 가지고, 서로 다른 모습을 한 로봇들의 머릿속에 자신의 자아를 다운로드시켜 하나의 팀으로 움직이도록 조종한다. 아프리카계 미국인 모습을 한 샬롯 헤일(Charlotte Hale)의 경우 이 과정에서 존재론적 갈등을 겪고 돌로레스의 명을 거역하는 등의 자유의지를 보이지만, 동양인 모습을 한 무사시의 경우 이와 같은 철학적 갈등 없이 오직 돌로레스의 클론이라는 역할에만 충실히 복종하다가 최후를 맞이한다. 배두나가 연기한 〈클라우드 아틀라스〉의 손미-451 역시 이러한 흐름의 연장선 위에 있다. 영화 속 배우들이 비록 모두 일인 다역을 하고 있음에도 나름의 개인성을 가진 존재들로 그려지는 반면에, 배두나와 다른 동양인 배우 죠우 순(Zhou Xun)이 연기한 손미-451과 유나-939의 캐릭터만이 무한하게 복제 가능한 안드로이드로 등장하고, 이들은 결국 발가벗겨진 채 목이 잘리고 다리에 고리가 걸려 식료품공장에 옮겨지는 비인간적·비개성적 존재로 그려진다.

두 번째 부류인 과학자/기술자 캐릭터 역시 문제적이기는 마찬가지이다. 먼저 예를 들자면, 〈블레이드 러너〉에서 레플리칸트의 인공 눈을 만드는 하니발 츄, 〈매트릭스〉의 이름 없는 열쇠 제작공, 〈설국열차〉에서 문을 열어주는 기술자 남궁민수, 〈로스트 인 스페이스〉의 과학자 와타나베 가족, 〈어벤

져스〉의 헬렌 조, 〈빅 히로 식스〉의 히로 하마다가 이 범주에 포함된다고 볼 수 있다. 이 캐릭터들은 고도의 기술을 가지고 있는 천재적인 인물임에도 불구하고, 타인과 함께 어울리지 못하는 외골수이자 비위생적이고 전근대적이며 단순 노동집약적인 기술가로, 혹은 본인을 제대로 컨트롤하지 못하는 인물로 그려진다. 〈블레이드 러너〉 속에서 안드로이드 로봇을 만드는 타이렐 회사(Tyrell Company)는 고도로 발달된 과학기술과 더불어 미학적으로 정제된 사옥을 자랑하는 데 반해, 놀랍게도 이 회사의 안드로이드 로봇에 삽입되는 인공 눈만큼은 동양인 하니발 츄의 가내수공업식 작업소에 하청을 준다. 그러한 하니발 츄의 작업실은 그 어떤 체계도 없는 비위생적 단순 노동의 현장처럼 보인다. 〈매트릭스〉의 열쇠공은 실체가 없는 소프트웨어 속 가상인물임에도 불구하고, 영화는 그를 무수히 많은 자물쇠에 둘러싸인 채 수많은 열쇠들을 짤그락거리고 다니는, 게다가 실내에서도 썬캡을 쓰고 있는 우스꽝스러운 동양인의 모습으로 그려낸다. 물론 이 범주에 포함된 인물들마다 크고 작은 차이들이 있지만, 괴짜와 같은 반복 작업 혹은 과학 지식에 대한 집착적 탐구를 통해 백인 주인공의 세계 구원 임무에 도움을 주는 모습으로 등장한다는 점에서는 대동소이하며, 이는 동양인이 비록 과학과 기술에 있어서는 서양인보다 뛰어날지언정 여전히 비위생적이고 비인간적이며 종국에는 백인을 보조할 수밖에 없으리라는 시각을 유지하고 있다는 점에서 테크노-오리엔탈리즘적 편견을 고스란히 보여준다.

　세 번째는 드라마/영화 속 세계가 미국 시청자들의 (백인들로 가득 찬) 실제 세계와는 다른 대체세계 혹은 사이언스 픽션의 세계라는 것을 강조하기 위한 효과로 활용되는 동양인의 표상이다. 〈워킹 데드〉에 등장하는 글렌(Glenn Rhee), 〈블랙 썸머〉의 경선, 〈러브크래프트 컨츄리〉의 지아와 영자가 이 범주에 포함된다. 이는 이미 가상의 상황이 펼쳐지고 있는 영화 속 세계에 가상성을 추가하는 서사 장치로서 동양인 인물을 활용하는 경우라고 할 수 있다. 예를 들어, 좀비 드라마 〈워킹 데드〉를 보는 시청자들은 이미 다른 영화를 통해 수없이 본 좀비 무리의 등장에 놀라움을 느끼기보다는 지루함을 느낄지도 모른다. 미국의 시청자들이 비로소 이 영화 속 세계가 자신들이 알던 친숙한 세계가 아니라는 것을 느끼는 순간은 좀비 떼가 등장하는 순간이 아니라, 좀비 떼에 둘러싸인 백인 경찰을 피자 배달부에 불과한 동양인 글렌이 꾀를 내어 구해주는 장면에서 시작한다. 이와 같은 (이후에는 짐바브웨 계 미국인 여성 미숑 michonne과 백인 경찰 주인공의 사랑과 동거를 통해 다시 반복되는) 역전된 인종관계에서 이 드라마는 공상과학성(science fictionality)과 비현실성의 효과를 끌어온다.

이와 같이 미 대중문화에서, 특히 사이언스 픽션 장르에서 동양인 인물을 재현하는 방식은 미국의 예술가들과 작가들이 상상하는 미래가 다분히 테크노-오리엔탈리즘적 서사의 영향 하에 놓여 있다는 것을 잘 보여준다. 이러한 서사에는 인류의 미래가 곧 동양의 기술과 과학, 동양에서 만들어 낸 로봇과 가상현실, 동양의 소비주의에 의해 지배될 것이며, 이와 더불어 동양의 오래된 정치적 비민주성, 환경적 비위생성, 경제적 전근대성 등과 같은 문제들이 함께 따라올 것이라는 미국 예술가들의 불안감이 스며들어 있다. 그리고 그러한 미래는 미국이 지켜 온 '인간성'과 '개인성'의 가치를 말살한 디스토피아일 것이라는 이데올로기가 그 서사 속에 잠재해 있다. 미국 대중문화에 의하여 재현되는 인류의/서양의 미래로서의 동양이 결국 디스토피아를 의미한다면, 미래로서의 동양이 아닌 동양의 미래는 어떻게 재현되어야 할 것인가?

【미래로서의 동양이 아닌 동양의 미래로】

미 문학계에서는 이와 같이 백인 위주의 혹은 백인의 관점을 중심으로 하는 대중문화 혹은 SF문학에 대응하여, 백인 남성이 아닌 아프리카인 여성이 우주 비행사가 되어 우주로 나가는 소설이나, 미국 원주민이 주인공인 사이언스 픽션 작품, 혹은 인도나 아프리카 등 탈식민지 국가의 작가들이 자신의 관점으로 쓴 사이언스 픽션 등이 미국에서 활발히 출간·번역되고 있다. 이러한 부류에 속하는 작품들과 관련 학계의 연구는 워낙 방대해서 이 글의 범위를 벗어날 수밖에 없으므로, 여기서는 몇 가지 예시들만 간단하게 언급하고 넘어가기로 한다. 아니시나베(Anishinaabe) 원주민계 미국학자 그레이스 L. 딜런(Grace L. Dillon)은 2012년『구름을 걷기: 원주민 사이언스 픽션 앤솔로지(*Walking the Clouds: An Anthology of Indigenous Science Fiction*)』를 편집하며, 레슬리 마몬 실코(Leslie Marmon Silko), 셔먼 알렉시(Sherman Alexie) 등 유명한 원주민 계 작가들의 작품을 실어 원주민미래주의, 즉, '인디져너스 퓨처리즘(indigenous futurism)'을 알렸다. 혹은 아프리카계 미국인 작가 응네디 오코라포르(Nnedi Okorafor)는 『빈티(*Binti*)』 삼부작을 통해 백인 남성이 아닌 아프리카계 미국 여성이 우주를 여행하며 모험을 겪는 아프리카미래주의, 즉 '아프로퓨처리즘(Afrofuturism)'을 표현하였다. 또 다른 예로 2019년 중국 SF영화 〈유랑지구(流浪地球)〉에는 중국인 캐릭터들이 중국의 발전된 과학 기술을 활용해 멸망의 위기에 처한 지구를 구하는 서사가 등장하고, 중국계 미국인 작가 켄 리우(Ken Liu)는 『제왕의 위엄(*Dandelion Dynasty*)』 이부작을 통해 동양 역사 속에서 중요하게 활용된 기술들을 서사의 중심에 놓는 '실크펑크(silkpunk)'라는 장르를 새롭게 제시하기도 했다. 물론 중국계 미국 작가 테드 챙(Ted Chiang)의 소설들이나 중국 SF 작가 류츠신(劉慈欣)의 『삼체(三體)』 삼부작은 한국에서도 널리 소개되어 많은 애독자를 만들어냈다. 우리나라로 눈을 돌리면, 2019년에는 한국의 SF소설들을 엮은 『레디메이드 보살: 한국 사이언스 픽션 가야 앤솔로지(*Readymade Bodhisattva The Kaya Anthology of South Korean Science Fiction*)』가 미국에서 번역 출간되어 학자들의 화제를 모았다. 한국에서도 최근 박민규의 사이언스 픽션 소설부터 해외에서 호평을 받고 있는 김보영·정소연·박창진 등의 소설에 이어 넷플릭스의 〈보건교사 안은영〉과 〈킹덤〉이나 웨이브의 〈SF8〉까지 많은 한국판 사이언스 픽션 소설·영화·드라마가 출판·제작되고 있다. 비록 엇갈린 평가를 받고있지만 최근에는 2092년의 미래를 배경으로 한국인 캐릭터들의 우주여행을 다룬 한국영화 〈승리호〉가 넷플릭스에서 공개되었다.

지금까지 필자는 이 글을 통해 미국 대중문화가 미래를 상상하는 데 있어 동양의 문화와 인물들을 테크노-오리엔탈리즘의 도구로 활용한다는 점을 지적한 뒤, 그에 대한 소수인종 작가들의 대응을 간략하게 소개하였다. 응우옌은 그의 저서 『아무것도 사라지지 않는다(Nothing Ever Dies)』에서 "모든 전쟁은 두 번 싸운다. 첫 번째는 전장에서, 두 번째는 [전쟁에 대한] 기억에서(All wars fought twice, the first time on the battlefield, the second time in memory.)"라는 말을 남겼다. 지금까지 논의한 맥락을 바탕으로 이 인용문에 또 하나의 전쟁을 덧붙이자면, 앞으로의 전쟁은 미래를 어떻게 상상하는가에서 벌어진다고 할 수 있을 것이다. 결국 동양의 역사를 어떻게 기록할 것인가 하는 문제뿐만 아니라, 동양의 미래를 어떻게 상상할 것인가 하는 재현-전쟁과 상상-전쟁의 문제에 있어 단순히 동양인이 등장하는 미래가 아닌, 동양인에 의한, 동양인을 위한 서사가 그 어느 때보다 필요하다. 동양의 미래를 오리엔탈리즘의 이데올로기에 맡기기보다, 이제 한국인을 비롯한 동양인이 직접 상상한 미래와 그 미래를 재현하는 수백수천의 서사들이 등장해야 한다. 물론 앞서 언급한 바 있듯, 많은 한국 작가들 역시 미국 SF소설에서 유래한 기술-유토피아주의와 기술-긍정주의 이데올로기, 또는 테크노-오리엔탈리즘에 많은 영향을 받고 있다. 따라서 한국의 작가들이 미 대중문화의 기술-유토피아주의 혹은 테크노-오리엔탈리즘을 비판적으로 바라보면서도, 비판에 그치는 것이 아니라 동양의 관점에서 청사진을 짠 미래 사회의 모습을 대안적으로 상상하는 것이 필요하다. '미래로서의 동양'이 아닌 '동양의 미래'를 상상하는 더 많은 작품들이 나올 수 있도록 독자들의 관심과 지지를 촉구하며 글을 마친다.

유상근

◈ 1987년 태어났고, SF문학과 SF영상매체를 탈식민주의와
포스트휴머니즘의 시각으로 분석하는 연구를 하고
있다 ◈ 우주여행이나 과학기술과 같은 주제에 집중한
20세기 초기 SF문학 작품들보다는, 정치적 아젠다와
사회비평의 창구로서 역할을 한 1960년대 이후 SF문학을
주로 연구하고 있다 ◈ 이러한 연구를 통해 SF문학이 가지는
정치 사회적 가능성에 주목하고자 한다 ◈ 미 캘리포니아
대학교 리버사이드 캠퍼스에서 영문학 박사과정(사변문학
및 과학문화 심화전공)을 수료하였다

개벽문학의
동향과 과제

유신지

【 '내 목소리' 되찾기 : 한국의 자생적 철학과 문학 연구】

근대적 합리성은 많은 것들을 살해해 왔다. 자본주의의 발달, 이성에 토대를 둔 '계몽주의'나 '과학주의' 등 근현대의 중심을 이루는 시대정신은 인간의 세계에서 신을 추방했으나 뒤이어 인간의 존엄성을 함께 파멸시키기에 이르렀다.[1] 우리는 우리에게 끝도 없이 주어지는 '외적 실재'의 실체를 파악하느라 정작 개체 내면의 근원은 등한시하여 사물의 본질을 규정하는 이름을 끊임없이 '남의 입'을 빌려 호명해 왔다. 그러나 이와 같은 방식으로는 자기 목소리를 잃어버린 솔개처럼 개별 객체 각각에 깃들어 있는 근원적인 힘을 잃어버리게 될지도 모른다.[2] 이러한 위험성을 자각한 의미 있는 움직임이 백 년의 시간을 건너 '개벽'의 이름으로 다시 시작되고 있다는 점은 매우 기꺼운 일이다.

최근 한국의 자생적인 철학 사상인 동학적 사유를 근간으로 하여 우리의 근대문학을 재해석하는 연구의 성과가 유의미하게 증가하고 있다. 오랜 기간

---

1 오세영, 「문학과 그 이해」, 국학자료원, 2003, 15쪽.
2 목소리를 잃어버린 솔개의 이야기는 이솝 우화에 등장한다. 목소리가 곱기로 유명한 솔개가 자신의 목소리에 만족하지 못하고, 말이 내는 소리를 흉내 내다가 결국 자신의 목소리를 잃어버렸다는 이야기이다. 이후 솔개는 영원히 자신의 목소리를 잃어버리고, 모든 동물들에게 천대받는 존재가 되고 말았다.

서구 문예 이론의 외피를 입은 우리 문학을 재진단하고 그 외연을 확장한다는 점에서 이러한 움직임은 의미가 있다고 볼 수 있다. 조선적인 것을 '미개'라 규정하고 이를 계몽의 대상으로 보았던 우리 근대의 중심에는 늘 '서구적 문명'이 놓여 있었다. 특히 이 시기 유입된 서양 종교의 유일신은 개체 외부에 존재하는 신앙의 대상이었는데, 불교와 유교처럼 무한과 절대를 인간의 내면에서 확인하는 사상과는 상반된 개념이었다.[3] 이러한 서학에 맞서 수운 최제우가 창시한 동학은 당시 조선 민중들에게 "고유 전통 신앙의 근대적 발현"으로서 다가왔던 한국 고유의 종교이자 사상이었다.[4] 그리고 바로 이러한 동학적 사유야말로 우리 근대문학을 새롭게 살펴볼 수 있는 하나의 중요한 잣대로 기능할 수 있을 것으로 기대한다. 한 나라의 지방 도시에서 발생한 전염병이 고작 두 달 만에 전 세계로 번지는 오늘날 굳이 '한국적인 것'을 찾는 이유는 판에 박힌 민족주의나 전통주의의 보수성을 새삼 끄집어내려는 것이 아니다. 마땅히 시발점이 되어야 했으나 서구 문예 이론의 획일화된 해석법으로 굳어져 그 시초가 불분명해진 우리 고유의 사상적 맥을 다시금 짚어 보자는 것이다. '이식된 문화'라는 오명 아래 흐려졌던 우리 근대문학의 근원을 재조명하여 그 문학사적 위치를 다시 조율해 보자는 것이다. 본고에서는 이와 같은 연구의 가능성을 타진하여 동학적 사유를 바탕으로 근대문학을 재해석한 최근의 연구 동향을 살펴보고자 한다. 아울러 이와 같은 연구들의 의의와 향후 과제를 함께 다루어보고자 한다.

3   한자경, 『한국철학의 맥』, 이화여자대학교출판부, 2008, 65쪽.

4   박현수, 『전통시학의 새로운 탄생』, 경북대학교출판부, 2013, 38쪽.

【최근의 연구 동향】

동학적 사유에 의해서 한국 근대문학이 본격적으로 논의되기 시작한 것은 2000년대 이후이다.[5] 이 시기에 주로 논의된 작가는 신채호, 이상화, 김소월, 김동리, 박목월, 김종삼, 신동엽 등이다.[6] 먼저 신채호의 「꿈하늘」속의 '칼부름' 노래와 「1월 28일」에 나타난 '검'의 이미지를 중심으로 분석한 김주현의 논의는 최제우의 「검결」을 상호 텍스트로 설정하고 있다는 점에서 흥미롭다.[7] 논자는 최제우의 「검결」에서 표현하는 강령 주문이나 무예 연마의 기질이 신라의 화랑정신을 근간으로 한다고 보고, 그 가락 안에 인간과 우주의 합일을 가능하게 하는 '신명'이 있다고 하였다. 아울러 단재가 이러한 민족 고유의 정신을 계승하고 있으며 그 사유의 핵심은 동학의 근대적 자주정신과 투쟁의식이라고 보았다. 즉 그의 작품에 나타나는 '검(劍)'은 동학적 사유를 바탕으로 하면서 동시에 조선에 침입한 외적을 물리치려는 그의 작가적 지향을 함의하고 있다고 본 것이다. 단재에 대한 이와 같은 분석은 그가 독립운동가이자 대종교 교도였다는 점을 상기할 때 더욱 설득력을 갖는다. 아울러 김희주는 신채호가 작품을 통해 설정하고 있는 '민족의 근원'에 주목하여 논의를 진행한 바 있다.[8] 논자는 신채호의 민족주의 역사학이 대종교의 영향을 짙게 받은 것으로 보고, 그 근본 사상인 '단군'의 의미를 구체적으로 분석하였다. 신채호에 의하면 단군은 민족의 원형으로서 민족적 정신을 향상시키는 상징적인 존재이다. 아울러 신채호의 작품 속에서 '아(我)'로 표상되는 민중들이 각성

---

5   본고의 목적은 동학적 사유로 근대문학을 재해석하는 최근의 연구 동향을 분석하는 것이기 때문에 편의상 2000년대를 기점으로 이후의 연구를 중점적으로 다루고자 한다. 특히 논의의 범위를 구체적으로 확정하기 위해 모두 동학적 사유를 논의의 핵심적인 방법론으로 설정한 것으로 특정한다.

6   여기서 대상으로 하는 문학인들은 편의상 출생 연도순으로 배열하였다.

7   김주현, 「한국 근대 문학에 나타난 '검(劍)' 사상 연구: 최제우, 신채호의 작품을 중심으로」, 한국문학언어학회, 『어문론총』 제50호, 2009.6, 189~208쪽.

8   김희주, 「신채호문학에 나타나는 민족 연구」, 한국현대소설학회, 『현대소설연구』 제60호, 2015.12, 177~204쪽.

하여 모이는 방식으로 '대아(大我)'라는 민족정신을 호출하면서 당대의 현실을 극복하려 했다고 보았다.

이상화에 대한 논의도 있다. 김권동은 이상화의 「역천」이 1934년 태풍으로 인한 피해를 입은 수재민에 대한 연민과 인간의 존엄성을 다룬 인간주의 문학이라고 분석한 바 있다.[9] 더불어 작품에 등장하는 '하늘'이 인격화된 존재로, 동학에서 말하는 '하늘'과 인간과 자연이 동일한 도를 품고 서로 대등한 차원에서 만난다는 점에서 그 의미가 상통한다고 보았다. 또한 이상화와 당시 천도교 핵심 인사이자 독립운동가이기도 했던 홍주일(洪宙一, 1875~1927)과의 관계를 바탕으로 그의 전기적 사실을 검토하여 이상화의 사상적 배경이 천도적 사상의 영향 아래 형성되었다는 것을 분석한 논문도 있다.[10] 논자는 이와 더불어 이상화 문학을 서구 문예사조나 기독교적 관점 혹은 유교와 샤머니즘 사상으로 분석한 기존의 논의의 한계를 지적하면서 그의 시와 산문에 드러나는 '내재적 초월'의 양상이 동학적 사유를 근간으로 했을 때 더욱 풍부한 해석이 가능해진다고 보고 이상화의 시세계가 '동학 시학'의 자장 안에 있다는 것을 해명하였다.

한편 김소월 문학을 동학적 사유를 바탕으로 분석한 논의도 있다.[11] 홍승진은 야나기 무네요시(柳宗悦, 1889~1961)에서 연원한 '한의 정서'나 서구적 근대성을 기반으로 김소월 시의 전통성을 평가해 온 기존 논의의 한계를 짚고, 김소월 시의 전통성이 동학적 사유의 지평 아래 배태되었다고 보았다. 이를 위해 '소월'이란 필명이 기생의 이름에서 유래한 것으로 추측하고, 이것이 함의하는 평등주의적이고 인간주의적인 의식이 천도교의 평등사상에 바탕을 둔 것으로 보았다. 아울러 한국 근대시 고유의 서정성이 '세계의 자아화'로 표상

---

9   김권동, 「이상화의 「역천」에 대한 해석의 일 방향」, 우리말글학회, 『우리말글』 제57호, 2013.4, 315~339쪽.

10 유신지, 「이상화 문학에 나타난 시적 상상력의 근원 연구」, 한국문학언어학회, 『어문론총』 제74호, 2017.12, 301~329쪽; 유신지, 「이상화 문학의 사상적 기반 연구」, 경북대학교 석사학위논문, 2020.2.

11 홍승진, 「김소월과 인내천(人乃天): 『개벽』지 발표작에 관한 일고찰, 한국문학과종교학회, 『문학과 종교』 제22권 2호, 2017.6, 83~118쪽.

되는 서구적 '서정' 담론으로 규정하기 어렵다고 보고 소월의 시에서 드러나는, 현실에서의 삶을 긍정하는 능동적인 태도가 동학적 사유와 친연성이 있다고 보았다. 이와 같은 관계에 속에서 한국 근대시의 '서정' 개념을 재정립할 가능성을 제시하기도 하였다.

아울러 '초월성'에 주목하여 김동리의 '구경적 생의 의식'을 다룬 박현수는 김동리가 동학사상에 대해 직접 언급한 점과 그의 백형이자 「최제우론」을 발표하기도 했던 범부 김정설의 이력을 토대로 해방기 김동리 문학에서 드러나는 초월주의가 동학적 사유와의 친연성을 바탕으로 한 것이라고 보았다.[12] 또한 지현배는 김동리와 박목월의 문학에서 주요 공간 배경이 되는 '경주'에 주목하여 이들의 문학을 상호텍스트성으로 분석하였다. 아울러 두 사람의 작품이 보여주는 '연결'과 '소통' 지향의 '교감'의 코드가 동학의 수평적 세계관과 유사점이 있다는 것을 함께 다루었다.[13]

또한 지금까지 기독교의 수직적 이원론을 바탕으로 연구된 김종삼의 시 세계를, '내재적 신성'에 주목하여 그의 시가 인간 각각의 내재적 신성을 바탕으로 역사에 대항하는 측면을 보인다고 분석한 홍승진의 논의가 있다.[14] 논자는 월남 문인으로서 겪었던 전쟁 및 반복된 파시즘에서 기인한 고통의 체험 속에서도 김종삼이 인간에게 내재한 신성을 역동적으로 가시화한다고 보았다. 아울러 이러한 '내재적 신성성'은 서구 이론보다 한국의 동학적 사유에 더 가깝다고 분석하였다.

마지막으로 가장 많이 논의된 신동엽에 대한 연구 업적으로는 우선 작품의 서사 구조에 주목하여 현실의 부조리함을 파괴하는 등장인물의 행위가 동학의 개벽 사상과 상통하고 있으며, 나아가 이것이 동학에서 말하는 이상 세

---

12   박현수, 「해방기 초월주의의 본질과 사상사적 특성: 김동리의 '구경적 생의 형식'론」, 한국현대문학회, 『한국현대문학연구』 제45호, 2015.4, 153~183쪽.

13   지현배, 「동학의 코드와 경주의 콘텐츠-김동리와 박목월의 작품을 중심으로」, 동학학회, 『동학학보』 제55호, 2020.6, 161~186쪽.

14   홍승진, 「김종삼 시의 내재적 신성 연구: 살아남는 이미지를 중심으로」, 서울대학교 박사학위논문, 2019.2.

계를 표현하였다는 논의가 있다.[15] 이들 연구는 신동엽의 문학이 현실의 모순을 초월하고자 하는 동학의 이상적인 사회상을 제시하고 있다는 공통된 논지를 바탕으로 작품을 분석하였다. 특히 지현배는 「금강」에 등장하는 역사적 인물 및 실존 인물의 형상화를 통해 시인이 당대의 현실 및 이후의 과제를 함께 제시한다고 분석하였다. 논자는 이들이 보여주는 세계관, 예컨대 '원수성(原數性)'과 '차수성(次數性)'의 이원적 대립 체계 및 순환적 세계관이야말로 「금강」의 사상적 배경의 핵심이라고 보았다. 즉 "차수성 세계인 현재는 귀수성(歸數性)을 지향함으로써 원수성의 원형으로 회복하려는 비전"을 제시하여 지배층의 폭압에 항거하면서 동시에 미래로의 희망을 추구하는 저항 담론으로서의 동학적 이상향을 보여준다는 것이다.[16] 한편 '나'와 '타자' 양자 간의 상호 소통의 측면에 주목하여 시적 서정성을 동학적 사유를 바탕으로 분석한 논의도 있다.[17] 이상의 논의들은 신동엽의 시 세계가 자아와 세계의 동일화로 설명되는 기존의 서정성의 독법 대신 동학의 '시천주' 사상을 바탕으로 했을 때 그의 시에서 포착되는 시적 주체와 객체 간의 소통 양상을 더욱 풍부하게 읽어낼 수 있다고 보았다. 특히 이나영은 만물을 창조한 서학의 신관과 달리 '무위이화'의 상태를 강조하는 동학적 신관의 핵심을 '시천주'라고 보고 동학이 지향하는 주체와 객체의 공존 양상이 "상호주체적 서정성"과 상통한다고 보았다.[18] 나아가 여기서 발전된 형태의 "실천적 서정성"은 동학이 중요하

---

15 이와 관련한 연구로는 지현배, 「신동엽 시에 나타난 동학사상과 글쓰기 방식:「이야기하는 쟁기꾼의 大地」를 중심으로」, 동학학회, 『동학학보』 제17권 1호, 2013.4, 311~337쪽; 김경복, 「신동엽 시의 유토피아 의식 연구」, 한국문학회, 『한국문학논총』 제64호, 2013.8, 169~205쪽; 김희정, 「신동엽 시에 나타난 동학의 영적 체험과 구도(求道)의 형식:「이야기하는 쟁기꾼의 대지」를 중심으로」, 한국문학과종교학회, 『문학과 종교』 제22권 3호, 2017.9, 65~85쪽; 지현배, 「동학의 코드와 한국학적 가치: 신동엽과 권정생 작품을 중심으로」, 동학학회, 『동학학보』 제48호, 2018.9, 399~420쪽 등이 있다.

16 지현배, 「신동엽의 「금강」에 나타난 서사 구조와 작가의식: 동학과의 관련을 중심으로」, 동학학회, 『동학학보』 제17권 2호, 2013.8, 427~453쪽;

17 이와 관련한 연구로는 고혁주, 「신동엽 시에 나타난 공동체 의식 연구」, 한양대학교 석사학위논문, 2015.8; 이나영, 「동학사상과 서정성의 상관성 고찰」, 동학학회, 『동학학보』 제42호, 2017.3, 323~358쪽; 이나영, 「신동엽 서사시의 성취와 의의:『금강』의 서정성을 중심으로」, 한국문학언어학회, 『어문론총』 제74호, 2017.12, 331~365쪽 등이 있다.

18 기존의 주체와 객체의 관계가 일방적이고 폐쇄적인 구조를 갖는 서정성의 개념을 보완하는 "상호주체적 서정성"과 "실천적

게 생각하는 '도의 실천'과 '일상적 실천성'을 충족시키는 개념으로 신동엽의 작품의 근간을 이루고 있다고 하였다.[19]

지면 관계상 모두 소개하지 못하였으나 이상의 논의들은 동학적 사유를 바탕으로 근대문학을 진단한 최근 '개벽문학'의 연구 흐름이라고 할 수 있다. 이는 지금까지 동학적 사유를 바탕으로 다루어진 적이 없었던 문학인들에 대한 모색을 시작하였고, 동학의 담론으로 논의되었으나 채 해명되지 못했던 부분들을 구체적으로 다룬다는 점에서 의미 있는 결실이라고 볼 수 있을 것이다. 다음 장에서는 지금까지 살펴본 연구들의 성과와 향후 과제를 간단하게 다루어보고자 한다.

【 '개벽문학'의 생명력 회복과 한국 근대문학의 외연 확장 】

이상에서 살펴본 것처럼 한국 고유의 자생철학인 동학적 사유를 근간으로 하는 '개벽문학'에 대한 관심은 2000년대 들어 더욱 커졌다. 최근의 연구 업적들을 분석해 보면 대종교나 동학의 색채를 명시적으로 드러낸 작가들을 대상으로 하는 논의는 연구자별로 그 관심 영역이 세분되어 더욱 다양한 관점에서 작품이나 작가를 조망하고 있음을 알 수 있다. 최제우의 가사 작품 「검결」과의 상호 텍스트성에 기반하여 신채호의 작품에 형상화된 '검'의 이미지를 동학적 사유와 결부시키고 그 사상적 맥락이 신라 화랑도에 기인한다는 점을 해명한 논의나 평등과 공존이라는 동학의 '수평적 윤리'를 '경주'라는 공간으로 수렴한 논의, 그리고 해방기 김동리가 문학 작품에서 추구했던 '생명의 구경'이 물질주의 정신이 팽배한 근대의 혼란을 넘어서는 방식으로 작동하고 있

서정성"에 대해서는 박현수, 「시론」, 울력, 2015, 312~315쪽을 참조.

19 이나영, 「동학사상에 내재한 실천적 서정성의 가능성 고찰」, 동학학회, 「동학학보」 제44호, 2017.9.30., 301~337쪽.

다는 점을 해명한 논의 등이 여기에 해당된다.

특히 동학적 사유로 꾸준히 연구된 바 있던 신동엽의 작품 세계를 대상으로 하는 연구의 주제가 더욱 다양해졌다는 점 역시 신동엽 연구를 개척해 온 선학들의 성과라고 할 수 있다. 이러한 연구의 성과로 이제 신동엽의 시 세계는 동학의 이상적인 세계관을 지향하는 바람직한 현실 모색의 장이자 시적 주체와 객체 간의 원활한 소통이 가능한 서정성의 영역으로도 해석되기에 이르렀다. 그럼에도 아쉬움이 남는 것은 해당 논의가 신동엽의 몇몇 특정 작품에 집중되어 이루어졌다는 점이다. 「껍데기는 가라」, 「응」, 「단풍아 산천」 등의 작품이 동학의 외연을 입고 새롭게 분석되고 있으니 이러한 지표를 바탕으로 하여 신동엽 문학의 전반을 동학적 사유로 재구성해 볼 필요가 있는 것으로 보인다.

아울러 지금껏 한국 근대 문학사를 서구 문예 이론으로 파악하고자 했던 관습에서 벗어나 기존에 공인된 해석의 축과 무관하게 각 시인 및 개별 텍스트에 관한 다양한 논점들을 새로운 시각에서 재조명하였다는 것 또한 의미 있는 성과라고 볼 수 있다. 이들 연구는 시인의 시 세계를 서구적 이원론으로 분석하는 관점에 머물렀던 선행 연구의 한계에서 벗어나 동학이라는 새로운 사유틀로 시를 평가하였다는 점에서 의의가 있다. 특히 김종삼을 대상으로 한 논문은 김종삼 시에서 드러나는 '내재적 신성'의 문제를 동학적 사유와 결부시킴으로써 시기별로 전후의 허무적 색채나 순수/참여의 이분법적 시각에 주목했던 기존 논의의 한계점을 구체적으로 지적하였다. 아울러 그의 시에서 과거와 미래를 현재화하는 '시간 교란'의 시간성을 다룸으로써 '대상의 순간적이고 고정적인 인상이나 감각'을 묘사하는 기존 시론의 이미지 개념을 탈피하였다는 점에서도 의의가 있다. 한편 그의 시에서 지금까지 제대로 논의되지 못했던, 한국 고유의 '하늘 신앙'이 1860년 동학으로 부활하고 다시 1950년대 이후 김종삼의 시로 전승되어 시 속에서 생동하고 있음을 설득력 있게 다루었다는 점에서 시인의 문학사적 위상을 새롭게 했다고 볼 수 있다.

또한 천도교청년회의 개벽사에서 간행한 『개벽』에 작품을 발표한 바 있는 소월과 상화의 시 세계에 대한 해석 역시 동학적 사유를 근간으로 하고 있다는 점에서 새로운 시도라고 볼 수 있다. 이들 시에 관한 기존 연구는 각각 한의 표출이나 전통적 율격, 그리고 낭만성이나 저항성 내지 여타 종교의 사상적 맥락으로 해석되어 온 바 있다. 앞서 분석한 해당 시인에 관한 연구는 서구적 근대성을 기반으로 하는 근대문학 연구의 법칙을 허물고 두 시인의 문학 작품을 동학적 사유를 통해 분석할 수 있는 해석 가능성을 마련하였다는 점에서 의의가 있다. 한단지보(邯鄲之步)의 위험성을 자각한 연구자들에 의해서 시작된, 개벽의 관점에서 우리 근대문학을 새롭게 조명하고자 하는 논의는 근대를 넘어 오늘날에도 새로운 생명력의 소통을 확보하는 데 이바지할 수 있을 것으로 기대한다.

【새로운 하늘길의 전망과 반성을 겸하여】

이상으로 동학적 사유에 근간하여 우리 근대문학 작품을 재조명하는 최근의 논의들을 살펴보았다. 주지하다시피 우리의 근대는 서구 열강에 의해 강압적으로 규정된 것으로만 이해해 온 까닭에 고유의 자생철학이 있음에도 불구하고 이를 소홀하게 다루어 왔던 것이 사실이다. 그러나 서구 문예 이론의 한계를 지적하고 '다시개벽'하고자 하는 변화의 양상은 연구자들의 연구 업적을 통해 발견되고 있으며, 연구의 양이나 대상의 다양성이 나날이 증가하고 있다. 당대 문인들의 다양한 사상적 배경을 제대로 해명하지 못한다면 이들의 문학 세계는 합일에 이르지 못하고 근대 자본주의적 질서 아래 재편되어 식민화된 대상의 일면만을 분석하는 한계에 봉착할 수 있다. 이러한 이유로 개벽의 관점에서 우리 근대문학을 다시 살펴보아야 한다는 것이다. 동학적 사유의 핵심이 되는 '시천주' 사상, 즉 작품에서 다양하게 형상화되고 있는 '합일의 상상력'을 바탕으로 문학 작품을 살피는 과정은 당대에 이루지 못했던 우리 전통시학의 독자성을 확보함과 동시에 이것이 세계적 보편성을 획득하는 연속성 안에서 다루어져야 할 것이다. 이와 같은 시각으로 동학적 사유를 근간으로 한 근대문학을 적극적으로 발견하고 그것에 의미를 부여하는 일은 향후 문학사의 과제로 남을 것이다. 이를 통하여 우리 문학사에서 작품에 내재한 동학적 사유의 가능성을 정밀하게 고찰해볼 수 있는 계기를 마련해볼 수 있기를 기대한다.

유신지
◈ 현대시 전공자 ◈ 한국 근대문학의 지평이 한국의
자생 철학을 바탕으로 했을 때 좀 더 넓혀지리라 믿고
그 길을 찾기 위해 노력하는 중이다 ◈ 이를 위한 첫 번째
시도로 이상화의 시 세계를 동학적 사유를 근간으로
분석한 바 있다

사회주의를 넘어선
한국적 평등의 상상력

김남천 소설의 여성 인물[1]

정우경

카프(조선프롤레타리아예술가동맹) 출신의 소설가 및 평론가였던 김남천(김효식, 1911~1953)의 「어린 두 딸에게」(1934)에는 화자 자신이 "남녀의 동권을 이론적으로 주장"한 바 있음을 밝히는 대목이 있다.[2] 그의 소설들에 나타난 여타 '주의자'들의 형상과 마찬가지로, '남녀동권주의자'라는 말에는 이념과 현실 사이의 거리가 엿보인다. 동지적 결합을 이룬 헌신적인 아내에게 "흉폭한 언행"을 저지르곤 했음을 고백하는 이 글 속 '나'의 모습은 단편소설 「처(妻)를 때리고」(1937)에서도 나타난다. 「어린 두 딸에게」가 수필과 소설 그 무엇도 될 수 있는 텍스트이듯, 「처를 때리고」 등에서 형상화된 사회주의자 '나' 또한 완전히 허구적인 인물이라기보다는 역사적 작가 김남천을 일부분 환기해내는 측면이 있다.

　김남천은 평안남도 성천군[3]에서 태어나 평양보통고등학교를 나오며 서북

1　본고는 상당 부분 정우경, 「김남천 소설에 나타난 여성 인물의 역동성」, 서울대학교 석사학위논문, 2020.2에 기대어 쓰였음을 밝힌다.

2　"남녀의 동권을 이론적으로 주장하던" 화자는 아내에게 "흉폭한 언행을 취하고 난 뒤"에 "그가 단지 여자라는 단순한 이유에 의하여 내가 그의 앞에 '타이랜트(폭군 — 인용자)'로 임하지 않으면 아니 될 이유가 어디 있을 것이냐"고 자문한다(김남천, 「어린 두 딸에게」, 「우리들」, 1934; 정호웅·손정수 엮음, 「김남천 전집 2」, 박이정, 2000, 28쪽).

3　성천은 「남매」(1937), 「대하」(1939), 「사랑의 수족관」(1939) 등의 작품을 통해 김남천이 거듭 강조한 바 있는 '풍속'을 형상화해낸 장소이자 1930년대 후반 작품들을 관통하는 작가의식의 기원으로 주목된 바 있다(류수연, 「김남천 소설과 '성천(成川)'」, 고려대학교 한국학연구소, 「한국학연구」 제59집, 2016.12).

지방[4]에서 성장했다. 정주아는 문학 창작이 "공동체 내부에서 산출되는 생산 과정이기도 하다"는 관점에서, 변방으로 여겨져 왔던 서북지방에서 폭발적으로 성장했던 종교 세력들과 정치적 소외로 일찍이 경제에 이목을 집중한 중상인층에 주목한다. 김남천의 소설에서도 서북지방은 종교 운동[5], 혹은 금광 개발과 같은 자본의 흐름을 확인할 수 있는 곳[6]으로 그려진다. 주변부의 감각이 종교 및 자본의 문제와 접속하는 풍경은 그 현상들의 기저에 사람으로서의 자격[7]을 얻고자 하는 이들의 열망이 꿈틀거리고 있었음을 알 수 있도록 한다.

김남천은 어린 시절 차별받는 누이들을 보면서부터 여성 문제를 의식해 왔던 것으로 보인다.[8] 그러나 작가가 살아가면서 체감했을 문제의식과 그것을

---

4   '서북'이라는 명칭은 조선 이전부터 한반도의 서쪽과 북쪽을 묶어 국경 지대의 변방을 지시하는 말로 사용되었다. 이와 같은 명칭에는 안정적인 영토 안의 정주민이었던 기호 지역 및 영호남과 구분하고자 하는 불안정성이 담겨 있다. 죄인들의 유배지, 노비의 후손들이 살고 있는 곳이라는 편견이 잠재한 북방의 거주민들은 오랑캐와 내통할지도 모르는 이들로 여겨졌고, 관직 등용에도 제약을 받았다(장유승, 「17~18세기 함경도 지역 문집 편찬과 서적 간행」, 한국서지학회, 『서지학보』 제27호, 2003.12; 장유승 「조선 후기 서북지역 문인 집단의 성격 ― 평안도와 함경도의 지역 정체성 차이를 중심으로」, 진단학회, 『진단학보』 제101호, 2006.6; 정주아, 『서북문학과 로컬리티』, 소명출판, 2014, 10쪽에서 재인용).

5   양문규는 소설 「개화풍경」(1941) 및 「동맥」(1946)과 희곡 「삼일운동」(1946)을 통해 그려진 바와 같이 김남천이 기독교와 천도교에 가졌던 깊은 관심에 대하여 이야기한다. 이러한 관심은 김남천이 서북 지방 출신인 것과 관련지어 생각해볼 수 있다. 서북지방은 당시 선교사 사회에서 '동양의 예루살렘'이란 명성을 얻은 곳 동시에 천도교 입교자가 많았던 곳이기도 하다. 농민전쟁으로 쇠약해졌던 동학은 평안·함경도 포교로 새로운 힘을 얻게 된다(양문규, 「『대하』와 『동맥』의 비교를 통해 본 해방 후 김남천의 문학적 행방」, 한국문학연구학회, 『현대문학의 연구』 제64호, 2018.2, 229~236쪽). 이 밖에도 종교의 영향력이 드러나는 작품으로 어린 소년과 빠우엘 목사의 일화가 그려진 「그림」(1941), 후술할 「원뢰」(1946) 등을 논할 수 있다.

6   「가애자(可愛者)」(1938), 「미담」(1938), 『사랑의 수족관』(1939)을 예로 들 수 있다.

7   이와 관련해서 사회적 의미에서의 '사람'을 '인간'과 구분하며, "사람이라는 것은 어떤 보이지 않는 공동체 ― 도덕적 공동체 ― 안에서 성원권을 갖는다는 뜻(…) 어떤 개체가 사람이 되기 위해서는 사회 안으로 들어가야 한다. 사회가 그의 이름을 불러주어야 하며, 그에게 자리를 만들어주어야 한다"고 논하는 김현경의 논의를 참고할 수 있을 것이다(김현경, 『사람, 장소, 환대』, 문학과지성사, 2019, 31쪽).

8   "사실을 말하면 나도 열네댓 살부터 남녀평등론자이며, 지금도 공공연하게는 남녀에 차별을 두거나 하지는 않는다. 또 실제로 아이들에게는 일상생활에서건 기분 상으로건 별로 차별을 두지는 않는다고 생각한다. 그러나 세 명의 누이를 위에 두고, 밑으로도 몇 사람인가의 누이를 가진 나는 크게 우대 받고 자랐으며, 나를 그렇게 길렀던 내 부모는 지금도 고향에 건재하시다. (…) 시골에서건 도시에서건, 남자건 여자건, 이런 사상에 사로잡혀 있는 사람들은 아직도 내 주위에 복닥거릴 만큼 많이 있는 것 같다. 과장해 말하면 남존여비의 사상이 주위에 미만했다고 해도 조금도 과언은 아닌 듯하다. 그러고 보면 이런 환경에 반발해 인도(人道)의 마땅함을 깨달은 후 남녀평등론에 공명한 이래 이십 년 가까운 세월, 그동안에 끊임없이 인습타파를 위해 힘을 쏟았으며 윗사람 아랫사람 묻지 않고 조그만 꼬투리만 있으면 싫증내지 않고 남녀평등을 말했다. 최근에는 여자 전문학생도 나오게 되었고 딸 셋이면 기둥뿌리가 흔들린다는 따위의 치사한 속담도 들리지 않게 되었으므로 상당한 효과를 올렸다고 약간 자부하며 그 긍지를 금할 수 없었던 나였다. 그런 나도 어느새 자기가 싸움의 대상으로 삼았던 많은 사람들 속에서 자기의 모습을 잃어버릴 정도가 되어 버렸다는 말인가. 그렇지 않다면 남녀에 차별이 있어서는 안 된다는 이 사상마저도, 또한 나의 젊음이 초래한 청춘의 과오에 지나지 않았던 것일까(김남천, 이경훈 편역,

언어화하기 위해 선택했을 이념의 이름 사이, 작가의 현실과 그것의 소설적 재현 사이에는 각각 아득히 먼 거리가 있을 것이다. 가령 '남녀평등론자'라는 말에는 동일한 권리에의 지향이 담겨 있지만, 현실에는 '동일함'이나 '권리'로만은 충분히 설명할 수 없는 크고 작은 기울어짐들이 존재한다. 작가의 문학적 재현, 그것에 담긴 상상력에 주목하고자 하는 것은 이 때문이다. 작가라는 분명한 한계가 존재하는 프리즘을 거쳤음에도 불구하고 재현된 존재들에게는 온전히 작가로만 설명되지 않는 지점들이 발견되며, 이곳에서 이념과 문학적 상상력의 간극이 드러날 수 있다.

리얼리스트 김남천은 작가와 인물 간의 경합을 통해 이념을 초과하는 상상력의 다채로움을 목도하게 한다는 점에서 주목된다. 작가는 자신의 '관찰'을 '세태소설가'의 '고현취미'와 구별한다. 자신의 '관찰'은 시선의 주체와 대상을 명확히 분리하는 것이 아니라, 도리어 그 자리에 가서 "그들의 구두를 신"는 것이라 이야기한다.[9] 그렇기 때문에 그의 소설들에 나타난 여성 인물들을 단지 작가에 예속된 존재로만 볼 수는 없다. 이른바 '리얼리즘의 승리'가 가능한 것이라면 남성 작가의 소설에서 그의 여성관을 뛰어넘는 여성 인물을 발견할 수도 있다. 아울러, 이러한 인물들의 존재는 당대 실재했던 여성들의 부상과도 동궤에 놓일 것이다.

이처럼 다양한 면모를 지닌 여성 인물들은 소시민적인 '자기(自己)'를 뛰어넘고자 했던 김남천의 치열함과 밀접한 관련을 맺고 있다. 물론 우리는 이와 같은 작가의 고투를 무조건 높게 평가할 수는 없다. 그가 지향했던 가치들과 이념들에도 불구하고 그의 소설 속 여성들은 때때로 지극히 남성중심주의적인 시선 하에서 형상화됨으로써 여성을 규정짓고 고착화한다. 여성에의 폭력을 자인하는 글쓰기 행위 및 거기에 담긴 반성성 내지는 윤리에 대해서도 비판

「惡る朝(어떤 아침)」, 『한국 근대 일본어 소설선』, 역락, 2007, 246~247쪽)."

9   김남천, 「체험적인 것과 관찰적인 것(발자크 연구4)」, 『인문평론』, 1940.5; 정호웅·손정수 엮음, 『김남천 전집 1』, 박이정, 2000, 606쪽.

적 분석이 요구된다.

우리에 대해서 말해야 하는 것은 바로 우리이고, 그렇기에 그것을 가능케 할 합당한 언어를 가져야 할 것 또한 우리임은 분명하다. 그러나 이때 '우리'는 누구인가? 누구를 포함할 수 있고, 배제할 수 있는가? 혹은 그것을 나의 문제로 좁힌다 해도, 나라는 존재가 재현에 있어 최소한의 단위일 수 있을까? 자기 서사에서의 자기 재현에서조차 이미 과거가 되어 버린 자신을 재현한다는 그 시간적 간극에서, 그리고 자신을 이야기하기 위해 관련된 타인들을 함께 재현해 내야 한다는 지점에서, 결국 재현이 자기 자신을 초과하는 것은 불가피하다. 내가 처한 조건들에 관해 설명하고자 할 때에도 그것을 공유하고 있는 이들의 삶은 제각각일 것이므로 나는 나의 위치에서만 그 조건들에 대해 논할 수 있을 것이다.

또한 세계의 폭력에 관하여 예민하게 고통 받는 이들이 이념을 논하고 그것을 문학으로 빚어내는 과정 또한 결코 자신 안에서 완결되는 일은 아닐 것이다. 그러나 재현의 필연적인 실패에 수긍하고 우리가 타인을 온전히 재현해 내기는커녕 그를 완전히 이해할 수도, 충분히 경청할 수도 없는 존재임을 인정하면서도, 그럼에도 나 아닌 존재들에게 가 닿으려는 노력들에 대해 이야기해 볼 수 있지 않을까? 타인의 자리에 서기 위해 발휘하였던 상상력이 의식적·무의식적으로 만들어내는 것들이 있을 수 있다면, 그것은 무엇인가?

"그들의 구두를 신"는다는 표현에서 알 수 있듯, 김남천은 여성 인물들의 초점과 목소리를 빌려 그 자리에 서고자 했던 것으로 보인다. 이때 그 초점과 목소리는 본래 작가의 것이 아니므로, 과잉 또는 결여가 반복되는 과정은 역사적 작가로만 환원될 수 없는 여성 인물의 고유함을 생성한다. 이에 따라 여성 인물들은 작가의 서사 전략마저도 넘어서는 역동성을 드러낼 수 있다. 볼셰비키 조직 이론과 공산주의 이론을 습득하고 계급의식을 고양했던 김남천은 1930년 8월 평양 고무공장 직공 대파업에 관여[10]하는 등의 '실천'을 목표로 삼은 바 있다. 그러나 1935년에 카프가 해체되고 그로부터 2년간의 공백 후에 그는 「남매」와 「처를 때리고」 같은 소설들을 발표한다.

이 소설들에는 이전까지 그의 작품에서 나타나던, 대의를 위하여 고민하고 실천하는 이데올로기의 주체가 아닌, 과거에 사회주의자였던 소시민들이 등장하기 시작한다. 전향 이후 자기 몫의 죄책감을 곱씹으며 고통을 겪고 있는 이들이 형상화될 때, 여성 인물들이 함께 등장하고 있음은 주목을 요한다. 사회주의 이념을 직접적으로 드러내는 글을 쓸 수 없었던 시기에 여성들의 문제가 김남천의 문학 세계에서 본격적으로 서사화되기 시작하였다는 사실은 그에게 있어 계급에 대한 의식과 여성에 대한 의식이 밀접하게 관련되어 있던 것이었음을 방증한다. 서북 지방의 로컬리티와 종교의 영향력에 대해 주목한 선행 연구에서 "당시의 공동체적 이상주의가 해당 종교의 원리와 어떤 공감대를 형성했는가", "당대의 종교에 어떤 역할을 기대했는가"와 같은 문제를 논했듯,[11] 사회주의와 남녀평등처럼 작가가 지향하였던 가치들은 평등에 대한 문제의식을 공유하고 있는 것으로 보인다.

그러면서도 「惑る朝(어떤 아침)」의 "남녀에 차별이 있어서는 안 된다는 이 사상마저도, 또한 나의 젊음이 초래한 청춘의 과오에 지나지 않았던 것일까"라는 서술을 통해 볼 수 있듯, 그에게 있어 '남녀평등'에 대한 의식이 사회주의에 대한 의식과 완전히 일치하는 것은 아니다. "마저도"라는 표현이 암시하듯이, "남녀에 차별이 있어서는 안 된다는 이 사상"은 일제 말기 일본어로 창작된 소설의 표면에 명시적으로 드러나지 않는―'청춘의 과오'가 지시하는―사상과 구별된다. 이를 작품 속에 나타난 여성 인물 재현을 통해 구체적으로 살펴보자면, 먼저 「남편 그의 동지―긴 수기의 일절」(1933) 및 「처를 때리고」와

---

10 이때의 경험은 단편소설 「공장신문」(1931), 「공우회」(1932), 희곡 「조정안」(1932)에 그려진다. 특히 「조정안」에서는 평양 민족주의 진영의 주요 인사들의 허위성이 형상화되며 김남천의 문제의식이 드러난다(정주아, 앞의 글, 93쪽).

11 위의 책, 56쪽.

같은 여러 단편 소설을 통하여 사회주의자들의 불철저함을 지적하는 인물이 거듭 여성으로 그려지고 있다는 점을 주목할 만하다.

아울러, 김남천의 소설에서 여성은 특히 그가 '실천'과 더불어 강조한 '생활'을 체현하는 이들로 그려진다. 이처럼 김남천은 노동하는 여성들을 계급과 젠더의 이중적 억압에 시달리고 있는 존재들로 인식하였다고 보인다. 30년대 말부터 40년대 초의 「이런 안해—或은 이런 남편」(1939), 「바다로 간다」(1939), 「노고지리 우지진다」(1940), 「경영」(1940), 「맥」(1941) 등과 같은 김남천 소설에는 노동하는 여성 인물들이 본격적으로 등장한다. 노동을 통해 스스로의 삶을 지탱한다는 인식은 그들의 자존에 대한 의식 및 자긍심과 공명한다. 이때 여성 인물들은 생업을 영위하는 데 있어 계속해서 섹슈얼리티와 관련된 문제를 마주한다는 점에서 주목을 요한다. 자본주의 생산양식의 일반작용과 얽혀 있으면서도 여성 억압의 독립적 특수성을 단적으로 보여주는 영역인 섹슈얼리티[12]가 전면에 드러나는 일련의 소설들은 김남천이 성과 노동이 교차하는 문제를 의식적·무의식적으로 인지하는 작가였음을 보여주기 때문이다.

김남천이 10여 년 동안 그려낸 이례적 인물 이경희는 계급을 넘어선 여성 억압의 특수성을 가시화하는 인물로 주목할 만하다. 여성억압을 자본주의 사회의 산물로 인식하고 노동계급을 해방시키면 그 물적 기반 위에서 여성도 평등을 획득할 수 있다고 주장하는 전통 맑스주의 페미니즘[13]은 재생산의 문제를 논하지 않는다는 점에서 한계를 지닌다. 나아가, 여성이 자신이 속한 계급과 무관하게 공통적으로 억압의 경험을 공유한다는 점은 전통 맑스주의 페미니즘을 통해 충분히 설명되기가 어려웠다.[14] 사회주의 페미니즘은 맑스주의 페미니즘에 급진주의 페미니즘을 결합하여 가부장제의 문제를 제기한다. 그러나 사회주의 페미니즘이 1970년대에 본격적으로 논의된 것을 고려한다면,

---

12 태혜숙, 「탈식민주의 페미니즘」, 여이연, 2001, 76쪽.

13 위의 책, 16쪽.

14 손애리, 「맑스주의 여성해방론」, 신라대학교 여성문제연구소, 「여성연구논집」 제3집, 1992, 40-41쪽.

식민지 조선 사회에서 사회주의 페미니즘의 이름으로 나타났던 담론들은 엄밀히 말하여 맑스주의 페미니즘이었던 것으로 보인다.[15] 상류층 가정을 묘사한 김남천의 소설에서는 물적 토대와 무관하게 일상의 영역에 스며든 여성억압이 등장한다. 이는 여성의 경제적 독립, 곧 직업의 문제를 강조하던 당대 사회주의 페미니즘 담론을 넘어서는 것으로서 주목을 요한다. 이와 더불어『사랑의 수족관』의 경희가 '직업 부인'들을 위한 탁아소 사업을 실현했던, 요컨대 재생산 노동을 의식했던 인물이라는 점 또한 특기할 만하다.

경희는 김남천이 「세기의 화문」에서 『사랑의 수족관』을 거쳐 『1945년 8·15』에 이르기까지 10여 년간 작품 속에 등장시켜 온 부르주아 여성이다. 발자크의 인물 재현 방법인 '인물의 회귀(retour des personnages)'를 떠올리게 하는 이 인물은 작품마다 구체적인 설정을 조금씩 달리 하며 서사의 전개를 도맡고 있어 눈길을 끈다. 경희는 해방 직후의 풍경을 다룬 소설 『1945년 8·15』에서 미국으로 표상되는 제국주의 및 자본주의와 함께 '타락'하며 작품에서 퇴장한다. 그러나 경희는 소설의 내적·외적 풍부함을 지닌 인물이기도 하다. 작품 내에서 가시화되는 경희의 욕망은 스탕달의 『적과 흑』에 등장하는 레날 부인과 김남천이 인상 깊게 본 것으로 밝힌 바 있는 페페 르 모코의 영화 〈무도회의 수첩〉(1937)의 크리스틴(마리 벨)을 연상하게 한다. 그를 향한 작가의 비판적 시각[16]에도 불구하고, 인물의 구체적인 만듦새는 경희를 비판적 리얼리즘의 대상으로만 치부하고 넘어가기 어렵도록 만든다.

작품에서 문제시되는 경희의 불륜 역시 이러한 연속성 하에서 이루어진 것

15 송명희, 「잡지 『삼천리』와 사회주의 페미니즘 담론 연구」, 한국비평문학회, 『비평문학』 제38집, 2010, 241-242쪽.
16 "단편 소설 말고도 중편이 하나 장편이 하나 있는데 중편은 여성 잡지에 실리는 관계상 부득이 신여성 두 분(경희, 애덕—인용자)이 주인공이 되었으나 이 양반들은 어떻게도 건방지고 깍정인지, 나 같은 놈하고는 차도 같이 안 먹으려 든다. 다마나 치든가 골프나 하든가, 승마, 보팅, 드라이브, 이런 것을 않고 어째 당신은 부엌 구석 같은 목로나, 공설 숙박소 같은 냉면집만, 궁상스리 찾아다니느냐고 야단인 판이니, 이런 분들을 꿈에서 만난다면 종로 네 거리에서 롤라스케이트라도 타자고 덤벼들 터이니 나처럼 심장이 약한 축이 또 뇌빈혈이나 일으키지 않을까 모르겠다. 나보다는 이런 축을 잘 다루는 효석이나 현민에게 혹 모두 싫다면 채만식에게나 소개해서 실컷 속물성에 대한 풍자나 당해보라고 맡겨 버리겠다(김남천, 「내가 정보부(鄭寶富)다—하」, 『동아일보』, 1939.1.11; 정호웅·손정수 엮음, 『김남천 전집 1』, 앞의 책, 130쪽)."

으로 볼 수 있다. 이와 같은 일탈은 자존을 향한 경희의 욕망과 그가 위치한 구조 사이의 갈등을 통해 해명될 필요가 있다.『사랑의 수족관』에서 경희는 결혼을 "완전한 희생"으로 여기지 않기 위해 필요한 것이 남편에 대한 애정뿐이라 주장한다. 요컨대 경희에게 있어 결혼 생활은 애정이라는 최소한의 조건마저 없다면 지탱해나가기 어려운 것이다. 우여곡절 끝에 성사된 광호와의 결혼 역시 그에게 만족을 줄 수는 없었다. 결혼 후 여성해방운동을 만류하는 광호의 모습[17]에서 볼 수 있듯, 이는 가부장제의 질서 아래에서 공적 활동이 억압되는 여성의 구조적 처지와 연관된다.[18] 결국 "완전한 희생"이라는 말을 통해 경희가 폭로하는 바와 같이, 경희의 일탈이 가시화하는 것은 개인의 부도덕함이 아닌 구조의 폭력인지도 모른다.

이 인물의 생동감은 무엇보다 그의 욕망이 가시화되고 있음에서 비롯되는 것으로 보인다. 그의 욕망은 자신이 무엇을 원하고 무엇이 되고 싶은가를 의식적으로 묻는 것에서부터 비롯한다. 이 지점에서 '유한 마담' 경희는 「맥(麥)」 연작의 '직업 부인' 무경과 맞닿는다. 이 연작의 중심인물인 무경은 사상범이 된 시형을 2년간 옥바라지하지만, 전향을 결심한 시형은 출소 후 그를 찾아온 아버지를 따라 고향으로 돌아가 연락이 끊긴다. 시형의 떠남과 어머니의 재혼으로 인하여 무경은 시형을 위해 마련해 두었던 방을 자신이 사용하기로 결심한다. 이와 같이 무경은 자신과의 신의를 저버린 남자의 흔적을 지우기는커

17 "이경희가 맨 먼저 꿈꾸었던 것은 여성운동이었으나 그런 것에 발 벗고 나서는 데 대해선 남편 광호가 절대 반대하였다. 참정권이니 여자끼리만 정당을 꾸미느니 하는 건 물론이오, 일체의 운동 제일선에 경희 자신이 나서는 것은 이유 없이 한사코 반대였다(김남천, 『1945년 8·15』, 작가들, 2007, 168쪽)."

18 "언젠가 본 소설에 결혼생활은 형식적으로만하고 실제에잇어서는 독신생활을 시켜줄 조건으로 결혼을 승낙하는 경우를 그린것이 잇엇다. 그러나 소설이니 말이지 그런 것이 제의 경우에 가능할것갓지가 안헛다. 그는 또 독신주의를 상당히 경멸하던 사람이엇다. 그래서 그런 것이 머리에 떠올랏달뿐 기피 고려하지는 안헛다. (…) 이런 것을 저처노코보면 고려해볼 아무것도 남지는 안헛다 가정생활에 잇어서의 안해의 자유가튼 것?이런것도 공연한 수작이고 그박게 사나이의행동을 제한하고 견제하는것가튼 그런 맹랑한 소린철부지 기독교여학생이나 생각할이고(…) 그러자니 아무리 생각해 보아도 결혼조건이라고 내세울만한 것은 아무것도 업섯다. (그저 완전한 희생!) 이것이 희생이 아니라고 생각하기 위하여는 그는 송현도에게 대하여 애정을 발견하는 것이 필요하였다 에네르기 — 실무주의 실용주의 행동가 실업가적수완 — 그것은 물론 하나의매력일것이오 여기에서 새로운 애정의 원천을 구해야될 것이다 — (김남천, 『사랑의 수족관』, 「조선일보」, 1940.2.18)"

녕 시형을 넘어서고자 그를 따라 철학을 공부하기로 결심하며, 옛 연인을 위하여 준비했던 공간을 적극적으로 자신의 것으로 삼는다. 소설의 끝에서 땅에 묻혀 꽃을 많이 피우는 보리가 되겠다는 문경의 다짐은 그의 무한한 가능성을 보여준다.

이처럼 김남천의 여성 인물들은 그 자체로도 풍성함을 지니고 있지만, 그와 같은 재현이 끝내 완결될 수 없음을 드러낸다는 점에서 더욱 중요한 의미를 획득한다. 김남천의 『1945년 8·15』를 포함한 다수의 소설들은 미완으로 마무리된다. 이는 그가 놓여 있던 현실적 상황과도 무관하지 않을 것이나, 작가적 주체의 판단과 계획에 의하여 통제되지 않는 타자들의 존재들을 주목하게 한다는 점에서 특기할 만하다. 우리는 『1945년 8·15』의 후반부에서 타자와 조우하는 문경을 살펴볼 수 있다. 작품의 말미에 문경은 공장에서 마주한 여공들이 자기 말에 귀를 기울이지 않는 것에 당혹스러움을 느끼고, "노동자계급 여직공의 생활과 의식 정도, 그런 것에 대하여 아무런 준비도 없이 소시민적 근성을 그대로 가지고 그들 가운데 나선 것"이 잘못이었음을 깨닫는다(331쪽). 문경이 끝내 그들을 설득할 수 없었던 이유는 무엇일까? 그가 이념에 철저하지 못했기 때문만은 아닐 것이다. 오히려 그것은 문경의 이념이 개개의 삶들과 관계 맺기에 실패했기 때문인지도 모른다.

그가 공장에 들어가기 전, 전재민을 바라보는 모습을 다룬 삽화 또한 타자에 대한 섣부른 시선의 한계를 밝힌다. 전재민 여성과 우연히 마주하여 "도탄 속에서 민중을 갱생"시켜야 한다고 질감하는 문경의 시혜적 시선은 이후 이어질 여공들의 외면을 예고한다(265쪽). 무표정함으로 응답하는 전재민 여성은 우리에게 관객의 응시를 좀처럼 되돌려주지 않는 다르덴 형제의 인물들을 떠올리게 한다. "스크린에 슬픔이나 기쁨, 고통을 훤히 드러냄으로써 보는 이에게 잠정적으로 소통했다는 착각을 허락하지 않는" 이들처럼,[19] 낯선 이의 모

---

19 김혜리, 「나를 보는 당신을 바라보았다」, 어크로스, 2017, 37쪽.

습을 한 전재민 여성은 타인의 고통을 섣불리 명명하려는 문경의 시선을 서늘한 표정으로 벗어난다.[20]

이처럼 김남천의 문학적 재현은 재현 주체의 치열함과 진정성이 그 자체로 완결되거나 상찬될 수 없음을 드러낸다. 김남천에게 글쓰기의 동력이 되었을 타인의 고통에 대한 민감성과 불평등에 대한 사유는 자신을 넘어서기 위한 재현을 촉구했다. 그 재현은 나를 초과하는 지점을 함유하는 동시에, 고작 나에 불과할 뿐인 재현 주체가 어떠한 폭력들을 남기는지를 선명히 드러낸다. 이러한 실패를 확인하며 우리는 다시금 겸허해진다. 나 아닌 존재들과 어떻게 관계 맺어야 하는가는 여기서부터 논의될 수 있을 것이다.

정우경
◈ 문학을 공부한다 ◈ 우리 삶의 하한선을 지키기 위해
무엇을 해야 하는지 고민하고 있다 ◈ 리얼리즘과 환대에
관심이 있다 ◈ 재현이 누군가를 환대하는 일일 수 있다고
믿고 싶다

---

20 이와 함께 살펴볼 만한 작품으로 1946년 『인민평론』에 실렸던 짧은 소설 「원뢰」가 있다. 이 소설에는 '나'와 인력거 차부의 대화가 나온다. 차부에게 고함을 지른 후 '나'는 자신의 태도를 반성하며 한때 자신이 천민의 사회적 지위 향상을 위해 노력했던 과거를 회상한다. 미안한 마음에 차삯을 두둑히 줘야겠다고 생각한 '나'는 인력거꾼에게 막걸리 값이라도 하라며 2원을 주지만 돌아오는 대답은 술에 취한 사람의 차비는 적어도 3원이라는 대답이다. 이에 '나'는 「마태복음」 6장의 "삼가 남에게 보이랴 사람 앞에서 의를 행하지 말라. 그러면 하날히 계신 너희 아버지께 상급을 얻지 못하나니라"라는 구절을 떠올리며 이야기는 마무리된다(「원뢰」, 『人民評論』, 1946.7, 141쪽). 짧은 분량의 이 소설에서 인력거 차부는 결코 '나'의 판단에 온전히 귀속되지 않는 것이 당연한 타자의 모습을 드러내 보이며 그의 입장을 정확히 알지 못하였던 '나'에게서 언어를 앗아가 버린다.

한국의 신관을 찾아서

신들의 전쟁 - 하늘님
신명 神名 논쟁

이호재

【 방황하는 한국의 '하늘님' 】

한국은 여러 종교가 공존하는 다원화된 사회이다. 무속적 세계관, 유교적 세계관, 불교적 세계관, 그리스도교적 세계관, 신종교의 세계관(동학-천도교적 세계관, 증산교적 세계관, 대종교적 세계관, 원불교적 세계관 등)뿐만 아니라 과학적 세계관마저 중층적으로 공존하고 있다. 이런 평화로운 한민족의 종교적 심성을 조율하며 한국문화 공동체의 중심이 되었던 '하늘님'[1]이 갈 곳을 잃어버리고 방황하고 있다.

'하늘도 무심하시지!' 하면 응답하시던(?) 하늘님이 유교의 상제, 불교의 제석, 도교의 옥황상제, 그리스도교의 야훼신에 의해 방황하고 있으며, 평화롭던 한국의 하늘(님)이 분쟁의 소용돌이에 휩싸이고 있다. 1992년 '한세계인류성도종' 대표인 전근철은 천주교와 한국기독교총연합회를 대상으로 '하나님 명호도용 및 단군성조의 경칭침해 배제 청구의 소'(92가합71999호 사건)라는 법적 소송까지 제기했다. 하늘님의 명칭에 대한 소유권 전쟁이 발생한 것은

1 　한국 고유의 하늘신앙의 대상을 '하늘님'이라고 부른다. 하느님과 하나님, 한울님 등 특정 종교에 담긴 종교적 이데올로기를 피하고 학술적으로 객관성을 담보하기 위함이다.

한민족의 '하늘님이 분쟁의 소용돌이에 휩싸여 방황하는' 하나의 사례이다.

사실 신의 정체성에 대한 관심은 근대 이성의 산물이며, 특히 서구 그리스도교가 피선교국에 전파되면서 토착화하는 과정에서 주로 발생한다. 그리스도교의 유일신에 대한 호칭은 선교가 필요한 토착화 지역에 따라 'God', 'θεος(데오스)', 上帝(상제), 天主(천주), かみ(카미) 등으로 표현되고 있다. 그러나 한국에서는 동일한 신을 신앙하는 그리스도교에서 천주교는 '하느님', 개신교는 '하나님'이라고 다른 신명(神名)을 사용하고 있다. 이로 말미암아 한국 고유의 하늘님을 신앙하는 근대 신종교는 그리스도교의 신의 호칭과 차별하기 위해 한국인에게 친숙한 '하느님'이란 용어를 포기하고 동학–천도교는 '한울님', 대종교는 '한얼님', 증산교에서는 '상제'를 포함한 다른 신명을 사용한다. 과연 이들은 같은 신일까, 같은 신의 다른 표현일까? 이는 한국 종교사에서 중요한 질문이다.

전통적으로 천지[神明]와 자연스런 관계였던 한국인은 '하늘님 명칭 논쟁'의 당사자로서 하늘님을 어떻게 불러야 하는가? 그렇게 '하느(나)님'으로 부르면 그 이름에 상응하는 신의 가호를 받는 것일까? 아니면 그리스도교의 신이 '보우'하는 것일까? 그런 하늘님은 어떠한 신적 속성을 가진 것일까? 이런 상식적인 질문은 한국의 신관과 그 신적 속성에 대한 핵심적인 질문이기도 하다. 또한 한국인의 민속생활과 무속신앙에 존재하는 다양한 신령, (천지)신명은 어떠한 신관과 그 신적 속성을 가지고 있는 것일까? 더 나아가 구두전승과 문자기록에서 전해져 온 환인과 환웅, 그리고 고대 한국인이 제천의례의 대상이던 천지신명을, 과연 그리스도교의 신학의 신관을 규정해 오면서 사용한 용어와 신학에서 독립한 종교학의 용어로 개념화할 수 있는 것일까?

이 글은 한국의 신관을 규정하기보다는 신관을 정립하는 데서 고려되어야 할 사항을 중심으로 시론적 문제를 제기하는 데 중점을 둔다. 따라서 한국의 신관에 대한 환원론적인 개념 정리뿐만 아니라 선교신학자마냥 그리스도교 교의학의 전통을 바탕으로 한국의 신관을 재단하는 호교론적인 접근, 그리고 이와 상응한 관점에서 신종교의 신학과 교학의 입장을 배제하고 종교 텍스트를 중심으로 한국의 신관을 밝히는 데 핵심적으로 반성적 성찰이 필요한 부분을 중심으로 고찰하고자 한다. 이를 통해 한국 신관에 대한 종합적인 연구에 대해 집단지성의 열린 담론이 형성되는 계기가 되기를 기대한다.

【한국의 하늘(님) : 보편신관과 지역신관이 공존한다】

1. 한국의 하늘님은 선맥(僊脈)의 하늘님인가? 무맥(巫脈)의 하늘님인가?

한국 종교의 기층에 새겨진 정체성을 밝히는 것은 종교적 원형에 대한 근본적인 질문으로, 한국 종교사의 최대 난제 가운데 하나이다.

한국 종교역사에서 선맥은 '환웅신화'에서 신시(神市)의 주인공인 환웅이 홍익(하는, 할 수 있는)인간의 이념과 더불어 이화세계(理化世界)를 만들었고, '건국신화'의 주인공인 단군은 죽지 않고 아사달에서 산신이 되었다고 하며. 또한 이를 계승한 부여, 고구려, 백제, 신라 등의 신화와 제천의례도 선맥의 하늘님을 신앙하며, 근대의 신종교와 현대에도 그 맥락이 계승되고 있다.[2]

선맥(의 세계관)은 한민족의 기억 전승의 원형처럼 신과 인간이 서로 교류하고, 하늘과 땅과 인간이 분절되지 않고 평화롭고 조화로운 열린 세계에서 완전한 인간으로 살아가는 이상세계를 말하며, 이는 한국의 기층문화를 구축하고 있다. 선맥은 하늘과 땅과 인간을 평화롭게 공존시키는 완전한 인간을 중심으로 하는 종교의 도맥(道脈)이다.

고대 한국인의 신화는 『성서』 창세기 2장의 창조설화에서 야훼 엘로힘에 의해 선악과를 먹은 인간이 죽음의 형벌을 당하는 신화 형태와는 다른, 선

---

2   변찬린, 「僊(仙)攷」, 『甑山思想研究』 5輯, 1979; 이능화, 이종은 옮김, 『조선도교사』, 보성문화사, 1985; 정재서, 『한국도교의 기원과 역사』, 이화여자대학교출판부, 2006; 안동준, 『한국도교문화의 탐구』, 지식산업사, 2008; 이호재, 『훈붉 변찬린: 한국종교사상가』, 문사철, 2017, 280-295쪽; 이호재, 『포스트종교운동』, 문사철, 2018, 54-76쪽.

맥 특유의 영생 문화를 잘 보여준다. 이런 한민족의 종교적 정체성을 최치원은 현묘지도(玄妙之道)한 '풍류(風流)', 즉 포함삼교(包含三敎)하고, 접화군생(接化群生)하는 풍류적 세계관으로 표현하였다. 이런 응축된 종교적 영성은 근대에 들어 동학을 시점으로 증산교, 대종교, 원불교 등의 신종교에서 폭발하였다.

세계 종교사에서 칼 야스퍼스가 기원전 900년부터 기원전 200년까지 세계의 주요 종교문화와 철학이 탄생한 시기를 축 시대(Axial Age)라고 한다면, 한국은 근대에 탄생한 신종교가 기존의 종교담론을 종합하고 독창적인 종교문화를 펼치고 있기에 한국의 축 시대가 시작되었다고 할 수 있다. 이처럼 한국에서 축 시대를 열어낸 신종교의 창교자들은 이구동성으로 개벽 세계에 펼쳐지는 지상선경을 말하고 있다. 지상선경의 '온전한 인간'은 포함삼교라는 다양한 신관을 포용하는 풍류적 세계관에서 생활하는 인간이다. 이에 대한 지향성은 한민족의 독창적인 기층 종교문화이기도 하다. 이처럼 한국인의 종교적 영성은 선맥의 중핵을 무속이 껍질로 품고 있으면서 평화와 풍류의 심성으로 외래종교를 축적해 온 역사였다.

대부분의 학자가 선맥과 무맥을 분명히 구별하지 않고 혼용하는 입장을 취하기도 하고, 무맥을 종교적 원형으로 이해하기도 한다. 그러나 선맥은 대무(大巫)의 역사이고 무맥은 소무(小巫)의 역사이다.[3] 무(巫)는 하늘(一)과 땅(一)이 소통하는(l) 가운데 인간이 가무하는(人人) 형상을 합성한 글자이다. 대무는 선맥의 하늘님과 교류하며 우화등선(羽化登仙)하는 선맥의 엘리트 전통을 형성하였고, 소무는 인간과 사회의 길흉화복을 조화롭게 하는 민중 전통의 한 갈래를 형성하였다. 선맥과 무맥은 하늘과 땅이 서로에게 닫힌 세계가 아닌 열린 세계라고 인식하며 천지인의 상호교섭을 전제하는 동질성을 가지고 있다.

---

3   변찬린, 앞의 글, 1979, 199~200쪽. 변찬린의 「僊(仙)攷」는 류병덕과 김상일에 의해 인용되고 있다. 이에 대해서는 류병덕, 「한국종교 맥락에서 본 원불교사상」, 『문산 김삼룡 박사 회갑기념논문집』, 원광대학교출판부, 1985, 14~15쪽; 김상일, 「한민족 의식 전개의 역사」, 지식산업사, 1988, 206~208쪽. 그리고 윤승용, 『민족종교의 기본사상』, (사)한국민족종교협의회, 2019, 23~27쪽을 참고할 것.

그러나 선맥은 우화등선하는 존재 탈바꿈을 위한 수련 전통을 계승하지만, 무맥에서는 이런 종교 전통이 보이지 않는다는 큰 차이가 있다.[4] 이런 측면에서 현묘지도한 풍류와 근대 신종교가 체험한 하늘님은 개벽과 지상선경을 증거하는 선맥의 전통에서 체험한 종교 경험이라고 할 수 있으며 무맥의 종교 체험과는 거리가 멀다.

한국인의 종교적인 원형은 선맥으로서, 인간이 하늘과 땅을 자유롭게 왕래할 수 있다고 전제하는 것이며, 차안(此岸)과 피안(彼岸)이 서로에게 닫힌 세계가 아닌 열린 세계라고 인식하는 것이다. 따라서 한국인의 고유한 사유체계에는 하늘나라가 죽어서 가는 곳이라는 관념 자체가 없다. 단지 '돌아갈 뿐이다.' 피안 감성과 피안 의식은 유교, 불교, 도교, 그리스도교 등 외래종교의 이분화된 세계관에서 유래한다.

그렇다면 희랍적 이원론의 세계관에서 배타적인 종교적 언어로서 한국의 천지신명, 혹은 선맥의 하늘님과 무맥의 다양한 신령을 개념화할 수 있는지는 반드시 물어야 한다. 한민족의 종교적 원형을 선맥이 아닌 무맥으로 인식하는 일부 선교신학자의 관점으로는 한국의 하늘님을 제대로 인식할 수 없다는 한계가 있다. 선맥의 하늘님에 근거한 세계에서는 선맥의 창조적 영성이 중심을 이루며, 다양한 무맥의 신령은 기능신으로서 민중의 한(恨)을 보듬는 종교적 기능을 수행한다. 이와 달리 무맥의 신령에 근거하는 종교문화에서는 무맥의 신령이 억눌린 민중의 한의 심성을 어루만지는 한계적 기능만을 수행할 뿐, 선맥의 창조성은 나타나지 않는다.

한편 신종교의 각 교단은 해당 종교의 진리가 동서양을 포괄하는 '유불도' 합일 혹은 '유불도-기독교' 합일의 종교사상이라고 간주되지만, 과연 이에 어울리는 독창적인 '신관'을 제시하고 있는지 반성적 성찰을 해야 한다. 개벽세계를 개창하고 지상선경이라는 이상향을 제시하는 종교사상에서 어떻

4   이호재, 「잃어버린 하늘신앙의 훈붉신명을 찾아서」, 『민족종교의 기본사상』, (사)한국민족종교협의회, 2019, 326~354쪽.

게 신관이 정립되는가에 따라 세계종교로서의 보편성이 있는지의 여부가 결정될 수 있기 때문이다. 만일 이런 문제에 관심을 가진 신종교의 신학자가 있다면 서구의 유일신앙에 대한 철저한 연구와 비판적 성찰을 선행할 필요가 있다. 이런 측면에서 토착화 신학자[5]가 한국의 하늘님 신관을 이해하려는 노력은 비록 호교론적일지라도 높이 평가되어야 한다. 그러나 근대 신종교 주장의 핵심인 한국의 선맥과 지상선경에 사는 '완전한 인간'에 대한 핵심적인 종교 사상은 연구대상에 포함되지 않는 것은 또 다른 선교론적 전략이 담긴 연구가 아닌가 의구심이 든다. 종교연구에서 신관과 인간관은 동시에 관심을 두어야 할 영역이지 개별적으로 분리되어 연구되어야 할 주제가 아니다.

2. 유대교의 야훼는 보편신관이 아니다

유일신앙을 대표하는 종교는 유대교와 이슬람교와 그리스도교이다. 그리스도교는 구약성서(유대교는 '타나크'라 부름)라는 종교문헌을 유대교와 공유한다. 구약성서에는 야훼 엘로힘(9개), 엘로힘 계열 복합 신명(32개), 야훼 복합 신명(41개) 등 70여 가지의 신명이 나타난다. 또한 신약성서에는 예수가 말한 '아버지 하나님' 신관이 제시된다. 과연 이들은 같은 신인가, 다른 신인가? 혹은 같은 신의 각 기능의 표현인가? 그런데 왜 예수와 사도들은 야훼라는 호칭을 쓰지 않고 아버지 하나님이라는 명칭을 제시하였을까?

전통신학에서는 삼위일체 신관을 말하지만, 선교신학자들은 자신이 신앙하는 그리스도교의 신학에서 형성된 신관이 피선교국의 신관과 상응한다는 전략적 해석을 거쳐, 종국에는 피선교국의 신마저 그리스도교의 신학에 해당하는 신관으로 대체하는 선교 전략을 펼쳐 왔고, 지금도 그런 해석학적 작업이 꾸준히 진행되고 있다. 선교신학자에게 삼위일체 신관을 포기할 수 없는

---

5   토착화 신학은 그리스도교의 복음을 한국 종교문화에 이식시키려는 한국적인 상황신학을 말한다. 이런 신학을 추구하는 신학자를 토착화 신학자라고 한다. 대표적으로 한국에서는 유동식의 풍류신학, 안병무,서남동의 민중신학 등이 이 범주에 포함된다.

절대 신앙이다. 그러나 유일신을 신앙하는 유대교와 그리스도교, 이슬람교에서 '예수그리스도'에 대한 이해는 자못 다르다. 유대교에서는 예수를 자신들이 기다리는 메시아로 인정하지 않는다. 이슬람교에서는 예수를 선지자 정도로 이해한다. 그러나 그리스도교는, 그 종교의 이름에서도 알 수 있듯이, 보이지 않는 신이 보이는 신으로 나타난 구세주로서 예수그리스도를 신앙한다.

그러면 모세의 야훼 신(觀)과 예수의 아버지 신(觀)은 같은 것일까? 성서 텍스트에 나타나는, 모세와 예수가 말하는 신의 속성 사이에는 상당한 차이가 있다. 전통신학에서는 모세가 호렙산의 불타는 떨기나무에서 경험한 신은 히브리어로 '에흐예 아쉘 에흐예'(ehyeh'aser'ehyeh)이며, '스스로 있는 자 혹은 나는 나다'라고 한다. 구약 텍스트에 야훼(YHWH)라는 글자가 나오면 통상적으로 아도나이(Adonai)로 읽으며, 신약에서는 큐리오스(Κύριος)로 번역되어 읽혀졌기에 동일한 신이라고 한다.

그러나 모세가 이스라엘 민중에게 소개한 신은 질투의 신(출 20:5, 출 34:14, 신 4:24, 시 6:15, 수 24:19), 두려운 신(신 7: 21, 신 9:22, 신 28:58~59, 느 1:5), 복수의 신(출 20:23~25, 신, 7:2, 신 29:20), 군신(사 13:4, 사 28:22, 렘 46:10, 암 9:5) 등으로 나타나기도 한다. 이는 신약성서에서 말하는 사랑(요일 4:8), 영(요 4:24), 빛(요일 1:5, 약 1:17, 참 롬 3:4), 말씀(요 1:1)으로 규정되는 신의 속성과는 상당한 차이가 있다.[6] 예수는 하나님에게 아버지라는 속성(요 5:18~21, 요 10:25~26), 안식일에 안식하지 않고 일하는 하나님이라는 속성(요 5:16~17)을 부여한다. 특히 모세가 '조상의 하나님'(출 3:15)이라고 말한 하나님이 예수에 의해 '산 자의 하나님'(눅 20:37~38)으로 해석되는 해석학적 전환이 일어난다. 이처럼 당시 유대교의 종교지도자가 인식한 신(觀)과 예수의 신(觀)은 현격한 차이를 나타낸다. 불교의 발상지인 인

6 변찬린, 『聖經의 原理』, 대하, 1979, 127~154쪽; 172~209쪽. 그리스도교에 대한 비판적 성찰을 위해서는 한스 큉의 유대교, 그리스도교, 이슬람교의 삼부작과 변찬린의 『성경의 원리』 4부작과 성서 텍스트를 열린 관점에서 비교 평가해야 한다. 한스 큉, 이신건 외 옮김, 『유대교』, 시와진실, 2015; 한스 큉, 손성현 옮김, 『이슬람교』, 시와진실, 2012; 한스 큉, 이종한 옮김, 『그리스도교』, 시와진실, 2002; 변찬린, 『성경의 원리』 上·中·下, 한국신학연구소, 2019; 한스 큉, 『요한계시록 신해』, 한국신학연구소, 2019.

도에서 불교가 거의 사라지고, 그리스도교의 신앙의 원천인 이스라엘에서 그리스도교가 거의 신앙되지 못하는 것은 신관과 세계관의 차이에 기인하는 바가 크다. 이런 지점에 대해 깊이 있는 연구가 병행되어야 한다. 선교신학자가 주장하듯이 그리스도교의 신이 사랑과 평화의 속성을 가진 삼위일체의 하나님이라면, 그 신관이 한국 종교문화와 공존과 조화를 이루지 못하는 이유는 무엇일까? 이는 질투와 복수와 군신의 속성을 가진 유대교의 야훼 신관을 탈피하지 못한 서구 그리스도교의 배타적인 문화 때문이다. '할렐루야'는 '야훼를 찬양하라'는 의미로, 이스라엘의 부족신과 로마 가톨릭의 신학화된 신관에 대한 찬양에 불과하다. 이런 이스라엘의 부족신과 민족신의 속성을 벗어나지 못하는 습성, 즉 외형상으로는 예수그리스도를 신앙 대상으로 표방하는 그리스도교인이지만 구약의 야훼신을 신앙하는 유대교적 신앙 습성이 한국 교회에서 '예수의 몸된 성전'이라는 교회를 '매매하고 세습'하는 신앙의 형태로 표현되고 있다고 볼 수 있지는 않을까? 오늘날 이와 같은 교회매매와 세습의 악습도 결국은 유대교의 종교적 지도자와 히브리 민중이 예수그리스도를 십자가에서 모욕하고 수난을 당하게 한 것과 같은 역사적 유비 현상은 아닌지 성찰해 보아야 한다.

변찬린은 성서 텍스트에 의거하여, 성서 텍스트에서 모세에게 나타난 호렙산의 야훼는 지고신이 아닌 천사이며(출3:2~6과 행7:30, 행7:35 비교), 십계명을 준 야훼조차도 천사(출19:3, 출20:21, 출20:1과 행7:38, 행7:53, 갈3:19, 히2:2 비교)라고 해석한다.[7] 신약성서의 관련 성구를 적어보기로 한다.

◎ 시내산에서 말하던 그 천사와 및 우리 조상들과 함께 광야 교회에 있었고
   또 생명의 도를 받아 우리에게 주던 자가 이 사람이라 (행7:38)

◎ 너희가 천사의 전한 율법을 받고도 지키지 아니하였도다 하니라 (행7:53)

7   변찬린, 「하나님론」, 「성경의 원리」 上, 한국신학연구소, 2019, 172~209쪽.

◎ 그런즉 율법은 무엇이냐 범법함을 인하여 더한 것이라 천사들로 말미암아 중보의 손을 빌어 베푸신 것인데 약속하신 자손이 오시기까지 있을 것이라 (갈3:19)

◎ 일렀으되 여호와께서 시내에서 오시고 세일산에서 일어나시고 바란산에서 비취시고 일만 성도 가운데서 강림하셨고 그 오른손에는 불같은 율법이 있도다 (신33:2)

◎ 천사들로 하신 말씀이 견고하게 되어 모든 범죄함과 순종치 아니함이 공변된 보응을 받았거든 (히2:2)

◎ 그러나 너희가 그 때에는 하나님을 알지 못하여 본질상 하나님이 아닌 자들에게 종노릇하였더니 (갈4:8)

모세가 증거한 야훼는 이스라엘의 부족신이자 민족신인 '조상의 하나님'으로서의 천사이며, 예수가 말한 하나님은 '아버지 신관'에 근거한 '산 자의 하나님'이다. 만일 그렇지 않다면 오순절 성령을 받고 난 초기 제자들이 증거하는 위의 성구에서 말하는 '천사'와 '본질상 하나님이 아닌 자들'은 도대체 누구인가(행 7:30, 7:35)를 성서 텍스트에서 물어야 한다.

변찬린은 "구약시대에 나타났던 하나님은 천사가 방편으로 하나님 노릇한 것이지 참 하나님은 나타나지 않았다. 이 지극히 초보적인 원리조차 모르고 오늘날까지 구약에 방편으로 나타났던 야훼를 참 하나님으로 착각하고 있는 것이다. 그러므로 2천년 동안 권위를 자랑하던 기독교의 신관은 비성경적이었으므로 마땅히 폐기되어야 한다"고 비판한다.[8]

---

8   변찬린, 위의 책, 174쪽.

3. 범재신론이 보편신관을 대표하지는 못한다

서구 신학의 전통에서 유신론, 범신론, 이신론, 무신론, 범재신론 등 다양한 신관이 연구되어 왔다. 최근에는 종교다원주의자, 토착화 신학자 등 많은 논자들이 범재신론을 보편적인 신관으로 자주 거론하고 있다. 범재신론은 화이트헤드의 과정철학에 바탕을 두는 과정신학의 신관으로서, 종교 간의 대화에 적극적인 신학자 혹은 종교학자가 주장하는 신관이다.[9] 범재신론은 바울의 서신인 「에베소서」 4장 6절 "만유의 아버지시라 만유 위에 계시고 만유를 통일하시고 만유 가운데 계신 이"라는 성구가 잘 요약하고 있다. 그것은 초월성과 내재성과 과정성을 내포하는 신관이다.

최제우가 체험한 한울님의 해석에서도 범재신론의 신관에서 크게 벗어나지 않는 연구 시각이 주류를 이룬다. 한국의 고대 신화에 현현한 하늘님과 최제우가 종교체험한 '한울님'은 선교신학자가 말하는 내재적이고 초월적이며 과정적인 범재신인가? 혹은 한국의 하늘님은 '하나님'도 아니고 '하느님'도 아닌 '하는님'(윤노빈, 김상일)일까? 혹은 최제우가 대화하는 신은 창조주라는 속성을 가진 지고신인가? 이 문제는 한국 종교현상에서 공존하는 신관을 어떻게 정립하느냐와 직결되는 중차대한 질문이다.

존 힉의 이론을 중심으로 하는 신(神) 중심의 종교다원주의는 서구신학의 선교를 목적으로 다른 종교문화의 신관과 대화하기 위한 전략적 담론이다. 이에 참여하는 선교신학자는 표면적으로 예수그리스도를 강조하지 않지만 결코 '예수그리스도'의 신앙을 포기하지 않는다는 것이다. 결국 선교신학자가 말하는 종교다원주의의 주장은 서구의 신학 담론을 그대로 한국의 종교시장에 옮겨 놓은 대리전에 불과하다. 전통적으로 다원적인 한국의 종교문화에서

---

9   이찬수, 「유일신론의 종말, 이제는 범재신론이다」, 동연, 2014; 차옥숭, 「수운의 사상에 나타난 동서 교섭의 양태
     — 신 이해를 중심으로」, 「동학학보」 제21호, 2011, 215~242쪽; 최종성, 「東學의 신학과 인간학」, 「종교연구」44,
     2006, 139~168쪽; 성해영, 「수운(水雲) 최제우(崔濟愚) 종교체험의 비교종교학적 고찰 — "체험-해석틀"의 상호관계를
     중심으로-」, 「동학학보」 제18호, 2009, 271~306쪽; 김용해, 「동학과 서학 ; 그리스도교와 천도교의 신관 비교」,
     「동학학보」 제6호, 2003, 85~125쪽.

토착신학자의 언설이 생소한 느낌이 드는 것은 이런 까닭 때문이다. 그럼에도 불구하고 한국의 선교신학자 혹은 토착화 신학자 가운데 일부가 한국 종교문화를 이해 지평에서 융합시키려고 하는 노력은 높게 평가할 수 있다. 그러나 최제우의 신관이 "지기일원론적 범재신론"이라고 한다면,[10] '동학(천도교)의 종교적 정체성은 무엇인가?'라는 질문이 자연스럽게 따라 나온다. 동학(천도교)의 한울님 혹은 지기 또한 창조주의 개념을 내포하는지 성찰하면서 동학(천도교)의 신관을 설명해야 한다.

이 외에도 최제우를 선도의 종장, 진묵[11]을 불도의 종장, 주회암[12]을 유도의 종장, 이마두[13]를 서도의 종장으로 하여 후천문명을 개벽한다는 강증산의 신관은 어떠한 신관인지,[14] 또한 『천부경』에서 창조된 우주가 아니라 무시무종(無始無終)의 우주를 상정하며 『삼일신고』 등 다른 경전에서 하늘님을 조화주(造化主), 치화주(治化主), 교화주(敎化主)라고 하는 대종교의 신관은 어떤 신관인지도 깊이 있게 연구되어야 한다.

한국 종교연구사에서 선맥적 세계관, 무속적 세계관, 유교적 세계관, 불교적 세계관, 도교적 세계관 등에 나타난 신에 대한 통합적인 연구는 이루어진 적이 없다.[15] 심지어 동학(천도교)의 경전, 증산교의 『대순전경』, 『천부경』과 『삼일신고』를 포함한 대종교 경전, 『정전』과 『대종경』을 포함한 원불교 경전 등도 한국 '하늘님 논쟁'의 중요한 자료이지만, 이를 융합적으로 보는 연구 결

---

10 김경재, 「해석학과 종교신학」, 한국신학연구소, 2007, 182쪽.

11 조선 인조 때의 승려(1562~1633). 이름은 일옥(一玉). 석가의 소화신(小化身)으로 추앙받았으며, 술을 잘 마시기로 유명하고 신통력으로 많은 이적(異跡)을 행하였다고 한다.

12 중국 송나라의 유학자 주희(朱熹, 1130~1200). 도학(道學)과 이학(理學)을 합친 이른바 송학(宋學)을 집대성하였다. '주자(朱子)'라고 높여 이르며, 학문을 주자학이라고 한다.

13 이탈리아의 예수회 선교사 마테오 리치(1552~1610)의 중국 이름. 그의 『천주실의』는 중국 학자를 대상으로 가톨릭교 신학을 서술한 저서로서, 기독교의 '신'은 『서경』의 '상제'와 같다고 하였다.

14 강일순의 신격은 기존의 신관으로 범주화할 수 없는 다양성을 내포하고 있다. 『대순전경』, 제2장 126절, 제3장 22절, 제4장 1절, 제5장 8~10절, 제5장 12절, 증산교본부, 1982년(제9판). 이경원, 『한국 신종교와 대순사상』, 문사철, 2011, 99~129쪽, 특히 104쪽의 각주 17에 선행연구가 정리되어 있다.

15 초보적인 시도를 한 것은 다음의 책이 유일하다고 할 수 있다. 윤이흠 외, 『한국인의 종교관』, 서울대학교출판부, 2001.

과는 보이지 않는다. 과연 한국인의 신관을 어떻게 개념화될 수 있을까?

【'신들의 전쟁'을 조화시키는 종교담론의 제언】

한국처럼 다양한 신들이 평화롭게 공존하는 다종교 국가는 지구촌 사회에 그
다지 많지 않다. 특히 유교와 불교, 무교와 그리스도교, 그리고 비종교인이 적
정한 비율로 분포되어 있으며, 종교 연구에 상당한 자유가 보장된 국가는 더
욱 보기 드물다. 어찌 보면 한국은 '신들의 전쟁'을 종식시키고 신들의 평화를
가져올 최적의 종교적 기제를 가지고 있는 나라라고 할 수 있다.

　이제 한국의 다양한 신관을 정립하는 데 고려해야 할 몇 가지 사항을 제언
하면서 이 글의 결론으로 삼으려 한다.

　첫째, 한국의 신들이 나타나는 텍스트를 체계적으로 수집·정리하는 작
업이 선행되어야 한다. 텍스트에는 구두전승, 종교문헌, 의례 등 제반 자료
가 포함되어야 한다. 특히 강단사학이나 특정 종교에서 배제되는 『부도지』,
『환단고기』 등도 편견 없이 자료에 포함되어야 한다. 한국의 신관을 정립하
는 작업은 고대와 현대의 전통을 연결하고, 현대를 기점으로 미래의 정통을
세우는 역사적 작업이기 때문이다. 자료를 수집하고 분류하는 과정에서 하
나의 신(령)이라도 빠지거나 소외되는 일이 없도록 노력하는 것이 무엇보다
중요하다.

　둘째, 수집된 자료를 '텍스트'로 간주하여 신들의 속성 가운데 동질성, 유
사성, 변별성, 차별성을 객관적으로 평가하여야 한다. 특정 종교 조직의 신관
은 단순히 참고자료의 역할을 할 뿐이지 이를 표준으로 삼아서는 안 된다. 예
를 들면 한국 신관의 연구에 있어 그리스도교의 삼위일체 신론을 표준으로 삼
아야 할 까닭이 없다. 이러한 맥락에서 개별 신종교의 신관도 동등한 위치에
서 연구되어야 한다. 철저하게 한국 종교문화의 지평에서 신관을 학술적으로

정립한다는 원칙이 준수되어야 한다. 당연히 이에 따른 연구 자율성이 충분히 보장되어야 한다.

셋째, 각 전통을 범주화함으로써 신관에 대한 공시적 연구와 통시적 연구를 병행해야 한다. 특히 연구자의 '편향적 태도'를 가급적 배제하기 위하여 집단토론을 통하여 연구 방향을 정립하고 연구 성과가 적절하게 투명하고 공정하게 관리되어야 한다. 그리고 최종 연구물은 국내외에 정식 출판물로서 공개되어 대중과 소통하는 과정이 있어야 한다. 필요하다면 연구 과정의 주요 단계에서 공청회 등을 여는 것도 고려할 수 있다.

넷째, 한국의 신관을 정립하는 데 도움이 될 만한 책을 추천하려고 한다. 이 분야에 대한 참고자료는 기대만큼 많지가 않다. 그만큼 한국인은 신관의 정립이라는 근대 이성의 '경계 나누기'에 그다지 관심을 기울이지 않았다는 반증이다. 한국민족종교협의회에서 발간한 『한국민족종교문화대사전』과 동 협의회가 발간한 『민족종교의 기본사상』, 무속과 민속 분야에서는 조자용의 『삼신민고』와 이용범의 「무속신명의 유형과 특징」, 유교 분야에서는 마테오 리치의 『천주실의(天主實義)』, 조성환의 박사논문인 「천학(天學)에서 천교(天敎)로: 퇴계에서 동학으로 천관(天觀)의 전환」, 불교 분야에서는 김삼룡의 『한국 미륵신앙의 연구』, 도교 분야에서는 정재서의 『한국 도교의 기원과 역사』와 안동준의 『한국 도교문화의 탐구』, 그리스도교 분야에서는 변찬린의 『성경의 원리』 4부작, 신종교 분야에서는 윤승용의 『한국 신종교와 개벽사상』, 종교학 분야에서는 윤이흠 외 『한국인의 종교관』 등을 참고할 만한 문헌으로 제시한다. 물론 이 외에도 각 영역별로 참고할 만한 책이 있지만 지면관계상 모두 수록하지 못하는 한계가 있다.

【세계 문명의 인문학적 한류를 기대하며】

한국종교문화의 지평에서 논의되는 한국의 신관의 문제는 세계사적 지평에서 공론화하는 중요한 기회가 될 수 있다. 유대교, 그리스도교, 이슬람교 등 유일신 신앙을 고찰하는 한스 큉은 "종교의 근본에 대한 연구가 없다면 종교 간의 대화도 없다"고 하지만, 종교 간의 대화가 가능한 열린사회에서 다양한 신들의 조화로운 신관을 정리해 낼 수 있다면 유일신끼리 싸우는 '신들의 전쟁'과 배타적인 '종교 이데올로기'에 찌든 세계 문명 속에서 인문학적 한류를 촉발하는 계기가 될 수 있다.

이호재
◈ 자하원(紫霞院) 원장 ◈ 한국의 독창적인 인문학 담론을 발굴하여 세계적인 담론으로 제안하며, 특히 '새 축 시대의 영성생활인(靈聖生活人)'이라는 사회운동을 펼치는 데 관심을 가지고 있다

최제우의 '시천주'와
김소월의 '산유화'

임
동
확

【개화파와 척사파의 이분법적 세계관을 넘어】

우리 속담에 '남의 떡이 더 커 보인다'는 말이 있다. 제가 가진 '떡'의 소중함보다는 말 그대로 '남의 떡'을 '더 크고 좋은 것'으로 여기는 심리다. 결코 제 것이 될 수 없는 것을 욕심내기보다 스스로가 가진 것에 만족하는 것이 좋다는 의미를 담고 있다. 그처럼 우리는 보통 자기가 '가진 것'에 만족하지 않는다. 우리 마음속 한구석엔 가질 수 없는 것들을 욕망하는 원초적인 충동과 본능이 들어 있다. 심지어 자기가 가진 것을 업신여기면서까지 '남의 떡'을 신성시하며 우상화하는 경우도 드물지 않다.

이른바 '개화파'의 경우가 그렇다. 반강제적인 문호개방(門戶開放)의 물결 속에서 이들은 자신의 손에 쥔 떡보다 당시 '남의 떡'과 같았을 서구문화의 수용에 별다른 저항감을 나타내지 않는다. 일제에 완전히 복속되기 이전인 1908년 2월 11일 「황성신문」에 실린 '개화가사(開化歌辭)'의 한 구절처럼 대체로 이들은 '문명계(文明界)와 독립계(獨立界)로 어서 빨리 나아가자'는 입장이다. 이들에게 서구문명은 단지 '남의 떡'이 아니라 반드시 배우고 따라잡아야 할 모범이자 동경의 대상이었던 셈이다.

반면에 위정척사파(衛正斥邪派)의 경우, '개화파'와 달리 '내 떡' 외에 모든

'남의 떡'을 결코 먹어서는 안 되는 사악한 음식물로 여겼다. 달리 말해, '바른 것은 지키고 사악한 것은 물리친다'는 이들의 입장 속에는 '내 것'만이 옳고, '남의 것'은 다 그르다는 인식이 굳게 자리했다. 유교를 바탕으로 한 동아시아의 사회제도와 전통문화를 절대시하는 '화이론(華夷論)'의 입장에 서 있는 이들에게 서양문명은 한낱 물리쳐야 할 '오랑캐 문화'일 뿐이었다.

돌이켜보면, 그러나 문명개화 대한 열망에 사로잡힌 나머지 전통적 세계관을 외부적 세계관으로 대체하려했던 개화파들은 '남의 떡' 속에 독약처럼 스며들어 있는 제국주의적 침략성과 식민화 전략에 둔감했다. 서구 문명의 도전과 도래에 대처하면서(cope with) 그것을 자기 문화 및 자기 전통과 경합시키는 능동적이고 주체적인 응전의 자세가 결여되어 있는 자들이었다. 반면에 현상유지의 성리학적 세계관을 고수하며 19세기 세계사적 변화에 대응하려 했던 척사파들의 경우 문명 이동의 근본 속성인 유동성 자체를 거부한 자들이었다. 그리고 이 같은 움직임은 낯선 문명의 도전을 내부의 동력으로 극복하려 하기보다 시대착오적인 '소중화(小中華)' 의식을 바탕으로 막대한 서구열강과 맞서려 했던 과오로 나타난 바 있다.

이처럼 '개화파'와 '위정척사파'는 서로 대척점을 이루고 있는 것처럼 보이지만, 그러나 이들 모두 서구문명을 자신들의 신념과 행동의 절대적인 기준점으로 삼고 있다는 점에서 일치한다. 특히 이들의 경우 서구문명에 대한 대응 방식에 있어서 '이것이냐 저것이냐' 하는 이분법적 세계관을 공통분모로 하고 있었다는 점이다. 비록 지향점이 달랐다고 해도, 이들은 국가적이고 민족적인 위기 앞에서 마치 일란성쌍생아처럼 서로 닮은 정신구조를 갖고 있었던 것이다.[1]

---

1   이른바 '서세동점(西世東漸)'의 시대 상황 속에서 서구문명의 전적인 수용과 전면적 배격은 모두 문제 해결의 올바른 방법이 아니다. 개화파든 척사파든 서구문명을 절대선이나 절대악 중 하나로 고착시키는 순간, 그 이분법의 경계선을 넘어서는 것들은 자연스럽게 악하거나 추한 것이 된다. 개화파가 문명개화의 노선을 절대화하는 순간, 고유의 전통문화는 한낱 척결의 대상이 된다. 또 척사파가 '위정척사'를 절대 기준으로 내세우는 순간, 모든 서양문명은 악의 화신이 될 뿐이다. 그러니까 그 명분과 지향점에 상관없이 이들 모두가 망국의 치욕을 불러오는 데 일조한 것은, 이들이 취한 극단적인 이분법적 대응 자세에도 그 원인이 있다고 생각한다. 중차대한 국가적·민족적 문제들에 대한 올바른 해결책과 당대인의 광범위한 합의를 방해하는 요소 중의 하나가, 바로 극단적인 포괄과 배제를 통한 극심한 파당과 차별, 분열과 대립으로

엄밀히 말해, 그러나 문화나 문명 간의 교류나 혼종을 통한 새로운 문화적 복합체의 탄생이나 문화적 공존이 딱히 부정적인 것만은 아니다. 따지고 보면, 세계 유수의 어떤 문명도 단일한 문화에서 기원한 것이 아니다. 주변부 문화와의 부단한 접촉과 영향 주고받기, 도전과 응전의 결과다. 실제로 우수한 문화나 문명일수록 더욱 자기 밖 세계와의 끊임없는 교섭과 경쟁과 공존을 통해 자신들의 문화적 역량과 정신적 성숙을 도모한다. 새로운 문명과의 조우에서는 '이것이냐 저것이냐' 하는 이분법적 선택보다도 그걸 어떻게 주체화하고 얼마나 개성화하느냐가 더 중요하다.

【특수성과 보편성을 조화시킨 동학-천도】

19세기의 급변하는 세계사적 흐름 속에서 수운 최제우가 제창한 '동학'의 창도(創道)는 이와 무관하지 않다. 수운은 충분한 검증 없이 서양 문명의 수용과 개혁을 주장했던 개화파의 태도와도 다르며 '소중화' 의식을 바탕으로 전통의 국가 체제를 유지하려 했던 척사파의 태도와도 다른 새로운 길을 제안한다. 그는 자신이 속한 문명의 세계관을 바탕으로 서구 문명과, 그것이 동아시아 세계에 도래함으로써 더욱 넓어진 지평의 세계를 독자적으로 이해하고 재해석하고자 한다. 서구문명 도래를 충분히 두려워하고 경계하되, 전통의 문화 사상들을 새롭게 창안한 '동도(東道)'를 통해 당면한 시대적 위기를 자주적으로 극복해 가거나 돌파해 가고자 한다.

1862년 1월, 21자 주문(呪文)을 중심으로 동학론(東學論)을 체계화한 수운의 「논학문(論學問)」의 한 대목을 살펴보기로 하자.

이어진 이들의 이분법적 세계관에 있었다고 할 수 있을 것이다.

"내가 또한 동에서 나서 동에서 받았으니 도가 비록 천도나 학으로는 동학이라. 하물며 땅이 동서로 나뉘었으니 서를 어찌 동이라 이르며 동을 어찌 서라 이르겠는가. 공자는 노나라에 나시어 추나라에 도를 폈기 때문에 추로의 풍화가 이 세상에 전해 온 것이어늘, 우리 도는 이 땅에서 받아 이 땅에서 펴니 어찌 가히 서라고 이름 하겠는가."(吾亦生於東受於東하니 道雖天道나 學則東學이라 況地分東西하니 西何謂東이며 東何謂西리오 孔子는 生於魯 風於鄒하니 鄒魯之風이 傳遺於斯世어늘 吾道는 受於斯布於斯하니 豈可謂以西名之者乎아)

수운은 먼저 자기가 받은 '천도(天道)'가 자신이 속한 동아시아의 전통과 질서 속에서 탄생했으니 그것을 '동도'라고 명명한다고 말한다. 그러니까 수운의 천도는 어디까지나 자신들이 거주하는 풍토적 장소성과 시대적 특수성을 떠나서 존립하지 않는다. 그의 천도는 '동'과 '서'라는 구체적 삶의 시공간을 통해 그 보편성이 발현한다. 결코 동일화할 수 없는 '동'과 '서' 혹은 각 지역과 나라, 인종과 민족의 차이성을 온전히 유지할 때 그 천도는 더욱 뚜렷해진다. 어떤 문화든 어떤 사상이든, 특정 지역과 역사의 틀 안에서 발현되는 게 '천도'다.

하지만 노나라 태생의 공자 사상이 추나라 출신인 맹자를 거쳐 엄연한 학문과 예법으로 정립된 것은 단지 그 때문만이 아니다. 중국 전체를 보아 한낱 변방이자 주변부에 불과한 '추로의 학문과 예법'이 시공을 뛰어넘어 오늘날에까지 널리 전해지는 것은 바로 그것들 속에 지역적이고 인종적이며 민족적인 특수성을 넘어서는 보편적 전파력이 들어 있기 때문이다. '추로의 도'에 함의된 학문과 예법이 이미 그 자체로 어떤 경계나 구획에 갇히지 않는 탄력성을 갖고 있으며, 무엇보다도 곧바로 그 '추로'라는 시공간적 특수성의 부정 속에서 그 보편성을 획득하고 있었던 까닭이다.

수운의 '동학' 창도는 이처럼 서구와 다른 동아시아라는 지역적(공간) 역사적(시간) 풍토를 그 기반으로 하되, 그의 '천도'가 곧바로 국가적이고 민족적인 단위의 특수성에 갇힐 수 없다는 문명사적 직감과 예감과 통찰을 조화시킨다. 수운은 서양 혹은 서학이라는 타자와의 마주침 속에서 자신의 주변자적 정체성과 주체성을 더욱 확고히 하는 동시에, 본래 국경과 인종, 계급과 이념의 경계와 구획에 갇히거나 분할될 수 없는 문명의 유동체적 속성을 자각한다. 보편적 진리로서의 천도가 자신의 역사나 문화의 내부에서 획득될 수밖에 없다는 직감과 자각을 기반으로 삼는 동시에 그것들의 해체 내지 죽음을 바탕으로 성립한 것이 수운의 동학사상이라 할 수 있다.

그러나 수운의 동학사상을 논하는 데에 있어 결코 간과해서는 안 될 것은, 수운의 강령(降靈)체험이다. 서학은 시운(時運)을 타고난 면이나 지향하는 '도(道)'의 관점에서는 동학과 크게 차이 나지 않는다. 동학과 서학을 가르는 결정적인 기준자는 강령체험의 여부, '기화지신(氣化之神)'의 여부에서 엇갈린다. 강력한 타자의 출현 내지 무한자의 생기사건(Geschehen)에 따른 강령체험이 종교적이고 사상적인 의미의 동학과 서학(기독교) 사이를 뚜렷하게 구분 짓는 변별점으로 작용하고 있다.

【하늘님을 모시며 기르는 인간】

수운의 '시천주(侍天主)' 사상은 단연 이에 기반하고 있다. 수운의 '하늘님'은 일단 '내려오기를 바란다'는 점에서 초월적인 서구의 유일신 신앙과 유사하다. 어찌 보면, 수운의 '시천주'는 일단 초월자로서 신의 존재를 인정하고 있다는 점에서 얼핏 기독교 신앙과 크게 다르지 않는 것처럼 보인다. 하지만 무조건적인 숭배와 복종의 대상으로서 서구의 초월적 인격신과 달리, 수운의 '하늘님'은 '지기(至氣)'로서, 우리는 그것을 '강령체험'을 통해 만날 수 있다. '영기(靈氣)'가 없는 서구의 실체론적 신과 달리, 비실체적 '음양의 작용'인 '허령(虛靈)'이 수운의 '하늘님'이다. '지극한 기운이 오늘 여기에 크게 내리기를 바라마지 않는(至氣今至 願爲大降)', 일종의 무의식 차원의 신비체험을 요구하는 게 수운의 '시천주' 사상의 핵심이라고 할 수 있다.

1861년 1월 이후 수운의 포교, 포덕(布敎, 布德)은 이러한 강령체험을 기반으로 한 신관(神觀)에서 비롯된다. 비록 그가 서학의 인격신을 숭배했다는 이유로 참형에 처해졌지만, 어디까지나 그의 '하늘님'은 인간을 신의 종속체로 보는 기독교 신앙과 달리, 그 자체로 '텅 비어 있는 영'으로서 생명의 내면에 기꺼이 강림하거나 깃드는 존재이다. 달리 말해, 수운은 일단 초월적이고 우주적인 실재로서 '하늘님'을 상정한다. 하지만 그 '하늘님'은 피조물인 인간과 분리된 채 존재하는 것이 아니다. '너를 만나지 못해 5만년 동안이나 할 일 없이 지냈다(勞而無功)'는 표현이 보여주듯이 인간 없이 존립할 수 없는 존재가 수운의 '하늘님'이다.

따라서 '시천주 조화정 영세불망 만사지(侍天主 造化定 永世不忘 萬事知)'로 표현된 13자의 '본주문(本呪文)'에서 우선적으로 주목해야 할 것은, 다름 아닌 '시천주'에서 '시(侍)'의 의미다.[2]

> "모신다는 것'은 지금 여기의 사람들이 (강림한) 신령이 제 안에 존재하되
>
> 기화작용에 따라 밖으로 드러남[外化]을 각기 깨달아 흔들리지 않는 것을
>
> 의미한다. (따라서) '님[主]'은 부모와 마찬가지로 우러러 섬겨야 할 존재를
>
> 일컫는다.(侍者 內有神靈 外有氣化 一世之人 各知不移者也요 主者는 稱其尊而與父母同事者也)"

---

2 '시천주(侍天主)'에서 '시(侍)'의 의미를 '모시다'에 초점을 맞춰 해석하는 이들이 대다수다. 하지만 한자 '侍'의 새김에는 '모시다'와 더불어 '기르다'라는 의미도 있다는 것을 간과해서는 안 될 것이다. 특히 '모시다'가 절대자로서 '천주'를 '모시는 것'을 의미할 때 동학에서 말하는 '천주'는 기존의 서양신과 다르지 않게 해석될 것이다. 그러니까 '모시다'는 '모시고 있는'으로 해석해야 하며, 바로 그럴 때 각자의 인간이 한울님을 '모시고 있'으면서 '기르고 있다'는 해월의 '양천주(養天主)' 사상과 일맥상통할 것이다. 해월은 신앙 주체로서의 인간 각각이 바로 '하늘님을 모시고 있는 자'이면서 동시에 '기를 수 있는 자'라는 '양천주'의 해석을 통하여 수운의 '시천주' 사상을 이으면서도 '천지부모'나 '경물 윤리' 등 해월만의 독자적인 사상과 실천을 펼 수 있었다고 할 것이다. 이에 대한 자세한 논구는 후일로 기약하는 바이다.

지금껏 별다른 이의 없이 보통 '모시다'로 해석되곤 하는 '시(侍)'의 의미는, 수운에게 단순히 신을 의심 없이 믿고 따르는 절대적 신앙을 의미하지 않는다. 우리의 인식과 독립하여 존재하는 초월적 신을 무조건적으로 떠받들기보다 마치 부모와 같이 귀한 존재를 곁에 두고 받들어 모시는 행위의 의미가 포함되어 있다. 만약 '시' 속에 그런 의미가 담겨 있지 않다면, 수운의 '시천주' 사상 역시 유일신 신앙을 바탕으로 하는 서양 신학의 연장에 불과하다. 기껏해야 신과 인간의 사이의 위계에 의한 신과 인간 사이의 종속 관계를 재현한 것에 지나지 않을 것이다.

물론 그렇다고 해서 수운의 '하늘님'이 인간과 동격의 존재라는 것은 아니다. 다시 강조하지만, 어디까지나 그의 '하늘님'은 인간에게 '강령'한다는 점에서 어떤 식으로든 초월적 위치에 있다. 다만 그럼에도 불구하고 인간은 단지 '인간의 몸에 내린[降靈]' 그 '천주'를 '모시는' 수동적 주체에 그치지 않는다. 각자의 내면에 존재하는 '신령'을 바탕으로 외부에서 '강령'하는 '하늘님'과의 조화를 꾀하는 수동적 능동의 주체다. 절대타자로서 '하늘님'을 정성을 다해 모시고 공경할 수밖에 없는 '위천주(爲天主)'의 존재이지만, 동시에 각자의 인간이 그 '하늘님'을 모시면서 기를 수 있는 존재라는 측면에서 '동학의 시천주' 사상에는 인간의 능동성이 개입되어 있다.[3]

그러니까 수운의 '시천주' 사상에 있어서 인간은 자신들과 결코 하나 될 수 없는 초월적 실재로서의 신에게 종속되지 않는다. 각각의 인간은 모든 사물이나 현상을 포괄하는 우주적 근본실재인 '원기(元氣, 一元至氣)'이자 '지기(至氣)'로서 '하늘님'을 스스로 출현시키면서 동시에 각기 내면에서 배양하고 성숙시킬 수 있는 '생령(生靈)'의 존재다.[4] '어디든 간섭하지 않음이 없으며 명령하지 않

---

3   이러한 수동성과 능동성의 결합을 통해 동학은 '신이 죽었다'고 선포한 니체의 선언 이후 정신적 구심점을 상실한 근대 서구의 '탈신화(Entgötterung)' 문제를 피할 수 있었을 것이다.

4   수운은 『용담유사』 중의 「교훈가(教訓歌)」, 「안심가(安心歌)」 등에서 인간을 '생령(生靈)'으로 지칭하고 있다. 하지만 수운이 이미 거기서 인간을 '가장 영묘한 존재'라는 의미의 '최령자(最靈者)'로 규정하고 있으며, 이는 수운이 인간을 단지 의식적이고 육체적인 존재가 아니라 '살아 있는 영의 존재'로 보고 있다는 것을 보여준다는 점에서 매우 중요한 용어라고 할

는 일이 없는 신령한 기운'으로서 '하늘님'을 높이 받들면서 동시에 그 '하늘님'을 제 마음속에서 '양천(養天)'할 수 있는 존재가 바로 해월이 말하는 올바른 의미의 인간 존재 양식이다.[5]

【동학에 바탕을 둔 「산유화」】

얼핏 볼 때, 수운의 '시천주' 사상과 무관해 보이는 김소월의 「산유화」는 이러한 동학의 신관(神觀) 내지 인간관을 바탕으로 탄생한 작품이다.[6] 지금껏 간과되어 왔지만, 모든 존재의 바탕이자 동시에 존재의 현존 속에 현현하면서 한 인간의 생성과 생명 과정에 참여하는 존재자로서의 '한울님'을 구현하고 있는 것이 김소월의 「산유화」다.[7]

산에는 꽃 피네
꽃이 피네
갈 봄 여름 없이

수 있다. 특히 이것은 '생령'으로서의 인간과 '하늘님'의 만남이 인간의 의식 차원이 아니라 인간의 깊은 무의식 또는 영적 흐름으로서의 '심령' 차원에서 이뤄지는 것을 시사한다는 점에서 향후 수운의 동학사상을 연구하는 데 중요한 용어 중의 하나가 될 것으로 보인다.

5 "하늘을 양(養)할 줄 아는 자(者)라야 하늘을 모실 줄 아나니라. 하늘이 내 마음속에 있음이 마치 종자(種子)의 생명이 종자(種子) 속에 있음과 같으니, 종자(種子)를 심어 그 생명(生命)을 양(養)하는 것과 같이 사람의 마음은 도(道)에 의하여 하늘을 양(養)하게 되는 것이라(최시형, 敬菴 李吟魯 解義, 「양천주(養天主)」, 『해월신사법설해의』, 천법출판사, 2000, 501쪽)."

6 홍승진은 최초로 김소월의 필명인 '소월'에 담긴 역사적 뿌리와 민족의식을 밝히면서 소월의 시와 천도교 사이의 사상관계를 선구적으로 조명한 바 있다. 특히 김소월의 주요 발표 무대였던 『개벽(開闢)』지와의 관계를 넘어, 그의 시 세계를 한민족 고유문화와 인내천 사상, 그리고 서북 로컬리티 차원에서 밀도 있게 조명함으로써 그동안 거의 문학사적으로 간과됐던 동학사상에 바탕을 둔 소월 시의 진면목을 새로이 드러내고 있다. 자세한 것은 홍승진, 「김소월과 인내천: 『개벽』지 발표작에 관한 일고찰」, 한국문학과종교학회, 『문학과 종교』 제22권 2호, 2017.6, 86~108쪽 참조 바람.

7 이게 억측만이 아닌 것은, 소월이 무려 40여 편에 이르는 그의 시를 천도교 산하 기관에서 발행한 『개벽』에 발표했으며, 그의 문학적 스승이라 할 수 있는 김억 역시 이 『개벽』지의 편집을 맡았다는 사실 등을 통해 짐작할 수 있다. 그리고 이는 어떤 식으로든 그의 작품세계가 동학사상에서 자유로울 수 없음을 방증하는 것이라고 하겠다.

꽃이 피네.
산에
산에
피는 꽃은
저만치 혼자서 피어 있네.

산에서 우는 작은 새여
꽃이 좋아
산에서
사노라네.

산에는 꽃 지네
꽃이 지네
갈 봄 여름 없이
꽃이 지네.

동학사상의 관점에서 보면, 먼저 '갈봄 여름 없이 피고 지는 꽃'은 모든 것이 오가는 '순환지리(循環之理)' 속에서 '자생자화(自生自化)'하는 천지자연의 이법을 나타낸다. 이는 일찍이 수운이 『동경대전』 「포덕문(布德文)」에서 "먼 옛적부터 봄과 가을이 갈아들고 사시(四時)가 성(盛)하고 쇠(衰)하는 것이 바뀌지도 옮기지도 아니하니[不遷不易] 이것은 하늘님 조화의 자취가[天主造化之迹] 천하에 뚜렷한 것"이라고 한 것을 떠올리게 한다. 천지간의 유연한 자연의 패턴 또는 삼라만상의 무위이화(無爲而化)의 작용을 나타내는 사물 중의 하나가 '꽃'이다. 특히 '변해 가는 시간의 흐름[變運]' 속에서 피고 지길 반복하는 그 '꽃'은, 그 자체로 '자재연원(自在淵源)'하는 우주의 실재를 보여준다. 불변하는 요소로서 조직되는 우주가 아니라 창조적 기화의 생생한 과정 그 자체로서 '지기(至氣)'의 '스스로 그러함', 혹은 '저절로 그러함'이 동학에서 바라보는 우주의 실재이다.

아무런 이유나 원인 없이 서로 떨어져 서로 감응하고 화생(化生)하여 피고 질 뿐인 그 '꽃'은, 그러나 인간의 접근과 방문을 쉽게 허락하지 않는다. 사랑스런 천지자연의 기운, 조화의 자취로서 활짝 피어난 그 '꽃'은 인간과의 직접적인 접촉이나 다가섬보다 거리를 둔 공경이나 섬김을 요구한다. 다함없는 '무궁조화(無窮造化)'와 모종의 신비한 감응에 힘입은 '꽃'은, 그야말로 '저만치 홀로' 떨어진 채 피고진다. 하늘님 조화의 흔적으로서 '불천불역(不遷不易)'하는 하늘의 법칙성을 그대로 드러내고 있는 '꽃'은, '저만치'의 거리와 차이를 둠으로써 하늘과 인간 사이에 건널 수 없는 심연 속에서 저마다의 고유함과 독자성에 다다른다.

스스로 비어 있으면서 무궁한 변화를 가능하게 하는 '산'은 이러한 '꽃'들의 터전이다. 각기 '꽃'들은 생생불식(生生不息)의 역동성 속에 놓여 있는 '산'을 통해 저마다의 유일무이성(singularity)을 유지하되, '군생(群生)'들 간의 무궁한 연기(緣起)와 감응의 약동을 생생하게 연출한다. 그러니까 '꽃'이 있어 '산'이 존재하는 것이 아니다. 모든 존재자들을 현상케 하는 빈 터로서 열려 있는 '산'이 있기에 모든 존재들의 꽃핌과 꽃짐, 고요와 움직임, 적막과 소리들이 가능하다. 아무런 장애 없이 '꽃'들이 맘껏 피고 지기 위해서 필연적으로 요청되는 것이 '지공무사(至公無私)'한 빈 공간이 '산'이다.

그 가운데 '작은 새'는 끝없는 변화를 말없이 주시하되, '꽃'이나 '산'과 독립적으로 존재하는 존재자가 아니다. 성스러운 산의 비호와 보호 아래 길러진 그 '작은 새'는 일체의 주관적 감정이 개입됨 없이 천지자연의 천변만화를 마치 거울처럼 비추는 온전한 타자이다. 분명 '꽃'이나 '산'과 같은 사물이나 대상과 일정한 간격을 유지하면서도 동시에 그것들과 떼려야 뗄 수 없는 관계에 놓여 있다. '꽃' 속에 현현해 있는 '하늘님'과 자유로운 여백인 '산'의 품에

안긴 채, 천상의 높이와 인간의 심연 사이를 자유로이 오가는 날개를 가진 존재가 바로 '작은 새'다.

'꽃'이 피고 지는 적막한 빈 '산'에 울려 퍼지는 그 '작은 새'의 '울음' 소리는, 따라서 물리적 이성의 귀로 들을 수 있는 소리의 세계가 결코 아니다. 마치 고요한 호수처럼 어떤 인위적 행위의 개입이나 분별작용 없이 온갖 사물들을 여여(如如)하게 비춰낼 때 들려오는 침묵의 소리에 가깝다. 천차만별인 세상의 면모를 받아들이기 위해 자신을 비움으로써 온 천지의 기(氣)가 스스로에게 자연스레 유입될 때 희미하게 들려오는 내면의 소리다. 이는 수운에게 강림한 하늘님의 모습과 음성이 "보았는데 보이지 아니하고 들었는데 들리지 아니하는"[視之不見 聽之不聞] 것으로 나타난 것과 정확하게 유비된다. 대상과 주체 간의 신비적 융합 내지 감응에서 오는 '적막의 울림'이, 다름 아닌 '꽃'과 '산'과 '함께 우는' 공명(共鳴)으로서 '작은 새'의 '울음'으로 터져 나온다.

【'동귀일체' 정신과 '부동귀' 정신】

김소월은 1925년 첫 시집 『진달래꽃』을 펴낸 이래, 지금껏 민족적 서정의 '민요시인' 또는 '정한(情恨)의 시인' 등으로 불려오고 있는 형편이다. 특히 그 과정에서 김소월의 주요 발표무대였던 『개벽』지와 관계는 물론 그의 시 세계와 수운의 '시천주'에서 비롯된 동학사상의 연관성 및 영향관계가 철저히 망각되어 왔다고 할 수 있다.[8] 하지만 앞에서 잠시 살펴본 대로 분명 「산유화」는 본

---

8   대표적으로 한국 근·현대 시문학 연구에 앞장섰던 김용직 역시 1922년 이후 『개벽』지에 김억을 비롯한 김석송·이상화·김기진·양주동 등의 시와 시론이 실린 바 있으며, 특히 김소월이 그의 대표작으로 손꼽히는 「金잔디」, 「엄마야 누나야」, 「진달래꽃」, 「먼 後日」, 「풀따기」 등 무려 40편에 가까운 시를 발표한 점에 주목한 바 있다. 하지만 한국 근대시사에 끼친 『개벽』지의 공적을 인정하면서도 소월을 비롯한 시인들의 작품 세계와 동학사상과의 연관성 내지 영향관계를 살펴보지 못한 것은 매우 큰 유감이 아닐 수 없다고 할 것이다. 김용직, 『한국근대시사』, 새문사, 1983, 141~143쪽 참조.

래 기화(氣化)작용으로 본질 현현한[外化] 하늘님과 각기 자신의 내면에 모신 본질 은현한[內有] '신령'의 상호작용 내지 그 사이의 신묘한 만남과 일치의 경지를 직감적으로 선취하고 있다.[9] 마음의 근원에서 발원하는 '심령'과 스스로 피고 지는 한 송이 꽃의 우주적 마주침을 통해 대상과 주체가 격절되지 않는 '하늘님' 세계를 노래하고 있는 것이 김소월의 '산유화'다.

역설적으로 '세계가 하나'의 공동운명체라는 것을 확인시켜 주는 작금의 '코로나 사태' 속에서 다시 우리가 수운의 시천주와 소월의 「산유화」를 살펴보는 이유는 바로 여기에 있다. 첨단 의료 기술에도 더디기만 한 백신 개발·보급과 지구 온난화로 인한 폭염·폭서·혹한·초대형 태풍 등이 일상화된 재난 속에서 우리 앞에 놓인 과제의 하나는 다름 아닌 '참된 진리 속에서 인류가 큰 합일에 이르는', 수운이 말한 '동귀일체(同歸一體)' 정신의 자각과 회복이다. 기후 재난으로 인한 해수면 상승 등 인류 공멸의 위기 속에서 '각자 분리된 채 제멋대로 이익을 추구하는[各自爲心]' 것이 아니라, '가장 영묘한 존재[最靈者]'로서 '인간의 근본정신을 잊지 않은 것[不忘其本]'이 중요하다.

하지만 동시에 우리에게 요청되거나 요구되고 있는 것은 모두가 그렇게 '모든 것들이 하나로 동귀일체'하되, '기존의 타성화된 삶의 세계로 돌아가거나 반복하지 않겠다는 '부동귀(不同歸)'의 정신이다.[10] 저를 구속하는 사무친 인연이나 전통의 세계 '다시는 돌아가지 않겠다'는 '불귀(不歸)'의 의지다.[11] 인

9   단적인 예로 "그대의 맘 가운데 / 그대를 지키고 있는 신을 / 높이 우러러 높이 우러러 경배하라(「신앙」)"는 구절이 보여주듯이, 김소월은 수운의 '시천주' 사상을 일정 부분 체화하고 있다. 특히 "너의 아름답고 깨끗한 / 그 혼(「동경하는 애인」)", "그대의 헐벗은 영(靈)(「신앙」)", "영(靈)의 해적임(「꿈」)", "가득히 차 오는 내 심령(「묵념」)", "제 넋(「고향」)", "내 넋을 잡아 끌어(「무덤」)" 등에서 알 수 있듯이 소월의 시들 속에는 동학적인 의미의 '심령' 또는 '신령'을 암시하는 '영'과 '혼' 그리고 '넋'에 관한 시어들이 적지 않게 섞여 있다. 이에 대한 김소월 연구자들의 각성과 깊이 있는 탐구를 요청하는 바이다.

10 수운은 『용담유사』의 「교훈가」, 「권학가(勸學歌)」, 「도덕가(道德歌)」 등에서 '무극대도'로 귀결되는 하나의 진리 또는 한 몸으로 돌아감을 의미하는 '동귀일체'를 강조하고 있다. 하지만 거의 동시에 '선천의 인간들이 걸었던 삶의 방식으로 돌아가지 않겠다'(世間衆人不同歸)(「교훈가」, 「입춘시(立春詩)」 등)는 의지를 표명하고 있음을 간과해서는 안 될 것이다.

11 소월은 그의 시 「산」에서 "영 너머" "칠팔십 리"의 "산수갑산 가는 길"에 과거의 인연과 결별하지 못한 채 되"돌아서서 육십 리를" "가기도 했"다고 고백한다. 그럼에도 불구하고 그는 "불귀(不歸), 불귀, 다시 불귀, / 산수갑산에 다시 불귀"의 의지를 반복적으로 외치고 있다. 그리고 이는 기존의 삶의 길 또는 시간의 지평 속에서 자유롭지 못해 갈등하고 방황하는 와중에도, 결코 피안(彼岸)이 아닌 또 다른 차안(此岸)인 '산수 갑산 가는 길'에 놓여 있는 "고개"를 넘어가고자 하는

류의 선한 자산뿐만 아니라 악마적인 것마저 끌어안는 '불연기연(不然其然)'에 바탕을 둔, 지금 여기의 인류에게 희망을 주고 궁극적 구원을 가져다줄 새로운 사상과 예술론의 모색이다. 저마다의 확고부동한 깨달음[各知不移]과 더불어 그에 기반한 '무위이화(無爲而化)'의 인류공동체 건설을 위한 '다시개벽'의 시작이라 할 것이다.

임동확
◈ 저는 젊은 시절 '왜 나아갈 땐 하나인데, 도망갈
땐 뿔뿔인가?'라는 큰 의문의 실타래에 사로잡힌
적이 있습니다 ◈ 저는 그때부터 전체와 부분, 역사와
실존, 개인과 집단의 문제를 제 평생의 화두로 삼고
있습니다 ◈ 저의 어쭙잖은 시와 학문의 출발점이자
귀향지이기도 하지요 ◈ 덧붙인다면, 저는 하루에도 몇 번씩
'적어도 글쓰기에서만은 거짓말을 하지 말자'라는 다짐을
한답니다 ◈ 저로서는 그게 시적 스승으로 삼은 김수영의
작가 정신을 잇는 길이라고 믿기 때문이지요

의지의 표명이라고 할 수 있을 것이다.

대중문화 이론도 개벽할 때

연재 (1)

김동민

【대중문화 연구의 맹점】

'문명의 충돌'로 유명한 헌팅턴(Samuel P. Huntington)은 해리슨(L. E. Harrison)과 공동으로 편찬한 책 『문화가 중요하다(*Culture Matters*)』의 서문에서 한국의 비약적인 경제발전과 아프리카의 빈국 가나의 저발전을 비교하면서 그 차이를 초래한 결정적 요인을 '문화'라고 규정했다. 이를테면 문화결정론의 관점이다.

문명의 충돌도 그렇거니와 헌팅턴의 문화-발전 관련 진단은 객관성이 결여된 사견에 지나지 않는다. 그에 따르면, "한국인들은 검약, 투자, 근면, 교육, 조직, 기강, 극기정신 등을 하나의 가치로 생각한다. 가나 국민들은 다른 가치관을 갖고 있다. 그러니 간단히 말해서 문화가 결정적으로 중요하다"고 한다. 헌팅턴 개인의 생각이지 과학적 분석은 아니다. 한국경제의 비약적 발전과 가나의 저발전은 국제정치·경제의 측면과 박정희 개발독재의 광기에서 접근하는 게 설득력이 있을 것이다.

헌팅턴은 마거릿 미드(M. Mead), 루스 베네딕트(R. Benedict), 데이비드 맥클레란드(D. McClleland) 등의 사회과학자들도 1990년대 초에 동일한 결론에 도달했다고 한다. 미드는 원시적 생활을 하는 오세아니아 부족의 연구로 유명한 인류학자로서 인간의 행동을 생물학적 요소가 아니라 문화가 결정한다는 문화결정론을 견지했다. "인간의 본성은 믿기 힘들 정도로 가소성이 뛰어나서 그 배경인 문화적 조건에 정확하고 뚜렷하게 반응한다."

컬럼비아 대학 교수로서 미드에게 영향을 준 프란츠 보아스(F. Boas)는 미국 인류학의 선구자로서 다양한 민족이 존재하는 것은 그들의 유전적 영향이 아니라 문화가 다르기 때문이라고 함으로써 문화결정론의 선지자가 되었다. 보아스에 따르면, "복잡한 모든 활동들은 유전적으로가 아니라 사회적으로 결정된다고 가정해야 한다."는 것이다. 보아스의 이론은 미국의 사회과학을 지배하게 된다. 헌팅턴도 그런 분위기에서 공부하고 문명론을 전개했던 것이다. 이런 주장을 할 때 이들에게 과학적인 증거는 중요하지 않았다.

사회과학의 이런 분위기는 더 거슬러 올라가면 현대 사회학의 토대를 닦은 에밀 뒤르켐(E. Durkheim)에 도달한다. 그는 인간의 본성은 생물학적인 요인이 아니라 사회적 경험과 문화에 의해서만 형성된다고 하면서 다음과 같이 말했다. "사회적 사실을 결정하는 주요 원인은 개인들의 의식상태가 아니라 그에 앞선 사회적 사실들에서 찾아야 한다."

이처럼 인간들의 행동으로 나타나는 사회현상에 대한 접근 방법이 경직된 방향으로 자리 잡은 상태에서 출발한 대중문화 연구는 문화결정론의 대세를 형성할 수밖에 없었을 것이다. 문화결정론은 경제결정론과 대척점에 있는 세계관이다. 어느 것이 바른 세계관일까?

【경제결정론과 문화결정론】

먼저 시기적으로도 앞선 경제결정론부터 살펴보도록 한다. 경제결정론이라는 표현은 나중에 등장한 것이지만 어쨌건 마르크스의 세계관이라고 보아도 무방하다. 마르크스의 논지는 인간의 사회적 존재와 의식의 관계에서 어느 것이 1차적인가 하는 문제의식이다. 존재가 의식을 규정하는가, 아니면 의식이 존재를 규정하는가? 이것은 유물론과 관념론의 대립이기도 하다. 물질이 먼저인가, 의식이 먼저인가? 신 또는 지적 설계자의 생각에 의해 우주 만물이 창조되었다는 주장이 관념론이고, 지구에서 별의 잔해들로 생명의 역사가 시작되고 인간이 등장함으로써 의식이 가능하게 되었다는 것이 유물론이다. 과학은 유물론을 지향한다. 존재론처럼 관념적 상상력도 과학의 발전에 필수적으로 중요하지만, 결국은 관측과 실험으로 증명하는 과학으로 귀결되게 마련이다.

경제결정론이란, 인간의 의식으로부터 독립적으로 존재하는 물질세계를 전제로 하고 물질과 경제가 하부구조(토대)로서 상부구조에 해당하는 의식을 규정한다는 내용이다. 인류 역사의 발전 과정을 볼 때, 원시공동체 사회에서 고대 노예제 사회와 중세 봉건제 사회를 거쳐 자본주의 사회에 이르기까지 인간의 의식이나 계획 이전에 경제적 변화가 그 흐름을 주도했다는 것이다. 이를테면 봉건제 사회의 윤리와 도덕은 자본주의가 되면 바뀐다.

문화도 마찬가지다. 자본주의 사회의 문화는 봉건제 사회의 문화와 다르다. 경제적 토대가 바뀌었기 때문이다. 봉건 귀족들 중심의 문화가 대중매체를 매개로 한 대중문화로 바뀌는 것이다. 대중문화라는 게 자본주의와 관계없이 문화기획자들의 기획에 의해 등장한 것이 아니라는 얘기다. 귀족들의 유흥을 위해 기능하던 문화는 이윤 추구를 위해 생산되는 상품으로 성격이 바뀌는 것이다.

엄밀히 말해서 경제결정론과 문화결정론은 배타적이기보다는 상보적이어야 한다. 문화는 경제의 영향을 받는 동시에 경제도 문화의 영향을 받는다. 다만 무엇이 1차적이냐 하는 데서 의견이 갈리는 것이다. 그래서 유물론과 관념론의 대립의 역사까지 생각하게 되는 것이다.

생명체 중에 유일하게 의식 활동을 하는 인간을 볼 때, 육체가 먼저인가 정신이 먼저인가를 생각해 보면 답은 자명하다. 각자의 의지로 태어나는 사람은 없다. 원자라는 물질들로 구성된 신체가 있음으로 해서 의식 활동이 있는 것이며, 신체가 소멸되면 동시에 의식 활동도 중단된다. 살아 있는 동안에 사람은 문화의 영향을 받지만, 그 문화는 사람이 만들어 놓은 것이다. 그리고 사람의 의식은 사회적 존재에 의해 규정된다. 따라서 의식의 영역인 문화가 경제와 무관하게 결정력을 행사한다는 주장은 모순이다. 물질과 경제가 1차적으로 영향을 미친다는 것은 부정할 수 없는 사실이다. 따라서 경제결정론을 부정하며 문화결정론을 주장하는 것은 과학적이지 않다. 문화결정론은 목표를 상실한 관념론이다.

【대중문화 연구의 한계】

대중문화에 관한 연구는 19세기 말의 아놀드(M. Arnold)와 20세기 초의 리비스(F. R. Leavis)에서 시작한다. 이들의 연구 관점은 산업사회가 무르익어 가면서 형성된 노동계급 중심 문화에 대한 우려와 경계의 시선에 해당한다. 대중문화는 매스 미디어의 발전과 더불어 융성기를 맞이하게 되고, 따라서 대중문화 연구도 활기를 띠게 된다. 대중문화 현상이 가장 활발하게 대두된 미국을 중심으로 대중문화를 저속한 문화로 비하하는 엘리트주의가 만연하였다. 소위 고급문화와 대중문화의 이분법에 따른 비판이다.

영국에서는 버밍엄 대학의 현대문화연구소를 중심으로 활동한 호가트(R. Hoggart), 윌리엄스(R. Williams), 톰슨(E. P. Thompson), 홀(S. Hall) 등에 의해 문화주의라는 학풍이 생겨난다. 이들은 엘리트주의에서 벗어나 대중문화에 대한 민중의 저항, 능동적 비판적 해독, 노동계급 문화에 대한 관심이라는 특징을 보여준다.

문화주의는 구조주의와 후기구조주의, 마르크스주의를 관통하며 포스트모더니즘과 결합해 문화연구로 정착하게 된다. 문화연구의 특징을 종합하면 1) 대중문화의 이데올로기 공세에 사람들이 무력하게 동화되는 게 아니라 능동적으로 저항한다는 점, 2) 비판적 해독(reading), 3) 문화는 상부구조로서 경제의 영향에서 벗어나 상대성을 갖는다는 점 등으로 정리된다.

전반적으로 문화연구는 대중문화에 대한 인문적 또는 경험적 해석이라고 할 수 있다. 몇몇 석학들의 깊은 사유 및 경험적 관찰의 결과이기 때문에 문화에 대한 이해를 높여주는 것은 사실이다. 그러나 엄밀히 말해 문화의 본질에 대해 보편적 이론을 구축했다기보다는 현상의 관찰에 대한 주관적 의견에 머물기 때문에 상당 부분 공허함을 부정할 수 없는 게 사실이다.

이를테면 능동적 저항 내지는 비판적 해독이 보편적 현상으로 나타났는가 하는 의문이다. 알튀세르(Louis Althusser)는 모든 사람들이 대중문화의 지배 이데올로기에 동화된다고 했지만, 문화연구는 지배 이데올로기에 저항하고 비판적으로 읽어내는 사람들을 강조한다. 그러나 그 숫자는 많지 않다. 과장이 있다는 얘기다.

다음으로 경제결정론을 부정할 수는 있지만, 그렇다고 해서 문화의 상대성으로 대체하는 것 역시 과학적 인식과는 거리가 멀다는 점을 지적하지 않을 수 없다. 심지어 아인슈타인의 상대성이론을 끌어들여 모든 것이 상대적이라는 사실을 아인슈타인이 증명해 주었다고 주장하는 학자들도 있다. 물론 아전인수의 틀린 얘기다. 상대주의를 상대성이론과 혼동하는 무지의 소산이다.

과학은 인간의 경험세계 이면에 보이지 않게 숨어 있는 진리를 규명하는 것이다. 사회과학도 다르지 않다. 그러나 사회과학은 경험세계 내에서 주관적 해석에 의존하는 경향이 있다. 그것을 극복해야 한다. 극복의 길은 자연과학에 있다. 우리에게는 『국화와 칼』로 유명한 베네딕트 역시 미드와 함께 보아스의 제자로서 문화적 상대주의를 옹호했다. 경험적으로는 문화가 상대적인 것으로 보이겠지만 그것은 진실이 아니다.

문화연구는 마지막 단계에서 포스트모더니즘과 결합했다. 포스트모더니즘에서 배울 바는 있다. 여성, 소수민족, 다문화 등 미시담론을 제시함으로써 거시담론으로 일관해 온 모더니즘의 한계를 보완할 수 있게 된 것이다. 그러나 이것은 상보적 관계여야지 대체재로 간주하면 오류를 범하게 된다. 문화

연구는 포스트모더니즘을 모더니즘의 대안으로 받아들였다. 이 역시 절대적 진리를 부정하고 상대주의를 앞세운 것이다. 이를테면 모더니즘을 대표하는 뉴턴의 역학은 상대성이론과 양자역학에 의해 수정되었지만, 일상의 세계에서는 여전히 건재하다는 사실을 알아야 한다.

그러면, 대중문화란 무엇인가? 문화연구는 대중문화의 정체를 과학적으로 설명해주는가? 문화의 정의를 분명히 할 필요가 있다. 헌팅턴은 순전히 주관적 관점이라고 전제하면서 "문화는 한 사회 내에서 우세하게 발현하는 가치, 태도, 신념, 지향점, 그리고 전제조건이다."라고 정의한다. 윌리엄스는 문화를 '특정한 삶의 방식에 대한 묘사' 내지는 '지적, 정신적, 심미적 발전과정'으로 정의했다. 아놀드는 '인간 사고와 표현의 정수'라고 정의했다. 이 밖에도 문화에 대해서는 수백 수천 가지 개념 정의가 있다. 그러나 유감스럽게도 인문사회계열 연구자들의 개념 정의는 모두 사견에 불과하다. 이들의 공통점은 문화를 생물학과 철저하게 분리해 정의하고 연구했다는 사실이다.

진화심리학자 전중환은 "사회와 문화는 인간 마음의 산물이다."라고 했다. 마음이라는 것은 뇌의 활동이다. 인간의 뇌는 언어를 말하고 점점 더 복잡하고 많은 생각을 하게 되면서 대뇌가 커지는 방향으로 진화했다. 문화는 바로 그 뇌의 종합적 사유의 산물이다. 하버드 대학의 정신의학 교수인 레이티(John Ratey)는 "뇌는 궁극적으로 성격, 문화, 언어, 이성의 기반"이라고 했다.

【문화는 마음의 표현이다】

문화는 마음의 표현이다. 마음은 뇌에서 발현한다. 뇌의 상상력이 빚어낸 유형무형의 모든 산물이 문화라는 의미다. 구체적인 현실에 직면해 뇌의 이성적 영역과 감성적 영역이 총동원된 상상력으로서 마음의 기획에 의해 만들어진 것이 문화란 얘기다. 수렵과 채집 생활을 하는 과정에서 돌을 깨트리고 연마

해서 사용하고, 농사를 짓고 잉여생산물이 발생하면서 토기를 빚어 사용하는 등의 생활, 또는 놀이의 모든 것이 뇌의 산물로서 문화인 것이다.

유전자와 문화의 공진화론을 정립하고 있는 리처슨(P. Richerson)과 보이드(R. Boyd)는 "문화에 대한 그 무엇도 진화의 관점을 통하지 않고서는 의미를 지닐 수 없다."라고 했다. 리처슨은 미국 캘리포니아 대학의 환경과학·정책학부 교수로서 진화생물학자들이 개발한 분석 방법을 도입해서 문화의 진화 과정을 추적하고 있으며, 보이드는 캘리포니아 대학(UCLA) 인류학과 교수로서 문화를 만들어내는 진화심리학의 메커니즘이 문화적 차이를 만들어내는 맥락을 연구한다. 이렇게 인간의 생물학적 요인을 수용하는 문화연구자들이 있는 것이다. 이들은 저서 『Not By Genes Alone』에서 문화는 생물학의 일부라고 하면서 "문화적으로 습득한 정보와 인간의 생물학적 측면이 연관되었다는 것을 보여주는 사례는 수없이 많다"고 강조한다.

문화의 생산 주체는 뇌다. 뇌는 진화에 의해 문화를 생산하고 학습하도록 만들어졌다. 문화도 진화한다고 할 때, 뇌와 문화의 진화는 유전자의 생존과 번식에 유리한 방향으로 전개되었을 것이다. 인간의 뇌는 1백억 개의 뉴런, 그리고 뉴런과 뉴런을 연결하는 1백조 개에 이르는 시냅스로 구성되어 있다. 부위별로 보면 사고와 미래 계획 및 감정을 관할하는 전두엽, 미각과 수학 및 논리 작업을 담당하는 두정엽, 청각의 측두엽, 시각의 후두엽 등 뇌의 각 부위들이 유기적으로 작동하고 있다. 뇌의 대부분을 덮고 있는 대뇌피질 중에 포유류들만 가지고 있는 신피질이 있다. 포유류 중에서도 인간의 신피질이 가장 잘 발달되어 있음은 물론이다.

이 복잡한 뇌에서 전기적 화학적 정보 전달에 의해 신체에 명령을 내린다. 그 명령을 수행하면서 구축된 것이 문화다. 또한 인간이 성장하는 과정에서 배우고 경험한 내용들이 축적되어 자아를 형성한다. 그 자아의 실현이 또한 문화이다. 문화는 뇌의 각 지점에서 이성과 감성이 총동원되어 기획된 것이다.

문화연구는 대중문화 상품에 대해 지배 이데올로기의 세뇌니 헤게모니니

저항적 해독이니 하며 주관적 해석을 하지만, 그것은 인간의 생물학적 본성을 고려하지 않은 미완성의 이론일 뿐이다.

생물학적 진화는 아주 느리지만 문화적 진화는 매우 빠르고 생명력도 길다. 공자와 소크라테스의 유전자는 남아 있지 않지만, 그들이 남긴 문화는 아직도 건재하다. 이것이 문화의 본질이다. 이제 관념적 주관적 해석이나 이데올로기적 접근의 대중문화 이론도 개벽의 세례를 받을 때가 되었다. 인문학이나 사회과학의 제한된 고정관념의 접근에서 벗어나 자연과학과 화학적 결합(융합)을 함으로써 새로운 이론을 구축해야 한다는 것이다. 문화는 인간의 생물학적 특징과 무관하지 않을 뿐 아니라 그 반대로 생물학적 특성을 반영한다.

기존의 문화이론이 인문학이나 사회과학이 이룰 수 있는 최고 수준에 도달한 만큼 생물학과 융합함으로써 완성도 높은 이론으로 발돋움할 수 있기를 기대한다. 레이티 박사에 따르면, "우리 경험의 밑바탕에 생물학적 토대가 있다는 건전한 지식은, 우리의 이론을 손상시키는 게 아니라 오히려 더 풍부하게 만든다."

【사람들은 왜 BTS에 열광하는가?】

문화연구에 생물학적 요인을 결합한 분석의 사례로서 BTS 현상을 설명해 보기로 한다. BTS의 인기가 식을 줄을 모른다. 그래미상 후보에 선정되었고 '다이너마이트'는 빌보드 차트 1위를 기록하는 등 계속 상위권에 올라 있다. 명실상부한 월드 스타다. 심지어 극우적인 발언을 쏟아냈던 일본의 전 오사카 지사 하시모토는 자녀들이 하루 종일 BTS 노래를 듣는다고 불만을 토로할 정도다.

팬덤 현상도 타의 추종을 불허한다. BTS의 팬클럽인 아미(Army)는 전 세계에 조직되어 있으며 매우 활동적이다. 영국의 아미 회원들은 BTS의 웸블리 공연 때 자발적으로 홍보를 하고 질서 유지에 나서는 등 헌신적인 봉사를 했다. 당연히 대중문화 평론가나 연구자들은 BTS 현상을 좇아 분석하느라 바쁘다.

현상을 분석한다는 것은 눈으로 본 것[appearance]에 대해 본 대로 기술한다는 것이다. 그러나 눈으로 본다는 것은 실체의 한 조각을 보는 것일 뿐이고, 어제 본 것과 오늘 본 것이 다를 수 있다. 더구나 사람마다 다르게 본다. 본다는 것은 주관의 영역이라는 얘기다. 그래서 시이불견(視而不見), 보인다고 해서 진상을 본 것이 아닌 것이다.

그럼에도 불구하고 인간은 직접 본 것에 대한 신뢰가 높기 때문에 그걸 실체로 인식하는 경향이 있다. 그러니 '보이는 것은 실재(實在)가 아니다'라는 문제의식도 없다. 현상과 실재가 동일하다면, 사유도 분석도 연구도 필요하지 않을 것이다.

대부분의 평론가들은 기본적으로 한국 대중문화의 해외 진출을 '한류(韓流)'로 인식한다. 인류는 아주 오랜 세월을 씨족이나 부족 단위로 살아왔기 때문에 소속 집단에 애착을 가지고 충성하는 경향이 있다. 그때부터 사람들은 낯선 사람을 경계하고 배척하는 게 본성으로 굳어졌다. 따라서 한류의 관점으로 보는 것은 객관적 접근을 방해할 수도 있는 것이다.

한편으로 (대중)문화는 나라와 인종과 계층을 초월해 온 인류가 공감할 수 있다는 특성이 있다. 우리가 된장찌개를 좋아하면서도 스테이크와 스시를 즐기는 것도 마찬가지다. 아미들은 물론이고 중년의 점잖은 신사들까지 국경을 초월하여 BTS에 열광하는 까닭이다.

『한겨레신문』은 지난 해(2020) 12월 26일 토요일 커버스토리로 방탄소년단을 다루었다. 『BTS 예술혁명』의 저자인 이지영 세종대 교수는 이 커버스토리에서, BTS 혁명에 대한 학술적 접근이 연구논문과 국제학술대회 등으로 활발하고 다양하게 이루어지고 있다면서 "방탄소년단 연구의 범위는 철학·문학·음악학·미술학·문화연구·젠더연구·심리학·교육학·경영학·미디어연구·고전학·종교학·빅데이터·영화학·정치학·역사학·인류학 등 인문·사회과학 및 예술 전 분야를 망라하고 있다"고 소개한다. 철학자로서 들뢰즈의 관점을 투영하기도 한다. 모두 현상에 대한 주관적 해석의 한계를 벗어나기 어렵다. 아래는 역시 커버스토리에 기고한 글로서 작년에 『BTS 길 위에서』라는 책을 낸 홍석경 교수의 분석이다.

> 미래에 대한 불안, 무한 경쟁으로 인한 자존감 상실, 환경 위기와 팬데믹이 보여주는 불확실한 지구의 미래. 현재 지구상의 청년들은 지역적 차이를 고려하더라도 이러한 생존의 조건을 공유하고 있다. 방탄의 충실한 팬덤 형성의 기반인 초기 노래들은 불공정 경쟁 속에서 있는 힘을 다해야 하는 흙수저 인생의 고단함과 불안의 극복 과정을 담고 있다. 방탄이 제공하는 해결책은 신자유주의적 경쟁에 자신을 갈아 넣으라는 자기계발의 논리가 아니라 자신을 있는 그대로 받아들이는 것, 그리고 무릎 꿇지 말고 자존감을 지키며 미래를 위해 연대하자는 것이다. 이 메시지는 노래 가사, 트위터나 브이라이브, 공연 등 여러 채널을 통해 소통되었고, 특히 자신의 정체성을 있는 그대로 받아들이자는 자기애에 대한 유엔에서의 연설은 진보적인 성정치에 대한 지지인 동시에 세계적인 명성의 확인으로 해석되어 방탄소년단 팬의 연령적, 성적 영역이 확대되는 데 크게 영향을 미쳤다.

해외 공연을 포함해 3년에 걸친 현장 연구와 관찰의 결과를 바탕으로 쓴 치밀한 분석의 결과이다. 역시 한류니, 비(非)백인 동아시아의 대두니 하는 협애한 대립구도는 다소 거슬리지만, 작은 기획사 소속으로 불리한 조건을 극복하고 성공하게 된 맥락을 잘 설명해 놓고 있다. 여기에 문화 생산의 생물학적 요인이 결합된다면 훨씬 설득력 있는 분석이 될 것이다.

조용필의 노래를 좋아하는 오빠부대에서부터 서태지, H.O.T, 소녀시대 등의 팬클럽을 거쳐 아미까지 수많은 팬덤 현상이 있(었)다. 연구자라면 현상의 설명에 그치지 말고 원인(실재)을 추적해야 한다. 가수 중심이 아니라 생물학적 인간 중심으로 접근해야 한다. 방탄로그, 방탄밤(bomb), 페스타, 믹스테이프, 달려라 방탄…. 이런 거 말고 사람의 마음을 보란 얘기다.

마음은 눈으로 보이지 않는다. 보이지 않는 걸 어떻게 보냐고? 보려고 하면 보인다. 이게 진짜다. 아는 만큼 보이는 법이다. 들뢰즈 연구자는 들뢰즈의 관점으로, 미디어 연구자는 미디어의 틀 안에서 보게 마련이다. 관점의 집착에서 벗어나 넓게 보아야 한다. 특히 문화의 생산자인 인간의 생물학적 요인이 고려되지 않는 분석은 미완성의 딱지가 붙을 수밖에 없다.

비단 대중가요에만 해당하는 건 아니다. 클래식, 회화, 영화, 드라마, 조각, 건축 등 문화 전반에 해당하는 이야기다. 문화는 마음의 표현이라고 했다. 마음은 심장이 아니라 뇌의 활동이다. 따라서 문화란 뇌의 상상력이 다양한 방식으로 표현된 유형무형의 산물이다. 그러니 만드는 사람과 감상하는 사람의 마음이 통할 때 팬덤 현상이 형성되는 것이다. BTS와 아미 사이에는 그 마음이 세계적으로 크게 통한 셈이다.

【참고문헌】

◎ 원용진(1996), 『대중문화의 패러다임』, 한나래

◎ 전중환(2016), 『본성이 답이다』, 사이언스북스

◎ Huntington, Samuel P. & Lawrence E. Harrison(2000), *Culture Matters*, 이종인 옮김(2001),

　『문화가 중요하다』, 김영사

◎ Pinker, Steven(2002), *The Blank Slate*, 김한영 옮김(2017), 『빈 서판』, 사이언스북스

◎ Ratey, John J.(2001), *A USER'S GUIDE TO THE BRAIN: Perception, Attention and the Four*

Theaters of the Brain, 김소희 옮김(2010), 『뇌-1.4 킬로그램의 사용법』, 21세기북스

◎ Richerson, Peter J. & Robert Boyd(2005), *NOT BY GENES ALONE: How Culture Transformed*

　Human Evolution, 김준홍 옮김(2009), 『유전자만이 아니다』, 이음

◎ Story, John(2001), *Culture Theory and Popular Culture: An Introduction*, 박만준 옮김(2002),

　『대중문화와 문화연구』, 경문사

◎ Hall, Stuart(2019), *Essential Essays Vol. 1*, Duke University Press

김동민

◆ 미디어 연구자로서 지난 10년 동안 자연과학 공부에
집중하면서 인문학과 자연과학의 융합학문 연구에
매진하고 있다 ◆ 저서로 『매클루언 미디어론의 자연과학적
해석』과 『미디어 빅히스토리 입문』이 그런 공부에 해당한다
◆ 다음 저술에서는 인간의 본성이 유전자와 문화의
상호작용이라는 진화심리학을 적용하여 문화이론의 새로운
패러다임을 제시하려고 한다 ◆ 이 연재도 그 일환이다
◆ 현재는 민주화운동기념공원의 소장으로 재직하고 있다

다시읽다

RE: READ

다시개벽의 역사철학, 내재적 신성을 아는 방향

백낙청과 김종철의 비판적 포월을 위하여

【다시개벽은 '때[時]'의 철학】

개벽은 개벽이다. 그것과 개벽 아닌 것 사이에 공통점이나 유사성이 있다고 하더라도, 그것을 개벽 아닌 것으로 오롯이 설명할 수는 없다. 개벽사상은 근대적인 사유로 간주되기도 하며 탈근대적인 사유로 여겨지기도 한다. 백낙청 개벽론은 그 두 측면을 모두 나타낸다는 특징이 있다. 그가 말하는 개벽은 '근대 적응'과 '근대 극복'의 이중과제를 가리키기 때문이다. 그러므로 백낙청 개벽론을 비판적으로 검토하는 일은 개벽에 대한 두 가지 오해를 종합적으로 수정하고 개벽 고유의 함의를 더욱 또렷이 밝히는 데 도움이 될 것이다.

백낙청은 영국 소설가 D. H. 로런스에 관하여 자신이 지금까지 연구해 온 바를 개벽사상의 관점으로 정리하여 2020년에 단행본으로 엮어 내었다.[1] 그 책이 나오기 몇 달 전에는 원불교의 개벽사상에 관한 백낙청의 글과 인터뷰를 엮은 책이 출간된 바 있다.[2] 그가 개벽사상을 자신의 글에서 원용하기 시작한

---

1   백낙청, 『서양의 개벽사상가 D. H. 로런스』, 창비, 2020.

2   백낙청, 박윤철 엮음, 『문명의 대전환과 후천개벽』, 모시는사람들, 2020. 백낙청의 원불교 관련 저술을 모은 이 책에 따르면, 그가 원불교 교리를 처음 원용한 것은 백낙청, 「통일하는 마음」, 원불교 서울청운회 주최 '청운강좌', 1988.1. 20이며 개벽사상을 처음 원용한 것은 백낙청, 「개벽과 통일」, 『원불교신보』, 1989.4.26이라고 추정할 수 있다.

것은 1980년대 후반부터이므로, 개벽사상에 관한 그의 관심은 30여 년 동안 이어진 것이라 할 수 있다.[3] 이렇게 오래 갈고닦은 개벽론이므로, 그것을 비판적으로 검토하는 것 또한 함부로 할 일이 아닐 것이다. 그러나 과거의 권위가 미래의 창조를 억누를 위험, 그리고 미래에의 맹목이 과거 속의 잠재력과 단절될 위험이라는 두 가지 위험을 동시에 근본적으로 돌파하는 것이 곧 개벽사상의 중요한 특이성 중 하나임을 이 글에서 밝히려 한다.[4]

개벽은 시간적 개념이다. 동학(천도교)·증산교·정역·원불교 등에서 말하는 개벽은 태초에 세상이 처음 개벽했을 때처럼 오늘날의 세상이 새롭게 개벽해야 한다는 의미이다. 이와 같은 개벽의 시간적 의미는 다소 자명한 것처럼 보여서 그 중요성이 간과되기도 쉽다. 개벽사상에 관한 고찰은 개벽사상이 '때[時]'의 철학이라는 이 기본적인 의미에서부터 출발할 필요가 있다.[5] 달리 말하면 개벽사상은 근본적으로 역사철학의 성격이 있다는 것이다. 그렇다면 백낙청은 개벽사상을 어떠한 역사철학으로서 해석하는가? 이러한 물음은 곧 다시개벽의 역사철학적 특이성이 무엇인지에 대한 물음과 같다.

참고로 지금 여기에서 새롭게 제시하는 개벽론을 말할 때에는 '다시개벽'이라는 용어를 쓰고자 한다. 그 이유는 두 가지이다. 첫째는 백낙청 등이 논의한 기존 개벽 개념과 용어상 혼동이 일어나는 것을 줄이기 위함이다. 또한 다시개벽은 허술하게 급조된 말이 아니라 수운 최제우가 1860년에 동학을 창시한 이래로 심화되어 온 역사적 맥락과 체계적 사유에 뿌리를 둔 개념이다.[6]

---

3 동시에 백낙청은 1980년대 후반부터 분단체제론을 제기하였으며, 1999년 이후로는 분단체제론의 연장선에서 이중과제론을 제출하였다. 개벽사상에 대한 그의 관심은 분단체제론에서 이중과제론으로 나아가는 이론 작업과 그 궤를 같이 하는 만큼, 개벽사상은 백낙청이 주창한 핵심 이론의 주요한 토대 중 하나라고 할 수 있다. 백낙청의 비평은 개벽사상의 이론적 잠재력과 중요성을 입증한 사례로서도 적지 않은 의의를 지닌다.

4 기존의 여러 사상 가운데 특히 다시개벽에 주목하는 까닭은 다시개벽이 여타의 사상들과 소통 가능하면서도 여타 사상들로는 사유하기 어려운 부분을 제시할 수 있기 때문일 것이다. 이를 다시개벽의 '특이성'이라고 일컬을 수 있다.

5 개벽사상을 '때'의 개념과 연결시켜서 이해하는 방식은 이규성, 『한국현대철학사론 — 세계상실과 자유의 이념』, 이화여자대학교출판부, 2012, 99~116쪽에서 계발을 받았다. 여기에서 그는 '개벽'과 '때'가 동학적 역사철학의 핵심 개념임을 밝혔다.

6 "'개벽'은 동학(東學) 전에도 쓰던 말이나, '다시개벽'은 동학에서 창조한 개념이다(「2020 『다시개벽』 선언문」, 『다시개벽』

따라서 이를 학술용어로 다듬는 것은 충분히 가능한 일이며, 나아가 새로운 사유의 잠재력을 이끌어내기 위해서도 필요한 일이라 생각한다.

【이중과제론 논쟁과 직선적/순환적 역사철학】

백낙청의 개벽론은 그가 1999년 이후로 줄곧 제기한 이중과제론을 개벽사상의 관점에서 설명하는 이론이라고 할 수 있다. 따라서 그의 개벽론을 심층적으로 이해하기 위해서는 먼저 이중과제론이 무엇인지를 질문할 필요가 있다. 특히 2008년에 이루어진 백낙청과 김종철의 논쟁은 시민사회운동의 원리로서 이중과제론이 얼마나 유의미할 수 있는지를 따져 물었다는 점에서 이중과제론의 성격을 더욱 구체적으로 이해하는 데 많은 도움이 된다. 백낙청이 "이중과제론에 관한 거의 유일한 논쟁이 김종철 선생과 나 사이에 있었"다고 하였듯이,[7] 이 논쟁은 이중과제론을 둘러싼 논점을 더욱 날카롭게 드러낼 것이다. 또한 이중과제론에 대한 옹호와 비판은 각각 직선적 역사철학과 순환적 역사철학을 대변한다. 그러므로 이 논쟁은 다시개벽이 이중과제론과 같은 직선적 역사철학으로 환원될 수 있는지, 아니면 김종철이 제기한 순환적 역사철학에 더 가까운지, 아니면 양자를 넘어선 역사철학으로 이해되어야 하는지를 검토하는 발판이 될 수 있다.

이중과제론에서 말하는 이중의 과제란 근대 적응의 과제와 근대 극복의 과제를 의미한다. 백낙청은 적응과 극복의 대상이 되는 근대를 자본주의로 파악한다. '근대=자본주의'라는 등식은 월러스틴의 세계체제론을 중요한 이론적 토대로 삼고 있다. 세계체제론은 16세기 서유럽을 중심으로 형성된 자본

창간호, 모시는사람들, 2020. 겨울, 9쪽)."

7   백낙청 외, 『문명의 대전환을 공부하다 — 이중과제론과 문명전환론』, 창비, 2018, 25쪽.

주의 경제 체제가 19세기에 이르러 전 세계로 확산됨에 따라 근대 세계체제가 이루어졌다고 설명한다. 이 과정에서 자본주의가 가장 발달한 서구 등의 국가들이 세계체제의 중심부가 되며 그 밖의 국가들은 자본주의 발달 수준에 따라 반주변부·주변부가 된다는 것이 월러스틴의 주장이다. 백낙청의 이중과제론은 근대 세계체제의 비(非)중심부에 위치한 한반도가 한편으로 중심부의 자본주의 근대를 따라잡으면서도 다른 한편으로 그 근대의 대안을 모색해야 한다는 인식에서 비롯한다.

백낙청은 이중과제론의 관점에서 "녹색담론"의 한계를 비판하였으며, 이 것이 백낙청-김종철 논쟁의 발단이었다고 할 수 있다. 첫째로 그는 경제발전 자체를 거부하는 생태주의가 물질적 풍요로움을 욕망하는 대중 심리와 맞지 않는다고 주장하였다.[8] 둘째로 백낙청은 세계화 시대에 경쟁력 없는 국가는 국가로서 생존하기도 어려울 것이므로, 경제성장 자체를 죄악시하는 생태주의는 올바른 해답이 아니라고 보았다.[9] 요컨대 근대 적응이라는 과제는 대중의 욕구에 부응할 만큼, 그리고 세계화 시대의 국가 간 경쟁 체제에 뒤쳐지지 않을 만큼 자본주의 경제발전을 중시하자는 입장과 같다. 그러나 그 '만큼'은 과연 '얼마만큼'에서 그칠 수 있는 것인가? 무언가 근본적인 전환이 일어나지 않는다면 물질적 풍요로움에 대한 대중의 욕구는 더욱 커지지 않겠는가? 경제가 성장하고 기술이 발달할수록 국가들의 경쟁은 나날이 치열해지는데, 그 무한 경쟁에 뒤떨어지지 않는 수준을 유지한다면 근대 극복의 순간은 무한히 유예되는 것 아닌가?

이러한 물음과 관련하여 김종철은 근대 극복이 근대 적응과 양립할 수 없

8   그에 따르면 "경제발전을 통해 의식주 기본생활의 충족은 물론, 이를 얼마간 초과하는 풍요로움을 바라는 마음 자체가 반드시 잘못된 것은 아니"며, 그와 같은 "대중의 욕구를 외면하는" 생태주의는 "엄격주의·형식주의"의 위험을 낳고 있다고 한다(백낙청, 「생명지속적 발전을 위하여」, 환경운동연합 10주년기념 심포지엄 자료집 『녹색의 주류화를 위하여』(2003.4.2) 8쪽; 백낙청, 「21세기 한국과 한반도의 발전전략을 위해」, 『한반도식 통일, 현재진행형』, 창비, 2006, 253~254쪽 각주 11에서 재인용).

9   백낙청, 「박정희시대를 어떻게 생각할까」, 『한반도식 통일, 현재진행형』, 위의 책, 268~269쪽.

다고 날카롭게 지적하였다. 근대 극복의 과제를 위해서는 근대 적응의 과제를 포기해야 한다는 것이다. 김종철이 생각하는 근대 극복의 길은 자본주의 근대 문명의 심장인 경제성장을 정지시키고 근대 이전의 농경(農耕) 문명으로 되돌아가는 길이다. (그는 이 농경 문명을 "농적(農的) 순환사회"라는 말로 부른다.) 그에 따르면 성장 논리는 본질적으로 오늘날 더 이상 허용될 수 없는 두 가지 문제를 야기한다. 하나는 더 많은 자원 개발과 환경 파괴를 끊임없이 요구함으로써 "생태적 위기"를 야기하는 것이며, 다른 하나는 더 많은 배타적 경쟁과 착취를 끊임없이 요구함으로써 "민주적이며 호혜적인 인간관계의 상실"을 야기하는 것이다.[10] 근대는 본질적으로 끝없는 성장을 강요하는 것이기에, 근대 적응과 근대 극복이 동시에 가능하다는 사고방식은 원리상 옳지 않다는 것이 김종철의 비판이다.

논점은 이중과제론 중에서 근대 적응이라는 과제가 과연 유효한가 하는 문제로 모아진다. 김종철의 비판에 대한 반론에서 백낙청은 근대 이전의 농경 문명에도 버려야 할 단점이 있고 자본주의 근대에도 살려야 할 장점이 있기 때문에 근대 극복뿐 아니라 근대 적응도 중요하다고 주장한다. 예컨대 "지난날 농촌공동체"에는 "비민주적·성차별적 요소들"이 근대 이후보다도 더 많았던 것은 아닌지, 그와 같이 불평등한 요소들을 줄이는 데 자본주의가 어느 정도 기여한 것은 아닌지를 검토할 필요가 있다는 것이다.[11] 흥미로운 점은 근대를 일정 부분 옹호할 것인가, 아니면 전면 부정할 것인가 하는 이 쟁점의 밑바닥에서 역사철학의 오랜 질문거리들이 메아리친다는 사실이다. 역사는 항상 진보하는가, 아니면 퇴보할 수도 있는가? 근대 이후는 근대 이전보다 얼마만큼 발전했을까? 현재의 문제를 해결하여 더 나은 미래를 만들기 위해서는 과거를 어느 정도로 부정하거나 긍정해야 하는가?

10 김종철, 「민주주의, 성장논리, 農的 순환사회」, 『땅의 옹호 — 共生共樂의 삶을 위하여』, 녹색평론사, 2008, 255~256쪽.
11 백낙청, 「근대 한국의 이중과제와 녹색담론」, 이남주 엮음, 『이중과제론』, 창비, 2009, 178~179쪽.

백낙청은 역사가 항상 한 단계 더 발전된 방향으로 진보한다는 관점 하에, 과거보다 근대에서 더 발전된 측면을 긍정하며(근대 적응) 지금까지의 역사보다 더 나은 미래를 모색하고자 한다(근대 극복). 이와 달리 김종철은 역사를 퇴보의 과정으로 진단하며, 근대가 초래한 위기를 해결하기 위해서는 과거와 같은 소규모 농민의 연합체로 되돌아가야 한다고 본다.[12] 김종철의 표현을 빌리면, 전자의 관점은 역사가 항상 진보한다고 보는 직선적 역사철학에 해당하며 후자의 관점은 현재가 잃어버린 가치를 과거에서 찾아야 한다는 순환적 역사철학에 해당한다. "자본주의 근대문명의 근본문제는 그것이 순환의 법칙에 의해 돌아가는 세계 속에서 끊임없이 직선적인 '진보'를 추구하도록 강요하는 메커니즘에 종속된 시스템이라는 것이다. (…) 그러니까 시급한 것은 계속적인 생산력 증대를 통한 '진보'의 추구를 포기하고, 인간의 삶을 자연적 과정에 순응하는 순환적인 생활패턴으로 전환하려는 노력이다."[13] 이처럼 근대의 문제를 해결하기 위한 대안적 사유들의 방향 차이는 역사철학적 관점들의 차이와 밀접한 관계를 맺는다.

백낙청의 개벽론은 이중과제론을 개벽사상의 관점에서 풀이하기 위한 방편이므로, 그의 개벽론 역시 이중과제론과 같이 직선적 역사철학의 테두리에 속한다. 그의 개벽론은 "물질이 개벽하니 정신을 개벽하자"라는 원불교의 표어에 토대를 둔다. 이 표어에 관하여 그는 "물질개벽에 상응하는 정신개벽 운동을 벌이자라고 했을 때 적어도 이중과제 수행의 기본적인 골격은 갖춰졌습니다"라고 말한다.[14] 그가 생각하기에 자본주의 근대 문명에 적응하는 과정은 물질개벽과 등치를 이루며, 그 근대를 극복하여 새 문명을 구축하는 과정은 정

---

12 김종철, 앞의 글, 263쪽.

13 위의 글, 260~261쪽. 직선적 진보에 대한 믿음이 근대의 본질이라는 이 통찰에 비추어보면, 이중과제론과 같은 직선적 역사철학은 그것이 극복하려는 근대의 논리로부터 본질적으로 자유롭지 못한 것이다. 혹자는 순환적 생활 방식을 강조하는 김종철의 입장을 순환적 역사철학으로 해석하는 것이 지나친 확대해석이라고 여길 수도 있다. 전자는 생태계의 순환을 가리키는 반면에, 후자는 역사의 순환을 의미하기 때문이다. 그러나 김종철의 사유에 있어 순환은 생태계를 포함한 세계 전체의 자연적 법칙에 가깝다고 할 수 있다. 진보의 논리는 순환 법칙에 어긋난다는 점에서 문제가 된다.

14 백낙청 외, 『문명의 대전환을 공부하다 — 이중과제론과 문명전환론』, 앞의 책, 242쪽.

신개벽과 등치를 이룬다. 물질개벽과 정신개벽의 문제는 나중에 더 자세하게 다룰 것이다. 그보다 먼저 던져야 하는 물음은 '다시개벽을 직선적 역사철학의 일종으로 파악하는 것이 과연 얼마나 정당할 수 있는가?'라는 물음이다.

물론 다시개벽은 개벽 이전에서 개벽 이후로의 전환과 이행을 요청한다는 점에서 이중과제론의 직선적 역사철학과 비슷해 보일 수 있다. 그러나 다시개 벽을 직선적 역사철학으로 환원하는 발상은 다시개벽의 특이성과 어긋나기도 한다. 다시개벽은 순환적 역사철학의 성격도 띠고 있기 때문이다. 예컨대 수운 최제우는 "요순성세(堯舜聖世) 다시 와서 국태민안(國泰民安)"이 이루어지는 때로 "다시개벽"을 표현하였다.[15] 다시개벽의 역사는 요임금과 순임금이 다스리던 태고(太古)의 성스러운 사회가 되돌아오는 역사라는 것이다. 여기에서 "요순성세"는 단순한 상투적 표현으로 치부될 수 없을 만큼 최제우의 사상 속에서 특별한 의미를 띤다. "요순성세"라는 표현은 수운이 유교적 이상 사회를 지향하였음을 의미하는 것도 아니다.[16] 그의 사상 속에서 태고의 성스러움은 우주의 모든 변화와 생성 속에 하늘의 신성이 깃들어 있음을 사회 구성원

15 최제우, 「안심가(安心歌)」, 「용담유사」, 라명재 주해, 『천도교경전 공부하기』 증보2판, 모시는사람들, 2017, 169쪽(이하 동학(천도교) 경전을 인용할 때에는 이 책의 쪽수만 표기하며, '한울님'을 '하늘님'으로 바꾸어 표기한다).
    백낙청은 자신의 개벽론을 대부분 원불교 사상에 근거하여 전개한다. 이는 동학(천도교)의 개벽사상을 거의 참조하지 않는다. 그러나 개벽사상의 특이성을 정확하면서도 풍부하게 해석하기 위해서는 원불교를 비롯한 개벽사상 전반을 폭넓게 비교하고 연결시키는 활달한 조망이 필요하다. 특히 원불교와 증산교 등을 포함한 동학 이후의 모든 개벽 종교/사상들은 동학의 개벽사상에 원천을 두고 있기에, 동학을 검토하는 작업은 여타 개벽사상들을 검토하는 작업에도 도움을 줄 수 있다. 그러므로 이 글에서는 백낙청 개벽론의 비판적 검토를 위하여 동학을 원용한다.

16 수운은 요순의 정치와 그것을 이상으로 삼는 공자·맹자의 유학이 당대 현실의 위기를 극복하기에 충분치 않다고 진단한다. "이 세상은 요순지치(堯舜之治)라도 부족시(不足施)요 공맹지덕(孔孟之德)이라도 부족언(不足言)이라(최제우, 「몽중노소문답가(夢中老少問答歌)」, 「용담유사」, 192쪽.)" 백낙청은 원불교가 불교를 중심으로 유불선을 종합하였기 때문에 서구 근대를 받아들이기 쉽다는 강점이 있지만, 수운의 동학은 원시유교의 전통을 복원하는 측면이 강한 탓에 서구 근대를 수용하기 어렵다는 약점이 있다고 본다(백낙청, 「변혁적 중도주의와 소태산의 개벽사상」, 「어디가 중도며 어째서 변혁인가」, 창비, 2009, 325~326쪽). 그러나 수운은 "유도불도(儒道佛道) 누천년(累千年)에 운(運)이 역시(亦是) 다했던가"라고 하여 유교와 불교라는 봉건 국가의 지배 이데올로기가 근본적으로 시운을 다했다고 진단하였다(최제우, 「교훈가(敎訓歌)」, 「용담유사」, 137쪽. 이러한 해석을 홍박승진, 「서구근대 백여년에 운이역시 다했던가」, 「다시개벽」 창간호, 앞의 책, 11쪽에서도 제시한 바 있다). 또한 서구 근대를 수용하기 어렵다는 것과 서구 근대와 비판적 대화를 모색하는 것은 분명히 구별되어야 하며, 동학은 전자보다 후자에 더 가깝다고 할 수 있다. 수운은 서학을 덮어놓고 멀리하지 않았으며, 동학과 서학이 천도(天道)라는 점에서는 같으나 이치가 서로 다르다고 말하며 둘 사이에 대화의 가능성을 열었다(최제우, 「논학문(論學文)」, 「동경대전(東經大全)」, 38~41쪽).

전체가 알고 받아들였던 처음개벽의 상태를 의미한다.[17] 이와 같이 다시개벽은 처음개벽 상태의 회복을 뜻한다는 점에서 순환적 역사철학의 성격을 띠기도 한다.[18]

백낙청-김종철 논쟁은 직선적 역사철학과 순환적 역사철학 각각의 한계를 드러낸다. 양자를 우리의 실생활에 적용해 보자. 자본주의적 생산 양식에 발맞추어야 한다는 전자의 논리를 고수한다면, 이미 현실로 닥쳐오고 있는 기후위기를 피할 수 있을지 의문이다. 반면에 농경 문명으로 되돌아가자는 후자의 논리를 따른다면, 농경 문명이 해소하지 못하거나 강화하였던 여성 억압과 아동 착취 등의 구시대적 억압을 얼마나 해소할 수 있을지 의문이다. 이때, 다시개벽의 사유는 우리 삶에 더 절실한 역사철학이기 위하여 직선과 순환을 포월(包越)하는 역사철학으로 해석될 필요가 있으며 그렇게 해석될 근거가 충분하다.

【다시개벽은 내재적 신성을 알고 받아들이는 때】

새로운 역사철학으로서 다시개벽을 해석하기 위해서, 개벽의 전통적 의미가 한국 고유 사상 속에서 새로운 의미로 거듭난 맥락을 살펴보자. 한자문명 전통에서 개벽이라는 낱말은 '개천벽지(開天闢地)', 즉 하늘의 열림과 땅의 열림을 뜻하였다. 그 낱말의 쓰임새는 전통적으로 '빅뱅(Big Bang)'과 같은 물리적 우주

---

17 "성인이 태어나(聖人以生) (…) 모든 움직임과 고요함과 자라남과 무너짐을 천명에 부쳤으니 이는 천명을 공경하고 천리에 순응한 것이다(一動一靜 一盛一敗 付之於天命 是敬天命而順天理者也)." 최제우, 「포덕문(布德文)」, 「동경대전」, 20쪽(이하 별도의 표기가 없는 번역은 인용자의 것).

18 이는 '다시개벽'에서 '다시'라는 낱말이 품고 있는 이중적 의미와도 연관이 있다. 표준국어대사전에서는 '다시'라는 부사의 뜻을 다섯 가지로 풀이한다. ① 하던 것을 되풀이해서. ② 방법이나 방향을 고쳐서 새로이. ③ 하다가 그친 것을 계속하여. ④ 다음에 또. ⑤ 이전 상태로 또. 이때 ②는 변화를 뜻하며 그 밖의 네 가지 뜻은 반복을 뜻한다. 플라톤주의·기독교·서구 근대철학에서는 변화(차이와 생성)와 반복(동일성과 영원성)을 상반되는 의미로 파악하는 경향이 있다. 이와 달리 '다시'는 변화와 반복의 의미를 함께 내포한다.

의 열림을 가리켰던 것이다. 수운이 득도 후에 가장 먼저 쓴 글인 「용담가」에서도 물리적 의미의 개벽이라는 낱말을 찾을 수 있다. "하늘님 하신 말씀 개벽 후 오만 년에 네가 또한 첨이로다. 나도 또한 개벽 이후 노이무공(勞而無功) 하다가서 너를 만나 성공(成功)하니"[19] 이 구절은 하늘님이 최제우에게 한 말을 직접 인용한 것으로서, 하늘님과 수운의 '만남'이 개벽 이후 최초의 사건임을 말하고 있다. 이 구절에서 개벽이라는 낱말 자체는 수운의 새로운 사유를 나타내는 개념이라기보다도 물리적 우주의 열림이라는 전통적 의미에 더 가깝다. 그러나 「용담가」는 개벽이라는 낱말을 단독으로 사용하지 않았으며, '개벽 후' 또는 '개벽 이후'라는 표현을 썼을 뿐이다. 그것은 하늘님과의 만남이 태고 이후의 장구한 역사("오만 년"으로 상징되는)에서 처음 있는 일임을 강조하기 위한 표현이다.

　「용담가」를 쓴 직후의 저술 「안심가」에서, 최제우는 '다시개벽'이라는 용어를 처음으로 제시한다.[20] 이를 앞서 살핀 「용담가」의 구절과 연결하여 읽으면, '다시개벽'의 의미를 '개벽 이후 처음 하늘님과 만난 사건'으로 해석할 수 있다. 그렇다면 동학에서 말하는 다시개벽이란 수운이라는 특정 인물이 하늘님과의 만남을 통하여 도를 깨우친 순간을 뜻하는가? 다시개벽 이전은 그의 득도 이전을 일컫는 것이며, 다시개벽 이후는 그의 득도 이후를 일컫는 것인가? 백낙청은 수운이라는 개인을 기점으로 후천개벽이 열렸다고 설명하는 동학과 달리, 원불교는 후천개벽의 의미를 '모든 민중의 깨어남'으로 일반화하였다고 간주하였다.[21] 이러한 주장은 동학이 교조를 특권화하고 신비화한다는 점에서

19　최제우, 「용담가」, 「용담유사」, 179쪽(강조는 인용자).

20　최수운 텍스트의 유형화 및 용어 변화에 관해서는 조성환, 「최제우의 '동학' 개념 창출과 남원 — 창도(創道)에서 창학(創學)으로」, 2020년 남원 동학농민혁명 학술대회 「동학농민혁명 '남원대회'와 미래지향적 기념사업」, 2020.11. 13에서 큰 도움을 받았다. 그는 「용담가」·「안심가」·「포덕문」을 경주시대의 초기저술로, 「도수사」·「동학론」(「논학문」)·「권학가」를 남원시대의 중기저술로, 「교훈가」를 그 사이의 저술로 나누었다(위의 글, 5쪽). 또한 「용담가」의 '개벽'이 「안심가」의 '다시개벽'으로 변화한 것은 개벽에 관한 수운의 독창적 해석이라고 설명하였다(위의 글, 3쪽).

21　백낙청, 「물질개벽 시대의 공부길」, 「분단체제 변혁의 공부길」, 창작과비평사, 1994, 196~197쪽. 하늘님과의 만남을 이해할 때에 중요한 점은 이 사건이 근본적으로 어떠한 사유를 우리에게 제시하고 있느냐 하는 점이다. 개인적 체험 속에 담긴 상징적 의미를 이해하지 못하고 그것을 실제 체험으로 오해하는 것은 곤란한 일이다. 그것은 예수가 남긴 행적과

원불교보다 보편성이 부족하다는 생각을 암시한다. 그러나 수운은 자신의 우상화를 철저히 경계하며, 「교훈가」에서 "나는 도시 믿지 말고 하늘님을 믿어셔라 네 몸에 모셨으니 사근취원(捨近取遠) 하단 말가"라고 말한다.[22]

'개벽 이후 처음으로 하늘님과 만남'은 바로 앞 문장에서 인용한 바와 같이 '하늘님을 우리 몸에 모시고 있다는 것'과 상통한다. 물론 '개벽 이후 처음으로 하늘님과 만남'은 일차적으로 최제우가 하늘님과 대화를 나눈 체험을 가리킨다. 그러나 이 체험은 체험 자체만을 가리키는 것이 아니라 '하늘님을 우리 몸에 모시고 있음'을 의미하는 알레고리와 같다. 수운과 하늘님의 만남에서 하늘님이 수운에게 한 말은 다음과 같다. "내 마음이 곧 네 마음이다. 사람들이 어찌 이를 알았겠는가? [사람들이] 천지는 알았어도 귀신은 몰랐으니 귀신이라는 것도 나다."[23] 여기에서 "내 마음"은 발신자인 하늘님의 마음을, "네 마음"은 수신자인 최제우의 마음을 가리킨다. 하지만 이때의 수신자를 수운 한 사람으로 한정하기는 힘들다. 앞서 「교훈가」의 구절에서 보았듯이 "내 마음이 곧 네 마음"이라는 것은 수운 개인이 아닌 모든 존재자들의 몸에 하늘님이 모셔져 있음을 의미하기 때문이다. 따라서 '개벽 이후 처음으로 하늘님과 만남'은 교조 개인의 권능을 증명하는 기적이 아니라, 하늘님의 마음이 곧 모든 존재자들의 마음과 하나임을 밝힌 사건이라고 할 수 있다.

지금까지 '개벽 이후 하늘님과 처음으로 만남' 중에서 '하늘님과 만남'이 어떠한 의미인지를 살펴보았다. 모든 존재자들의 몸과 마음이 하늘님을 모시고 있으며 하늘님의 마음과 하나라는 것은 하늘님이라는 신성(神性)이 존재자와 단절되어 있지 않을 뿐만 아니라 존재자를 초월하지도 않는다는 뜻이다. 이러한 다시개벽의 의미와 달리, 동서와 고금을 막론하고 인간의 거의 모든

말씀을 예수라는 역사적 개인의 실제 경험으로만 축소시킨 나머지 예수의 삶과 우리의 삶이 일치해야 한다는 점을 잊어버리고 마는 오류에 빠지는 것과 같다고 할 수 있을 것이다.

22   최제우, 「교훈가」, 앞의 글, 153~154쪽.

23   "吾心卽汝心也 人何知之 知天地而無知鬼神 鬼神者吾也(최제우, 「논학문」, 앞의 글, 36쪽)."

사유는 우리 몸과 마음의 바깥에서 신성을 찾아 왔다. 유교에서는 위패에 깃든 조상에게 제사를 지내고, 불교에서는 불상과 신상에 절을 하며, 도교와 무속 신앙에서는 인간의 능력을 초월한 여러 귀신을 믿는다. 그러나 앞에 인용한 구절에서 "천지는 알았어도 귀신은 몰랐으니 귀신이라고 하는 것도 나다"라고 하늘님이 말하였듯이, 그동안 사람들이 몸과 마음의 세계 바깥에서 각종 귀신들을 찾아왔지만 그 귀신이 곧 몸과 마음에 모셔진 하늘님임을 비로소 알게 되는 사건이 바로 다시개벽인 것이다. 이와 같은 발상을 극대화한 동학 2대 교주 해월 최시형은 '벽을 향한 제사[向壁設位]'를 '나를 향한 제사[向我設位]'로 전환해야 한다고 설파한다.[24] 요컨대 다시개벽은 몸과 마음에 신성이 모셔져 있음을 자각하는 사건이라는 점에서 그 전까지의 전통적인 사유를 근본적으로 전환한다.

서구 형이상학의 전통 또한 신성이 모든 존재자의 몸과 마음 안에 있음을 또렷하게 사유하였다고 보기 어렵다. (고대) 그리스의 플라톤이 추구한 이데아(idea)는 끊임없이 변화하며 생성하는 현실의 세계와 무관한, 영원불변하며 순수하게 관념적인(ideal) 존재의 세계를 가리킨다. (중세) 기독교적인 세계관은 신성이 원죄에 물든 피조물의 물질계로부터 철저하게 단절되어 있다고 주장하며, 천국과 지상 사이에 강력한 수직적 이분법을 설정하였다. (근대) 서구 철학은 기독교적 신성을 인간의 이성으로 대체하고자 하였지만, 그 결과 인간 이외의 자연을 통제와 착취의 대상으로 삼았으며 이성 이외의 감성 및 영성을 배타의 대상으로 삼았다. 이러한 맥락에서 하이데거는 플라톤 이래의 서구 전통 형이상학을 존재-신론(Onto-theology)이라고 부른 것이다.[25] '내 마음이 곧 네 마음'의 사유는 신성을 존재자 바깥에서 찾는 유교·불교·도교·무속 등과 다를 뿐만 아니라, 신성을 현실과 단절되거나 현실로부터 초월한 것으로 보는

24 최시형, 「향아설위(向我設位)」, 『해월신사법설(海月神師法說)』, 370쪽.
25 마르틴 하이데거, 신상희 옮김, 「「형이상학이란 무엇인가」의 들어가는 말」, 『이정표』 1, 한길사, 2005, 143쪽.

서구 전통 형이상학(존재-신론)과도 다르다. 이를 내재적 신성(immanent divinity)에의 앎이라고 할 수 있다.[26]

'개벽 이후 처음으로 하늘님과 만남'을 '개벽 이후 처음'이라고 할 수 있는 까닭이 바로 여기에 있다. 왜냐하면 내재적 신성에의 앎은 개벽 이후 인간의 거의 모든 사유 속에서 오랫동안 망각되거나 은폐되어 왔기 때문이다. 이는 그동안 신성이 현실에 내재해 있지 않았다는 뜻이 아니다. 해월 최시형은 신성을 "만물이 변화하고 생성하는 근본 원리[萬物化生之根本]"로서의 "대우주(大宇宙)·대정신(大精神)·대생명(大生命)"이라고 하였으며,[27] 천도교 사상가인 야뢰 이돈화는 신성을 '우주의 모든 생명이 활동하는 힘'이라고 하였다.[28] 이와 같이 신성은 개벽 이후 지금까지 언제나 우주 생명의 몸과 마음 안에 있어서 그것의 변화와 생성을 가능케 해 온 힘이라고 할 수 있다. 그러나 다만 사람들이 개벽 이후 지금까지 그 진리를 충분히 알지 못하고 받아들이지 못하였을 뿐이다. 앞에서 "내 마음이 곧 네 마음"임을 "사람들이 어찌 알았겠는가?"라고 설의적으로 표현한 것도 그러한 의미로 이해할 수 있다. 다시개벽은 신성이 우주 생명의 바깥에 있다가 안에 들어오게 된 사건이 아니라, 원천적으로 우주 생명 안에 신성이 있음을 새로 알고 받아들이는 때다.

이제 다시개벽이 의미하는 '개벽 이후 처음으로 하늘님과 만남'의 틀을 어느 정도 밝혔으니, 이를 역사철학의 문제에 적용하는 일이 남았다. 우리는 서구에서 만들어 놓은 고정관념에 따라 인류 역사를 고대-중세-근대와 같은 단계로 나누곤 한다. 이와 달리 다시개벽의 역사철학으로 본다면 역사 전체는 다시개벽 이전의 역사와 다시개벽 이후의 역사라는 두 가지 존재방식으로 나뉠 수 있다. 다시개벽 이전과 이후를 나누는 척도는 내재적 신성을 알고 받

26   '내재적 신성'이라는 용어는 홍승진, 「김종삼 시의 내재적 신성 연구 — 살아남는 이미지를 중심으로」, 서울대학교 박사학위논문, 2019.2, 30~31쪽에서 처음 제시한 것이다.

27   최시형, 「영부주문(靈符呪文)」, 앞의 책, 309쪽.

28   이돈화, 『신인철학(新人哲學)』, 일신사, 1963, 17쪽.

아들이는 것이다. 만일 두 사람이 동일한 물리적 시간 속에 살고 있어도 한 사람은 내재적 신성을 알고 받아들인 반면에 다른 사람은 그렇지 못하다면, 전자는 다시개벽 이후의 역사를 살고 있는 것이며 후자는 다시개벽 이전의 역사를 살고 있는 것이다. 또는 한 사람이 어느 때에는 내재적 신성을 알고 받아들이다가 다른 때에는 그것을 잊는다면 그 사람은 다시개벽 이후의 역사를 오롯이 살고 있지 못하다고 할 수 있다. 그러므로 완전한 의미의 다시개벽이 도래할 때는 (당연히 수운이 득도한 시기가 아니라) 모든 이가 내재적 신성을 알고 받아들여서 오래도록 잊지 않는 때일 것이다.[29]

【단계론이 아닌 방향 전환론】

역사 전체를 다시개벽 이전의 역사와 다시개벽 이후의 역사로 나누어 사유하자는 관점은 고대-중세-근대와 같은 역사의 구분 방식 자체를 폐기하자는 것이 아니다. 그 재래의 구분 방식은 인류 역사의 특징들을 설명하는 데 있어 어느 정도 적합한 측면이 있다. 그러나 그것은 어디까지나 영주와 농노, 산업혁명과 시민혁명 등, 서구 역사의 면면을 중심으로 분류한 것이기에, 비서구 역사의 실물들을 설명하는 데에는 모자라거나 맞지 않는 경우가 적지 않다고 할 수 있다. 도올 김용옥에 따르면, 조선왕조의 특수성은 서구 중세 봉건제의 모델에 맞지 않는 측면이 있으며, '서구적 근대성=합리성'의 틀에 따라 동학을 한국 역사 근대성의 기점으로 설명하기는 불가능하다고 한다.[30]

'전근대'와 '근대'는 내재적 신성을 알고 받아들이는 것에 근거하지 않는

---

29 개벽 이후 처음 하늘님과 만남을 통하여 최제우는 동학 사상의 핵심이 들어 있는 주문을 받았는데, 그 주문의 마지막은 "오래도록 잊지 않고 많은 사건을 안다(永世不忘 萬事知)"이다(최제우, 「논학문」, 앞의 글, 42쪽).

30 도올 김용옥, 『도올심득 동경대전 (1)』, 통나무, 2004, 8~34쪽. 이 밖에도 다시개벽을 서구의 직선적·단계론적 역사관에 따라서 설명할 수 없다는 그의 관점으로부터 많은 통찰을 얻었다.

다는 점에서 근본적으로 차이가 나지 않는다. 우리가 근대를 전근대보다 '발전'했다고 믿는 까닭은 신분 차별의 해소와 같은 민주주의적인 평등성과 수학적이고 계산적인 합리성 등으로 대표되는 근대성이 인간의 삶을 더 낫게 만들었다고 여겨지기 때문이다. 여기에서 '근대'가 '전근대'보다 얼마나 더 근본적으로 평등하고 살기 좋은 세상인지를 따지는 일은 필자의 능력을 벗어나므로 다음의 물음만 던지기로 한다. '전근대'의 폐단이라고 일컬어지는 신분제는 오늘날 삶속에서 근본적으로 철폐되었는가, 아니면 겉모습만 교묘하고 은밀하게 바뀌었는가? 니체와 하이데거 등 19세기 후반 이후 많은 서구 철학자들이 합리성의 극복을 모색한 이유는 무엇이며, 기후위기 앞에서도 합리성을 옹호할 수 있는 근거는 무엇인가?

오늘날의 불완전한 평등성과 도구적 합리성에 대한 비판은 이미 여러 사람이 논한 내용이지만, 중요한 것은 다시개벽의 역사철학이 전근대와 근대 사이의 공통되고 일관된 한계와 그 본질을 새롭게 드러내준다는 점이다. 역사를 고대-중세-근대의 발전 과정으로 파악하는 역사철학은 각 발전 단계 사이의 차이점을 강조하는 데에서 출발한다. 반면 역사철학으로서의 다시개벽은 인위적으로 나누어놓은 그 단계들이 표면적으로는 상당한 차이점을 나타내는 것처럼 보여도 심층적으로는 내재적 신성의 앎과 동떨어져 있었던 상태가 크게 변하지 않았음을 성찰케 한다.

이와 같이 다시개벽과 같은 근본적 전환 이전의 역사를 동일한 논리에 따라 작동되어 온 역사로 파악하는 사유는 동학뿐만 아니라 강증산·원불교 등의 한국 개벽사상 전반에서도 나타난다. 수운은 선천·후천 개벽을 직접 언급한 바 없지만, (최시형과 손병희를 포함한) 그 이후의 개벽사상은 역학(易學)과 음양오행론을 새롭게 전유하여 선천·후천 개벽이라는 개념을 제시한다. 예컨대 강증산은 최수운의 다시개벽 개념과 김일부의 선·후천 개념을 독창적으로 재해석하여 후천개벽의 발상을 제시하였는데, 그것은 상극의 선천 시대에서 상생의 후천 시대로 전환이 일어남을 뜻한다. 원불교의 후천개벽론은 수운과 증산의 사상을 중요한 원천으로 삼으며,[31] 음 세계에서 양 세계로의 전환을 통해 상극에 싸인 생령이 상생을 얻게 된다고 말한다.[32] 동학에서 다시개벽 이전의 역사를 내재적 신성에의 앎을 망각한 역사로 사유한다면, 강증산과 원불교는 그러한 역사를 상극, 즉 끝없는 싸움과 지배/피지배의 논리에 따라 작동해 온 역사로 해석한다. 우주의 내재적 신성을 알지 못하는 다시개벽 이전의 역사는 자기만을 위하여 자기 이외의 모든 것을 지배하거나 파괴하는 일이 근본적으로 멈추지 않는 상극의 역사가 될 것이다. 남성은 비남성을 차별하고, 성인은 어린이를 학대하고, 지배자는 피지배자를 억압하고, 국가들과 인종들은 서로 갈등하고, 인간은 비인간 생명을 착취한다.

그렇다면 고대-중세-근대를 개념적으로 구획하는 것만큼이나 역사 전체의 일관된 한계와 그 근본 원인을 새롭게 알아차리는 것이 중요한 이유는 무엇인가? 근대의 한계가 전근대의 한계를 반복·심화한 것이라면, 근대의 한계를 초극한다는 일은 근대만의 문제를 몇 가지만 고친다고 될 일이 아니라 근대와 전근대를 포함한 역사 전체의 공통 문제를 뿌리째 고쳐야 하는 일이기 때문이다. 마르크스가 공산주의 혁명 이전까지의 인류 역사를 계급투쟁의 역사로 파악하였듯, 다시개벽은 다시개벽 이전까지의 역사를 내재적 신성에 관한 앎이 충분하지 않았던 역사로 사유한다. 다만 마르크스의 역사철학은 철저하게 과학적인 정치경제학의 법칙을 전제한다. 이와 달리 다시개벽은 이성적·물질적[33] 측면뿐만 아니라 생명의 영성적·감성적 측면까지 포괄하는 내재적 신성의 앎에서 출발한다.

---

31 『대종경(大宗經)』, 제6 변의품(辨疑品) 29~32장, 『원불교교서(圓佛敎敎書)』 3판, 원불교출판사, 1989, 252~255쪽(이하 원불교 경전을 인용할 때에는 이 책의 쪽수만 표기한다).

32 『정산종사법어(鼎山宗師法語)』, 제13 도운편(道運編) 10~12장, 669~670쪽; 『대종경』, 제2 교의품(敎義品) 37장, 137쪽.

33 여기에서 '물질'은 '이성 중심적 과학에 의하여 수량적인 것·기계적인 것으로 파악된 물질'을 가리킨다. 물질을 수량화 가능한 것 또는 기계적인 것으로 파악하는 논리는 '모든 물질이 하늘님[物物天]'이며 '모든 사건이 하늘님[事事天]'이라는 최시형의 사유보다 그 폭이 좁다.

또한 마르크스의 역사 유물론은 역사를 직선적 진보로 파악하는 역사철학으로도 잘 알려져 있다. 백낙청 또한 마르스크 사상과 자신의 이중과제론적-개벽론이 상통한다고 보고, 그 공통점을 직선적·진보적 역사철학의 틀에 맞추어 설명한다. 그의 해석에 따르면 물질개벽은 "마르크스가 서술하는 자본주의시대의 혁명성"을 뜻하며, 정신개벽은 "물질개벽시대의 엄청난 생산력 증대를 전제한다는 점에서도 마르크스와의 상통성"을 나타낸다.[34] 이처럼 마르크스는 "부르주아 계급이 수행한 혁명적 사회변화를 거의 예찬에 가까울 정도로 서술하면서도 부르주아 사회 자체가 새로운 혁명의 대상이 되어야 함을 역설"하였다는 점에서 "이중과제론을 앞질러 제기한 사상가"라는 것이다.[35]

물론 백낙청은 자신이 말하는 근대 적응의 과제가 근대 전체를 받아들이자는 것이 아니라는 점에서 '단계론적' 발상이 아니라고 밝힌 바 있다. 근대 적응에서 '적응'이라는 용어를 선택한 것은 "그 시대의 일정한 특징들인 근대성"을 성취하되, 근대의 "식민지수탈, 노동착취 등 바람직하지 않은 특성"은 부정하자는 취지에서였다는 것이다.[36] 그러나 다시개벽의 관점으로 본다면, 자본주의 근대성은 내재적 신성의 망각과 그로 인한 상극의 논리가 극에 이른 것이며, "식민지수탈, 노동착취 등"은 그 근대성의 핵심을 드러낸 것이라 할 수 있다. 백낙청도 자신이 말하는 물질개벽, 즉 근대 자본주의는 "단지 과학기술의 발달이나 물질생활의 풍요"만을 뜻하는 것이 아니며, "이 시대가 계속 산출하고 있는 수많은 '새로운' 사상과 이념, 이론도 모두 그 일부로 봐야 한다"고 언급하였다.[37] 그의 논리대로라면 식민지 수탈과 노동 착취 등을 정

---

34 백낙청, 「통일시대 한국사회와 정신개벽」, 『어디가 중도며 어째서 변혁인가』, 앞의 책, 356쪽.

35 백낙청, 「근대, 적응과 극복의 이중과제」, 송호근 외, 『시민사회의 기획과 도전 — 근대성의 검토』, 민음사, 2016, 255쪽; 백낙청, 「문명의 대전환과 종교의 역할」, 박윤철 엮음, 위의 책, 375쪽.

36 백낙청, 「근대, 적응과 극복의 이중과제」, 앞의 글, 256~257쪽.

37 백낙청, 「문명의 대전환과 종교의 역할」, 앞의 글, 375쪽. 이 밖에도 물질개벽의 의미가 근대의 물질적 측면(경제와 과학기술의 발달)뿐만 아니라 근대의 정신적 측면(철학·종교·윤리 등)까지 포괄한다는 설명은 백낙청, 「물질개벽 시대의 공부길」, 앞의 글, 41~47쪽; 백낙청, 「대전환을 위한 성찰 두 가지」, 박윤철(박맹수) 엮음, 앞의 책, 291쪽 등에서 찾을 수 있다.

당화한 근대적 이념도 자본주의 시대의 특징인 근대성에 내포된 것이다. 따라서 근대성을 성취하되 그것의 일부(근대성이라는 씨앗에서 움튼 싹)를 부정하자는 주장은 모순에 빠질 위험이 있다.

(1)

선천은 물질개벽이고 후천은 인심(人心)개벽이며, 장래에 물질 발명이 극에

이르고 제반의 하는 일들이 유례없는 발달을 성취할지니, 이때에 있어

도심(道心)은 더욱 미약해지고 인심은 더욱 위태로울지며, 더구나 인심을

인도하는 선천 도덕이 때에 순탄히 대응하지 못할지라.[38]

(2)

현하 과학의 문명이 발달됨에 따라 물질을 사용하여야 할 사람의 정신은 점점

쇠약하고, 사람이 사용하여야 할 물질의 세력은 날로 융성하여, 쇠약한 그

정신을 항복 받아 물질의 지배를 받게 하므로, 모든 사람이 도리어 저 물질의

노예 생활을 면하지 못하게 되었으니, 그 생활에 어찌 파란 고해(波瀾苦海)가

없으리요.

　　그러므로, 진리적 종교의 신앙과 사실적 도덕의 훈련으로써 정신의 세력을

확장하고, 물질의 세력을 항복 받아, 파란 고해의 일체 생령을 광대무량한

낙원(樂園)으로 인도하려 함이 그 동기니라.[39]

(1)은 해월 최시형의 개벽론이며 (2)는 원불교의 개교 표어("물질이 개벽되니 정신을 개벽하자")와 밀접하게 연관되는 원불교 개교의 동기이다. (1)과 (2) 사이에는 용어와 개념 틀의 측면에서 상당한 유사성이 있으며, 공통적으로 인심(정신)

38　최시형, 「기타(其他)」, 앞의 책, 447~448쪽.

39　『정전(正典)』 제1 총서편(總序編) 1장, 21쪽.

과 물질의 괴리가 극에 도달한 현시점의 위기를 기존의 종교와 도덕으로는 타개할 수 없다고 진단한다. (1)은 선천, 즉 다시개벽 이전의 역사가 인심과 도덕을 개벽되지 않은 상태로 놔 둔 채 물질 발명을 중심으로 삼아 온 역사였으며, 그 물질중심주의가 선천 시기 동안 지속적으로 심화되어 현시점과 같은 극한에 이르렀다고 통찰한다. (2)에서도 정신의 세력이 점점 쇠약하고 물질의 세력이 날로 융성한다는 그 물질중심주의적 메커니즘이 현시점의 과학문명 발달을 맞아 극에 이르렀다고 본다. (1)과 (2)에서 물질중심주의가 오늘날 극에 이르렀다고 말한 것은 그 물질중심주의가 현시점뿐만 아니라 그전부터 점층적으로 심화되어 왔다는 사유를 전제한다. 양자에서 말하는 물질개벽 개념은 단지 현시점의 극한적 상태만을 문제 삼는 것이 아니라, 그 극한적 상태의 근본 원인인 기존 역사의 물질중심주의적 작동원리를 문제 삼는 것이다. 이처럼 동학과 원불교의 역사철학은 인심(정신)개벽이 물질개벽의 성취를 전제할 때에야 가능하다는 단계론이라기보다, 물질개벽을 야기한 작동원리로부터 인심(정신)개벽을 향한 작동원리로의 방향 전환론에 가깝다.

백낙청은 원불교의 특징 가운데 하나가 여타 개벽사상들과 달리 '물질개벽과 정신개벽'이라는 용어와 개념 틀을 제시하였다는 점이며, 자신이 원불교를 중시하는 이유 중 하나도 그 때문이라고 말하였다. "동학이나 증산도가 전부 '정신개벽'이라는 용어를 쓰지는 않지만, 조금씩 다른 표현으로 다 정신개벽을 강조"한 반면, "원불교에서는 물질개벽과 정신개벽을 얘기하면서 그 둘 사이의 시차를 분명히 설정"한다는 것이다.[40] 그러나 원불교 이외의 개벽사상에서도 물질개벽과 인심(정신)개벽이라는 용어와 개념 틀을 제시하였다.[41] 원불교를 비롯한 개벽사상은 인심개벽만을 말하지 않았으며 물질개벽의 본질까지 통찰하

40   백낙청, 「후천개벽시대의 한반도」, 박윤철(백낙청) 엮음, 앞의 책, 168쪽; 백낙청 외, 『문명의 대전환을 공부하다 — 이중과제론과 문명전환론』, 앞의 책, 241쪽.

41   최시형으로부터 도통을 이어받은 의암 손병희 역시 '사람과 물질의 개벽[人與物開闢]'이라는 설법에서, "물질의 복잡과 공기의 부패가 그 극에 이르렀으니 이 사이에 선 우리 사람이 어찌 홀로 생존할 수 있으리오"라고 말한다(손병희, 「人與物開闢說」, 『의암성사법설(義菴聖師法說)』, 662쪽).

였다. 개벽사상에서 통찰한 물질개벽의 본질은 내재적 신성에 근거한 후천 도덕이 아니고서는 막기 어려운 물질중심주의의 가속화(동학), 즉 진리적 종교와 사실적 도덕의 부족으로 인하여 정신의 힘이 물질의 힘에 예속되어 가는 방향성(원불교)이다. 때문에 개벽사상의 역사철학은 물질개벽의 토대 위에서 정신개벽을 모색하는 단계적 진보가 아니라, 물질개벽의 흐름을 반대로 돌려세워 정신개벽의 흐름으로 바꾸는 방향 전환을 요청한다.[42]

【 '진보'와 '근대'라는 틀로부터의 자유 】

지금까지 우리는 다시개벽의 역사철학이 역사를 고대-중세-근대로 나누는 직선적·진보적 역사관보다 더 거시적이고 근본적인 차원임을 살펴보았다. 다시개벽의 역사철학은 내재적 신성에 대한 망각과 앎을 척도로 하여, 역사의 작동원리를 다시개벽 이전과 다시개벽 이후로 나누어 성찰하는 것이다. 그와 같은 성찰은 그릇된 원리로 움직이는 역사에서는 그릇된 일들이 끊임없이 일어나며, 올바른 원리로 움직이는 역사에서는 올바른 일들이 끊임없이 일어난다는 진리를 꿰뚫어볼 수 있게 한다. 그렇다면 다시개벽은 다시개벽 이전의 역사 전체를 오직 부정하기만 하는 역사철학인가? 다시개벽 이전의 역사를 부정적인 것으로만 규정한다는 것은 지나친 환원주의 또는 일반화의 오류에 빠지는 것이 아닐까? 또한 다시개벽이 다시개벽 이전 '단계'보다 그 이후 '단계'를 더 '진보'한 것으로 여긴다면, 그 또한 결국 직선적·진보적 역사철학의 틀 안에 속하는 것이 아닌가?

  결론부터 말하자면, 다시개벽의 역사철학은 다시개벽 이전의 역사 동안에

---

42 원불교 사상의 역사적 의의는 "원시반본(原始反本)하는 시대를 따라서 나는 회상"이라고 한다(『대종경』, 제14 전망품(展望品) 30장, 398쪽). '원시반본'은 강증산이 먼저 제시한 용어로서, 원천적 시작점이 근본을 되돌린다는 방향 전환의 의미를 담고 있다. 이처럼 원불교는 원시반본의 사유라는 점에서 직선적이고 단계론적인 역사철학과 거리가 멀다.

내재적 신성에의 앎이 전혀 없었다는 것이 아니다. 다만 다시개벽 이전의 역사를 내재적 신성에의 앎에 근거하지 않은 역사로 바라보자는 것이다. 비유컨대 자본주의 구조가 아무리 사람들에게 자본주의적인 삶을 강요하더라도 비자본주의적인 방식으로 사는 사람이 있을 수 있다. 다만 비자본주의적인 방식의 삶은 자본주의 구조의 압력과 끊임없이 싸워야 하는 고생길일 것이다. 처음개벽 이후로 지금까지 하늘님은 언제나 생성과 변화의 힘으로서 우주에 내재해 있으므로, 다시개벽 이전에도 그 내재적 신성을 알던 소수의 존재자들이 있었다고 할 수 있다. 그 소수의 지혜로운 존재자들은 소위 정통 종교 교단으로부터 이단적 신비주의로 낙인찍히거나 국가나 사회의 지배적 이데올로기에 맞지 않는다는 이유로 탄압받기 쉬웠을 것이다. 이때 '소수'는 '다수'의 '대중'보다 지식이 많다는 뜻이 아니라, 지배적인 규범에 의하여 억눌린다는 뜻이다.

하늘님이 생명 바깥에 있지 않고 생명 안에 있음을 아는 이들은 다시개벽 이전의 역사 속에서 비주류나 외부자로 취급을 받는, 억눌린 자들이 아니었을까? 더 정확히 말한다면, 억압받는 자들은 그 억압이 궁극적으로 사라진 이상향을 모든 존재자들이 하늘님인 세상으로 상상하는 경향이 있다. 자신의 마음을 바꾸면 천국이 지상에 임한다는 예수의 가르침은 당대의 억압적 질서 아래 신음하던 백성의 믿음과 소망을 집약한 것이라 할 수 있다. 또한 1860년 동학 창도로부터 비롯한 한국 개벽사상이 그 당시 민중의 희망을 집약하였다는 점에서 공통점을 지닌다는 조동일의 지적은 주목할 필요가 있다.[43] 다시개벽은 다시개벽 이전이 정확히 언제까지이며 그 이후가 정확히 언제부터인지를 따지는 수량적·물리적 시간 개념과 거리가 멀다. 다시개벽은 어떠한 역사가 억누르는 자들을 위하는 역사이며 어떠한 역사가 억눌린 자들의 희망이 담겨 있는 역사인지를 심문하는 시간이다.

백낙청의 개벽론은 자본주의 근대의 바람직한 특성을 성취하되 근대의

---

43 조동일, 『한국문학통사 4』 제4판, 지식산업사, 2005, 10쪽.

바람직하지 않은 특성은 부정하자고 말하지만, 그 근대의 특성이 누구에게 바람직하거나 바람직하지 않은가 하는 문제를 간과하는 측면이 있다. 그는 사회 변혁 운동이 항상 대중과 함께하는 것이어야 하며 대중의 욕구와 본능을 긍정해야 한다고 생각하기 때문이다.[44] 그가 물질적 풍요를 포기하자는 생태주의에 비판적인 이유도 물질적 풍요를 추구하는 것은 대중의 욕구이자 본능이기 때문이라는 것이다. 이와 같은 사고방식은 대중의 욕구와 본능을 불변하는 것, 균질적인 것으로 고정시킬 위험이 있으며, 그리하여 억누르는 자의 욕구와 억눌린 자의 욕구 사이에 존재하는 차이점을 은폐하고 양자를 '대중의 욕구'로 뭉뚱그릴 위험이 있다. 예를 들어 인간이 아닌 생명체(동식물 등)는 인간중심주의적 논리가 지배하는 역사 속의 억압받는 존재자라고 할 수 있는데, 그들의 관점으로 바라본다면, '물질적 풍요를 추구하는 것은 대중의 욕구이자 본능'이라는 발상은 억누르는 자로서의 '인간'만을 위하는 사고방식이라고 할 수 있다. 그에 반해 다시개벽은 대중의 욕구와 본능이 내재적 신성에의 앎과 멀어지는 방향에서 그것과 가까워지는 방향으로 바뀔 수 있다고 희망한다. 그러한 방향 전환은 억눌린 자들이 희망해 온 세상과 가까워지는 방향이며, 따라서 우주의 모든 생명이 서로를 하늘님으로 모시고 섬기는 세상과 가까워지는 방향이다.

대중의 욕구에 기반을 두는 백낙청의 사고방식은 그의 직선적 역사철학과도 밀접한 연관이 있다. 근대가 전근대보다 더 살기 좋아진 시대라고, 즉 '진보'한 시대라고 평가하는 기준은 어디까지나 '대중'의 욕구와 본능을 더 만족시켰는지의 여부일 것이기 때문이다. 그러나 벤야민에 따르면, "파시즘이 승산이 있는 이유는 무엇보다 그 적들이 역사적 규범으로서의 진보의 이름으로 그 파시즘에 대처하기 때문"이며, 따라서 파시즘의 논리를 근본적으로 극복하기 위해서는 "억압받는 자들의 전통"을 포착할 필요가 있다.[45] 여기에서 파시즘은 나치와 같은 군국주의 이데올로기만이 아니라 억누르는 자를 위한 지배의 논리 전반을 뜻할 것이다. 한 시대가 그 이전 시대보다 '진보'했다고 말할 수 있으려면, 한 시대의 집단 전체가 그 이전 시대의 집단 전체보다 더욱 잘 살게 되었다고 뭉뚱그려야 한다. 집단 전체를 뭉뚱그리게 되면 억누르는 자의 역사와 억눌린 자의 역사도 뭉뚱그려지게 된다. 양자의 역사를 떼어놓지 않는 역사철학은 억누르는 자의 논리—파시즘과 같은—를 근본적으로 극복할 수 있는 사유이기 힘들 것이다. 그러므로 벤야민은 "억압받은 과거를 위한 투쟁"이란 "균질하고 공허한 역사의 진행 과정을 폭파"하는 것이라고 말한다.[46]

다시개벽의 역사철학에서는 "억압받는 자들의 전통"을 '내재적 신성을 알고 받아들이는 전통'이라는 말로 바꾸어 부를 수 있다. 김종철의 순환적 역사철학도 과거의 소규모 농업 중심 사회 자체를 뭉뚱그려서 긍정할 뿐, 그 사회가 '내재적 신성을 아는 역사'를 위한 것인지 그렇지 않은지를 가려내지는 않는다. 김종철의 순환적 역사철학은 순환적인 것처럼 보이지만 본질적으로는 직선적 역사철학의 핵심을 폭파시키지 않은 채 그것을 물구나무 세운 것이라고 할 수 있다. 직선은 180도 돌려도 직선인 것이다. 소규모 농업 사회를 살아가는 모든 사람이 내재적 신성을 아는 것은 아니겠지만, 내재적 신성에의 앎을 토대로 움직이는 사회는 생명을 파괴하는 모든 산업 형태를 하늘님에 대한 불경죄로 다스릴 것이다. 한국 민속문화에는 산이나 들에서 음식을 차릴 때마다 음식물을 조금 떼어 우주 생명의 신성 앞에 바치는 '고수레'의 풍습이 있다. 이 전통은 근대 이후로 점차 사라져 가지만 거기에 담긴 앎은 자본주의적 생산을 불경죄로 다스리는 역사에서 되돌아올 것이다. 이와 같이 다시개벽은 지금까지 억눌려온 앎의 회귀를 말한다는 점에서 순환적 역사 개념을 닮

45 발터 벤야민, 최성만 옮김, 「역사의 개념에 대하여」, 『발터 벤야민 선집 5 — 역사의 개념에 대하여·폭력비판을 위하여·초현실주의 외』, 길, 2008, 337쪽.

46 위의 글, 348쪽.

았지만 넘어서고, 그 앞에 근거한 역사가 열릴 수 있음을 말한다는 점에서 직선적·단계적 역사 개념을 닮았지만 넘어선다.

【부기(附記)】

역사철학은 거의 모든 종류의 인문학적 사유에 있어 바탕이 되는 것이며, 그러므로 지금까지 고찰한 다시개벽의 역사철학적 특이성 또한 새로운 인문학적 사유의 바탕을 마련해줄 수 있을 것이다. 예를 들어 한국문학을 고전문학과 근대문학으로 구분하여 연구하는 것은 불문율의 관습으로 굳어져 있다. 이와 같은 관습은 문학 분야뿐만 아니라 역사와 철학 등의 분야에서도 굳건하게 자리 잡혀 있을 것이다. 그럼에도 다시개벽의 역사철학에 비추어보면, 전근대와 근대를 나누는 사고방식 자체가 직선적·단계론적 역사철학의 틀에 갇힌 것이라 할 수 있다. 설령 '근대'라는 개념을 서구적 근대나 합리적 근대와는 다른 의미로 사용한다고 하더라도, '근대'라는 개념을 사용하는 것 자체가 직선적·단계론적 역사철학의 틀로부터 자유롭지 못한 것이다. 예컨대 조성환은 동학과 같은 한국 개벽사상을 서구적 근대가 아닌 토착적 근대로, 합리적 근대가 아닌 영성적 근대로 설명한다.[47] 이러한 통찰은 서구-이성중심주의의 한계를 넘어 근대의 다층성을 재조명하게 한다는 점에서 학문적 의의가 클 것이다. 그러나 '근대'라는 개념 자체가 직선적·단계론적 역사철학의 산물이며, 그러한 역사철학은 서구적인 사유의 산물이라고 할 수 있다. 서구적인 것을 무조건 배척하자는 말이 아니며, 직선적·단계론적 역사철학을 모조리 폐기하자는 말이 아니다. 다시개벽의 역사철학적 특이성은 '진보'와 '근대'라는 틀로부터 자유로운 사유를 요청한다. 그 틀에 갇히지 않고 사유하는 자는

---

47 조성환, 『한국 근대의 탄생』, 모시는사람들, 2018, 120~139쪽.

그 틀을 알맞게 활용하는 것도 가능할 뿐만 아니라, 그 틀의 밖으로 빠져나와서 그 틀의 한계를 올바로 알아보는 것까지 가능하다.

홍박승진
◈ 한국 청소년운동의 역사를 기록하는 활동가들에게 최근 인터뷰 제의를 받았다 ◈ 청소년 시절에 진보적 청소년 연합(진청련)이라는 모임을 운영한 적이 있는데, 그에 관한 인터뷰였다 ◈ 그때는 좌파라는 말보다 진보라는 말이 더 좋았다 ◈ 덜 고정적이기 때문이었다 ◈ 지금은 진보라는 말 대신에 다시개벽이라는 말을 가꾼다 ◈ 덜 고정적이기 때문이다 ◈ 다시개벽을 새로운 역사철학으로서 해석하려는 까닭은 한국문학사 연구의 새로운 시각을 모색하기 위해서이다

한국 역사에 대한 신채호의 상상

이우진

『독사신론』을 중심으로

【개벽의 역사학】

개벽(開闢)이란 무엇인가? 그것은 분명 새로운 세계를 개척(開拓)하고 창립(創立)하고 시작(始作)하는 일일 것이다. 구한말 조선의 민중들은 기존의 유학적 세계를 탈피하여 새로운 세계를 '개척'하고자 하였다. 이를 위해 그들은 이제까지 의존해 왔던 중국 중심의 질서에서 벗어나 새로운 토착적 질서를 '창립' 하고자 하였다. 그리하여 그들은 자생적이고 주체적인 사상에 근거한 새로운 시대를 '시작'하고자 하였다. 그 대표적인 개벽사상을 꼽으라면 '동학(東學)'이라 할 수 있을 것이다. 동학은 두 가지 개벽을 말했다. 그 하나는 '수양(修養)을 통한 자기변화로서의 개벽'이요, 또 하나는 '자기 개벽에서 출발하는 사회변혁으로서의 개벽'이다.[1]

동학에서 비롯한 개벽사상은 숭명의리(崇明義理)와 존화양이(尊華攘夷)의 이념에 따라 기존의 유학적 질서를 고수하려 했던 위정척사파(衛正斥邪派)와도, 서구와 일본의 앞선 문명을 적극적으로 수용하여 사상과 풍속을 변화시키려 했던 개화파(開化派)와도 맥(脈)을 달리한다. 위정척사파든 개화파든 간에 그

---

1   '개벽'의 개념과 동학의 개벽사상에 대한 자세한 논의는 조성환, 『한국 근대의 탄생』, 모시는사람들, 2018을 참조.

들은 근대라는 역사의 도전을 마주하여 한국인의 밑바탕에 도도히 흐르는 토착적 정신문화에 주목하지 않았기 때문이다. 개벽사상의 본질은 한국의 토착적 정신문화에 대한 주체적 입장에서의 재발견이다. 그 사상이 지향했던 신세계는 한국인 내부에 자리 잡고 있는 정신문화가 현실에서 구현된 세계였다. 곧 개벽은 한국의 '오래된 미래'를 실현하는 일이었다. 다시 말해, 개벽은 새로운 세계를 열어젖히는 일이지만 사실상 잊고 지내던, 끝없이 울려 왔던 한국인 내면의 소리를 다시 높여 외치는 일이었다.

이 점에서 '근대 민족주의 역사학'을 개척한 신채호(申采浩)와 박은식(朴殷植)을 중심으로 한 일군(一群)의 인물들을 감히 '개벽의 역사학자'라고 명명하여도 지나치지 않으리라 본다. 그들은 물론 '개벽'이라는 용어를 사용하지 않았다. 하지만 신채호와 박은식은 각각 한국의 국수(國粹)와 국혼(國魂)을 재발견하여 새로운 민족국가를 개벽하고자 하였다. 일본 제국주의의 침략이라는 절체절명의 위기상황에서 '정신의 개벽'을 이루고자 하였기 때문이다. 이 '개벽의 역사학'은 이후 1930년대 조선학 운동을 주도한 정인보(鄭寅普), 안재홍(安在鴻), 문일평(文一平) 등으로 계승된다. 선배들과 마찬가지로 정인보는 '실심(實心)', 안재홍은 '다사리', 문일평은 '조선심(朝鮮心)'이라는 한국의 토착적 정신을 바탕으로 자신과 세상을 개벽하고자 하였다. 이러한 개벽의 역사학자들 가운데 신채호는 한국의 주체적이고 토착적인 정신문화를 마련한 인물로 누구보다도 압도적인 지위를 차지한다. 그는 이렇게 말한 바 있다.

우리 조선 사람은 매번 이익과 손해 이외에서 진리를 찾으려 하므로, 석가가 들어오면 조선의 석가가 되지 않고 석가의 조선이 되며, 공자가 들어오면 조선의 공자가 되지 않고 공자의 조선이 되며, 무슨 주의(主義)가 들어와도 조선의 주의가 되지 않고 주의의 조선이 되려 한다. 그리하여 도덕과 주의를 위하는 조선이 있고 조선을 위한 도덕과 주의는 없다. 아! 이것이 조선의 특색이냐, 특색이라면 특색이나 노예의 특색이다. 나는 조선의 도덕과 조선의 주의를

위하여 크게 소리 내어 울고자 한다.[2]

신채호는 외래의 이념과 사상에 종속되고 속박되어 정신의 주체성을 잃어 온 한국의 역사를 노예의 역사라고 비판하였다. 하지만 그의 주 관심은 비판에 있지 않았다. 그는 한국의 역사가 '노예의 역사'가 아닌 '주인의 역사'임을 증명하고자 하였다. 바로 망각되어 버린 그 주인의 역사를 되살리고자 한 것이다. 그 결과물들이 『독사신론(讀史新論)』, 『조선상고문화사(朝鮮上古文化史)』, 『조선상고사(朝鮮上古史)』, 『조선사연구초(朝鮮史研究草)』 등이다. 신채호는 주인의 역사에서 보이는 한국의 주체적이고 토착적인 정신을 발굴하고, 이를 통해 민족의 위기를 극복하여 새로운 세상을 개벽하고자 한 것이다. 그 개벽의 출발점은 상고사(上古史)에 대한 기술이었다. 시간적으로 대단히 먼, 이른바 '상상'으로만 접근 가능한 상고사에서 한국 민족의 주체적이고 토착적인 정신을 발굴하고, 그것을 가지고 한국 민족이 주인 되는 역사를 '실증'하고자 한 것이다. 특히 신채호의 첫 역사 저술인 『독사신론』은 한국 민족의 역사에 대한 그의 독자적이고 근원적인(original) 착상(혹은 상상)이 담겨 있다. 이후의 저작들은 『독사신론』에 담긴, 한국 민족이 주인 되는 '상상의 역사이야기(history)'의 연장이자 확대판이라고 해도 과언이 아니다. 그 점에서 이 글은 신채호가 마련한 개벽의 역사학을 『독사신론』을 통해 살펴보도록 하겠다.

---

2   「浪客의 新年漫筆」, 『東亞日報』. 1925.1.2; 단재신채호전집편찬위원회, 『단재 신채호 전집 6권』, 독립기념관 한국독립운동사연구소, 2007. "우리 朝鮮사람은 매양 利害 以外에서 眞理를 찾으려 하므로 釋迦가 들어오면 朝鮮의 釋迦가 되지 않고 釋迦의 朝鮮이 되며 孔子가 들어오면 朝鮮의 孔子가 되지 않고 孔子의 朝鮮이 되며 무슨 主義가 들어와도 朝鮮의 主義가 되지 않고 主義의 朝鮮이 되려 한다. 그리하여 道德과 主義를 爲하는 朝鮮은 있고 朝鮮을 爲하는 道德과 主義는 없다. 아! 이것이 朝鮮의 特色이냐. 特色이라면 特色이나 奴隸의 特色이다. 나는 朝鮮의 道德과 朝鮮의 主義를 爲하여 哭하려 한다." 신채호의 인용문은 '한국독립운동정보시스템(http://search.i815.or.kr/)의 콘텐츠의 독립운동가자료 신채호 자료'에서 가져왔으며, 이하에서 간략히 「목차 혹은 기사」, 『책 혹은 신문』과 원문」만 표기하겠다.

【한국 민족사에 대한 신채호의 시선】

『독사신론』은 『대한매일신보』에 1908년 8월 27일부터 12월 13일까지 연재되다가, 이후에 최남선(崔南善)이 '국사사론(國史私論)'이라 이름을 붙여 『소년(少年)』지에 부록으로 게재한 바 있다. 최남선은 이 『독사신론』에 대해 "과학적으로 정확하지 못하기에 순정사학(純正史學)이라 볼 수 없다"고 평가하였다.[3] 곧 『독사신론』은 '우리나라 역사에 관한 신채호 개인의 주장'에 불과하다는 것이다. 하지만 '국사사론(國史私論)'이라는 칭해질 만큼, 『독사신론』은 한국 민족의 역사에 대한 신채호의 독자적 상상 방식을 읽어내는 데 가장 최적의 텍스트라고 할 수 있다.

　신채호가 『독사신론』을 작성할 당시 한국의 상황은 급박했다. 이전 해인 1907년, 일제의 식민사학이 드디어 서울로 잠입하게 되었다. 시대하라 타이라(幣原坦)의 『조선정쟁지(朝鮮政爭志)』를 시작으로, 임나일본부설(任那日本府說), 일선동조론(日鮮同祖論), 타율성론(他律性論), 반도사관(半島史觀) 등 식민사학의 입장을 띠고 있는 학술적 논저들이 서울에서 간행되었던 것이다.[4] 『독사신론』은 조선에 잠입한 식민사학에 대한 신채호의 대항이라고 볼 수 있을 것이다. 그는 이 식민사학에 대항하기 위한 이론적 기반을 '유교적 질서'에서 찾지 않았다. 사실 언론사의 논객이자 역사학자로서 활동하기 이전만 하더라도 신채호는 전형적인 유학자(儒學者)였다. 할아버지에게 전통 한학 교육을 받았으며, 비록 다음 날 그만 두긴 했지만 26세에 성균관 박사로 임명되기까지 할 정도로 유학자로서의 성공적인 삶을 살았다. 정몽주(鄭夢周)의 「단심가(丹心歌)」를 따라 '단재(丹齋)'라고 자신의 호(號)를 지을 만큼이나 신채호는 '유학적 질서'

3　錦頰山人, 「轉載하면서」, 『少年』, 1910.8, 2쪽. "이는 純正史學의 產物로 보아주기는 너무 輕率하고 그렇다고 純然히 感情의 結晶이라고만 하기도 바르지 못한지라. (…) 그러므로 科學的 正確에는 幾多의 未備가 있을지오. 兼하여 論理와 文脈의 整齊치 못한 곳이 많으니"

4　조동걸, 「植民史學의 성립과정과 근대사 서술」, 역사교육학회, 『역사교육논집』 제13·14집, 1990, 766~767쪽.

[그림 1]
『대한매일신보』에 연재된 『독사신론』

를 최고의 가치로 여긴 인물이었다. 하지만 을사늑약(乙巳勒約)이 체결되자 그는 유학적 질서를 과감히 탈피해 갔다. 단심가에서 내세우는 '충(忠)의 의미'도 다르게 해석했다. 그에게 충신(忠臣)은 임금이나 황실을 위해 죽는 자가 아니다. 오로지 국가·국민만 생각하고 바라보며 국토를 지키고 국사(國史)를 빛내는 자야말로 참된 충신이다. 그는 "독선주의로 눈감고 가만히 앉아 있는 도학자(道學者)의 유교, 모든 정신을 썩어빠진 예설(禮說)에 탕진하는 유교, 허황된 시문(詩文)에만 매달려 시국(時局)의 변화에 적용하지 못하는 유교, 이로 인해 유림(儒林)의 사상이 끝나고 나라의 슬픈 운명도 더 깊어졌다"고 탄식하였다.[5] 그는 유학의 이념에서 벗어난 새로운 민족의 역사를 부르짖었다. 그것이 바로 『독사신론』이다.

1) 미완의 역사 vs 온전한 역사

『독사신론』은 '서론'과 제1편 '상세(上世)의 역사'만 기술되었다. 발해국의 존

---

5 신채호, 「警告 儒林同胞」, 『大韓每日申報』, 1908.1.16. "道學家는 獨善主義로 眼目佛座하고, 功令家는 仕宦奔競에 埋頭沒身하여 心腦는 汚腐禮說에 壞盡하며, 鬢髮은 浮虛詩文에 白了하여 曁乎 時局이 大變하고 風潮가 震盪하되 儒家門中에는 一夢이 依舊하니, 嗚呼라! 此國에 自來 上流人物로 指稱하던 유림의 思想이 此에 乃止함에 此國의 悲運도 轉深하였도다."

망 이후 시기는 미완이다. 그러한 미완은 신채호가 중국으로의 망명을 준비했기 때문이라고 설명되지만, 어쩌면 그 스스로가 발해국이 망한 이후의 역사를 기술하는 것에 그리 큰 관심을 두지 않았기 때문일지도 모른다. 신채호는 「서론(敍論)」에서 "우리나라의 고대사에 대해 오늘날 새로운 안목으로 자세히 논의할 필요가 있다"고 언급하였다.[6] 이것을 보아도 『독사신론』의 중심무대는 상고사(上古史)이다. 그 목차는 다음과 같다.

서론(敍論)
　1. 인종　2. 지리
제1편 상세(上世)
　제1장 단군시대
　제2장 부여왕조와 기자(箕子), 부론(附論)
　제3장 부여족 대발달시대(大發達時代)
　제4장 동명성왕지공덕(東明聖王之功德)
　제5장 신라
　제6장 신라·백제와 일본의 관계
　제7장 선비족·지나족과 고구려
　제8장 삼국 흥망의 이철(異轍)
　제9장 김춘추의 공죄(功罪)
　제10장 발해국의 존망(存亡)

어쩌면 신채호에게는 발해국 이후의 역사를 기술하지 않은/못한 더 중요한 이유가 있었는지 모른다. 그것은 발해국이 망한 이후 "고려와 조선의 역사는 우

6　신채호, 「敍論」, 『讀史新論』 "吾國 古史도 어찌 今日 新眼孔으로 苟議함이 可하리오마는(…)."

리나라 전체의 통일이 아닌 반쪽자리 통일"의 역사라는 인식 때문일 것이다.[7] 신채호가 생각한 한국 민족의 진정한 역사는 '한반도를 넘어서 압록강 서쪽까지의 영토를 포함한 역사'였다. 이 점에서 '광대한 만주의 영토를 포함한, 단군 이래로 발해국까지의 역사'야말로 한국 민족의 참된 역사였기에, 『독사신론』은 '미완의 역사이지만 온전한 역사'이기도 한 것이다. 신채호는 이 '미완이지만 온전한 우리 민족의 역사'인 『독사신론』을 통해 '당시 사람들의 압록강 동쪽의 땅만이 우리 민족의 땅이라는 인식'을 변화시키고자 하였다.[8]

영토만이 아니다. 삼국시대 이후로 한국은 정치·문화·종교에 이르기까지 어느 하나 주체적으로 자기화하지 못하고 정복당할 뿐이었다. 불교가 들어오면 한국적인 불교가 되지 못하고 불교적인 한국이 되며, 유교가 들어오면 한국적인 유교가 되지 못하고 유교적인 한국이 되는 등 말이다.[9] 그 원인은 무엇인가? 신채호는 김부식(金富軾)이 『삼국사기(三國史記)』를 편찬한 이래 "발해의 역사가 전해지지 않게 되었기" 때문이라고 판단하였다.[10] 그리하여 "국민들의 영웅 숭배하는 마음이 사라지고, 후세인들이 조상 대대로 전해 내려왔던 강토를 망각하게 되어 대국이 소국으로 되고 대국민이 소국민으로 되어 버린 것"이다.[11] "우리나라 중세 무렵에" 김부식과 같은 "역사가들이 중국을 숭배

---

7   신채호, 「金春秋의 功罪」, 『讀史新論』 "噫라, 麗太祖가 我東을 統壹하였다 하며 本朝 開國에도 亦 我東을 統壹하였다 하나, 此는 半邊的 統壹이오 全體的 統壹이 아니라."

8   신채호, 「渤海國의 存亡」, 『讀史新論』 "累百年來 東國人의 心中 目中에 自家疆土도 惟此 鴨綠 以東 疆土가 是라 하며, 自家民族도 惟此 鴨綠 以東 民族이 是라 하며, 自家歷史도 惟此 鴨綠 以東 歷史가 是라 하며 事業도 惟此 鴨綠 以東 事業이 是라 하고, 於是乎, 思想이 鴨綠 以外 壹步를 超渡할까 是戒하며 夢寐가 鴨綠 以外 壹步를 踰하할까 是懼하여, 我家 先祖 檀君·夫婁·東明聖帝·大武神王·扶芬奴·廣開土王·長壽王·乙支文德·泉蓋蘇文·大仲象·大祚營 等 諸聖·諸哲·諸雄·諸傑이 心을 竭하며 血을 灑하여 萬世相傳의 基業로 我子孫에게 授하신 壹大 土地를 他家物로 視하여 其 痛癢을 不相關한지라."

9   신채호, 「三國以後의 韓國은 其國性이」, 『大韓每日申報』, 1909.12.22. "三國以後의 韓國은 其國性이 어찌 如斯히 弱한지 政治上 文化上에 모두 他의 征服하는바 되고 宗敎上까지 他의 征服을 當하여 佛敎가 入하매 韓國的 佛敎가 되지 못하고 佛敎的 韓國이 되며 儒敎가 入하매 韓國的 儒敎가 되지 못하고 儒敎的 韓國이 되어 害만 有하고 益은 無하였거늘 如今 天主敎 基督敎가 入함에도 亦然할 慮가 有하니 悲夫라."

10   신채호, 「渤海國의 存亡」 『讀史新論』 "我國이 鴨綠 以西를 棄하여 敵國에 讓함이 何時로 自하였느뇨. 曰 金文烈이 三國史를 編纂하던 時로 自함이라 하노라."

11   신채호, 「渤海國의 存亡」 『讀史新論』 "但 渤海의 歷史가 不傳하므로 第(壹) 國民의 英雄 崇拜心을 減殺하며, 第(貳) 後人이 祖宗相傳의 疆土를 忘却하여 從此로 大國이 小國되고 大國民이 小國民이 되었도다."

할 때, 중국인들의 자존과 오만한 특성으로 자기를 높이고 남을 깎아 내린 역사 서술을 우리나라 역사에 맹목적으로 받아들여 한결같이 비열한 역사를 지었던 까닭에 '민족의 정기'를 떨어뜨려 수백 년간이나 나라의 수치를 배양"하였기 때문이라는 것이다.[12]

심지어 당시 역사가들은 일본을 숭배하는 노예근성에 따라,[13] 일본의 신공황후(神功皇后)가 신라를 쳐들어와서 굴복시켰으며 대가야를 멸하고 임나부(任那府)를 설치하였다는 이른바 '임나일본부설(任那日本府說)' 등의 말도 안 되는 주장을 고스란히 받아들이고 있는 상황이었다.[14] 그들은 어리석게도 일본의 역사가들이 운운한 것을 믿을 만한 기록이라고 하여 따르고 있었다. 그런데도 불구하고 "어떤 이들은 이렇게 말도 안 되는 망령된 주장들을 교과서에 엮어 넣어서 청년들의 머리를 끝없이 어지럽고 혼란되게 하고 있는 것"이었다.[15] 심지어 민족정신을 바로 세워야 할 학교의 역사 교과서들을 보건대, 거기서 기술한 상고사 중에는 제대로 된 것이 거의 없는 상황이었다.[16]

이에 신채호는 한국 민족의 새로운 역사를 기술하게 된다. 그 중심축에 '단군(檀君)을 시원(始原)으로 하는 부여족'과 '압록강 서쪽의 만주 영토'를 설정한다. 바로 신채호가 상상한 한국 민족의 시원과 영토에는 단군과 만주가

---

12 신채호, 「新羅」, 「讀史新論」 "我國의 中世頃에 歷史家가 支那를 崇拜할 새, 支那人이 自尊自傲의 特性으로 自尊貶하한 史蹟을 我史에 盲收하여, 壹般 卑劣歷史를 編成한 故로, 民氣를 墜落케 하여 幾百年 國恥를 釀하더니(…)."

13 신채호, 「新羅」, 「讀史新論」 "近日 歷史家는 日本을 崇拜하는 奴性이 又長하여, 我 神聖歷史를 誣蔑하니(…)."

14 신채호, 「新羅」, 「讀史新論」 "近來 編史者가 神功皇后 來犯壹節을 汲汲 收入하며 (…) 神功皇后가 新羅를 侵하매 羅王이 其弟 末斯欣을 日本에 遣質하였다 하였으며 (…) 日本이 大伽耶를 滅하고 任那府를 置하였다 하여, 日本이 此 國土를 占據함을 歷史上 常例와 如히 視하였도다."

15 신채호, 「新羅」, 「讀史新論」 "近來 編史者가 神功皇后 來犯壹節을 汲汲 收入하며 (…) 神功皇后가 新羅를 侵하매 羅王이 其弟 末斯欣(말사흔)을 日本에 遣質하였다 하였으며 (…) 日本이 大伽耶를 滅하고 任那府를 置하였다 하여, 日本이 此 國土를 占據함을 歷史上 常例와 如히 視하였도다. 憶컨, 其 妄說의 大略이 如右하고, 其外 細細錯誤는 枚擧키 難하도다. 或者 此等 語를 敎科書에 編入하니, 其 靑年의 腦를 迷亂함이 曷極이 有하리오."

16 신채호, 「敍論」, 「讀史新論」 "余가 現今 各 學校 敎科用의 歷史를 觀하건대, 價値有한 歷史가 殆無하도다. 第壹章을 閱하면 我民族이 支那(중국)族의 壹部分인 듯하며, 第二章을 閱하면 我民族이 鮮卑族의 壹部分인 듯하며, 末乃 全篇을 閱盡하면 有時乎 말갈族의 壹部分인 듯하다가, 有時乎 蒙古族의 壹部分인 듯하며, 有時乎 女眞族의 壹部分인 듯하다가, 有時乎 日本族의 壹部分인 듯하니, 嗚呼라, 果然 如此할진대 我 幾萬方里의 土地가 是 南蠻北狄의 修羅場이며, 我 四千餘載의 産業이 是 朝梁暮楚의 競賣物이라 할지니, 其然가 豈其然乎리오."

자리하고 있었다.

2) 민족의 시원·영토·주체에 대한 상상

신채호는 단군을 '우리 민족의 유일한 시원(始原)'으로 설정하였다. 그는 단군을 신화적 존재가 아닌 '역사적 존재'로 규정하였다. 또한 "이 신성한 종족인 단군의 자손, 사천년 동안 이 땅의 주인이 되는 종족, 즉 주족(主族)"을 제시한다.[17] 신채호에게 "역사를 쓴다는 것은 그 나라의 주족을 먼저 드러내어 이것을 주제로 삼은 후에 그 정치·실업·무공·습속의 변화와 외래 종족의 흡수와 타국과의 교역을 서술하는 것이며, 주족을 서술하지 않는 역사는 정신이 없는 역사이기에 민족정신과 국가정신을 없애는 역사"라고 경고하였다.[18] 이처럼 신채호는 왕조사(王朝史)의 전통을 거부하고, '단군으로부터 이어지는 민족의 계보사'를 기술하여 '민족'을 '역사 발전의 주체'로서 설정하였다. 그 계보사의 으뜸가는 주인공을 부여족으로 제시한다.

> 우리나라 민족을 대략 여섯 종류로 나눌 수 있으니, 첫째 선비족, 둘째 부여족,
> 셋째 지나족, 넷째 말갈족, 다섯째 여진족, 여섯째 토족이다. (…) 그 여섯 종족
> 가운데 형질상·정신상으로 다른 다섯 종족을 정복하고 흡수하여 우리나라
> 민족의 역대 주인이 된 종족은 실로 부여족 한 종족에 불과하니, 대개 '사천년
> 우리나라 역사는 부여족 흥망성쇠의 역사'인 것이다. (…) 과거 우리나라의
> 역사는 곧 우리 부여족의 역사니 이것을 모르고 역사를 이야기하는 자는 진실로
> 헛소리를 지껄이는 역사가이다.[19].

---

17 신채호, 「人種」, 『讀史新論』 "扶餘族은 卽 我 神聖種族 檀君子孫이 是也니, 四千載 東土의 主人翁이 된 者오."

18 신채호, 「人種」, 『讀史新論』 "歷史의 筆을 執한 者— 必也 其國의 主人되는 壹種族을 先할 現하여, 此로 主題를 作한 後에 其 政治는 若何히 張弛하였으며, 其 實業은 若何히 漲落하였으며, 其 武功은 若何히 進退하였으며, 其 習俗은 若何히 變移하였으며, 其 外來 各 族을 若何히 吸入하였으며, 其 他方異國을 若何히 交涉함을 敍述하여야, 於是乎 歷史라 云할지니, 萬壹 不然하면, 是는 無精神의 歷史라. 無精神의 歷史는 無精神의 民族을 産하며 無精神의 國家를 造하리니, 어찌 可懼치 아니하리오."

19 신채호, 「人種」, 『讀史新論』 "東國民族을 大略 六種으로 分하니, 壹曰 鮮卑族, 貳曰 扶餘族, 三曰 支那族, 四曰 말갈족,

신채호에 따르면, 단군이 졸본부여(卒本扶餘)에 건국한 지 이천여 년 이후, 단군 왕조는 동부여와 북부여로 나뉜다. 여기서 북부여가 고구려이며, 이후 "동부여가 약하여 고구려에 투항하고, 고구려가 멸망한 이후에 고구려 유신(遺臣) 대조영이 건국한 발해로 연결"된다.[20] 또한 그는 "고구려·백제는 물론이고 신라마저도 부여에서 나온 종족"이라고 주장한다.[21] 따라서 '고구려·백제·신라 삼국'과, '발해와 통일신라, 고려, 조선'의 모든 한국 민족사는 '부여족의 역사'가 된다.

신채호는 한국 민족의 역사를 단군시대(고조선)라는 동일한 뿌리에서 파생한 것으로 규정한다. 그는 단군시대가 발흥한 지역을 백두산 고원에서 일어나 압록강 줄기를 따라 내려오는 부근의 넓은 지역, 즉 '압록강 유역'으로 설정한다.[22] 또한 단군시대가 결코 태고의 까마득하고 불가사의한 시대가 아니라고 강변한다. 단군시대는 "건축과 공예가 발달하고 전투 장비가 정교한 문화대국이자, 그 영토가 남북으로는 문경에서 흑룡강까지 동서로 태평양에서 요동까지의 광대한 영토를 지닌 국가"였다.[23] 무공을 떨치고 문덕이 흡족하여 사방의 오랑캐들이 끊임없이 항복하며 우러러보면서 귀화하는 국가였다. 심지어 농사 기법이 뛰어났을 뿐만 아니라 배와 수레와 같은 교통수단까지 만들

五日 女眞族, 六日 土族이니 (…) 其 六種 中에 形質上 精神上으로, 他 五種을 征服하며 他 五種을 吸收하여, 東國民族 世位에 據한 者는, 實로 扶餘族 壹種에 不過하니, 蓋 四千載 東國 歷史는 扶餘族 盛衰消長의 歷史니라. (…) 已往 東國歷史는 卽 我 扶餘族의 歷史니, 此에 昧하고 歷史를 坐談하는 者는 實로 論諳의 歷史家니라."

20 신채호, 「檀君時代」, 「讀史新論」 "蓋 我 檀君이 創業垂統한 지 二千餘年에 其 王朝가 兩派로 分立하니, 其壹 曰 東扶餘요, 其貳 曰 北扶餘니, 北扶餘는 卽 高句麗가 是라. 東扶餘가 微弱하매 其 彊土와 文物을 竝擧하여 高句麗에 投降하였으니, (…) 高句麗 滅亡한 以後에도 尙且 渤海國이 有하니, 渤海國은 高句麗 遺臣 大祚榮이 宗邦의 顚覆을 悲憤하여, 麾下를 率하고 挹婁·山東을 保하다가, 未來 말갈의 衆을 鞭箠하여 此國을 建設한 바인즉(…)."

21 신채호, 「檀君時代」, 「讀史新論」 "高句麗·百濟만 扶餘에서 出한 種族이 아니라, 新羅도 扶餘에서 出함이 明白하도다." 신채호는 신라가 부여족의 후세라는 것에 대한 증거로서 '신화의 유사성', '지명의 유사성', '관제의 유사성', '성곽·가옥·음식·풍속의 동일성'으로 제시한다.

22 신채호, 「地理」, 「讀史新論」 "蓋 我 扶餘族 始祖가 長白山墟의 高原에서 起하여 鴨綠江流로 趨下하여 附近 平原에 散處하니, 江 以西는 遼東이 是也요, 江 以東은 朝鮮(此 朝鮮은 平安·黃海道 等만 單指함)이 是니라, 初民時代의 文明은 鴨綠江 流域에서 發靭한 바라."

23 신채호, 「檀君時代」, 「讀史新論」 "我 檀君時代가 果然 太古 鴻荒 不可思議의 時代인가. 當時에 建築한 平壤城·三郎城의 故基를 察하매 其 工藝의 發達을 可知하며, 隣史의 讚美한 檀國弓·肅愼弩의 短評을 讀하매 其 戰械의 精美를 可知하며, 又 其 彊域이 西으로 黑龍江, 南으로 鳥嶺, 東은 大海, 西는 遼東이라 한즉, 其 文化 武功의 遠覃를 可知거늘"

고 인륜도덕을 가르친 '초문명 국가'였다.[24] 바로 신채호는 '우리 민족이 외세의 지배와 영향을 받아 발전하였을 뿐이며 자율적인 역사를 창조해 내지 못하였다'는 입장에 대해, '한국 민족은 그 시원인 고조선 때부터 자율적인 초문명국'이었음을 역사적으로 선언한 것이다.

타율성론을 극복하기 위해서 신채호는 또한 『독사신론』에서 유일하게 「부론(附論)」까지 작성하여 기자조선(箕子朝鮮)의 시조로 알려져 있는 전설상의 인물인 기자(箕子)를 한국 민족사의 범주에서 제거해 버린다. 상(商)나라가 망하자 기자는 유민을 이끌고 조선으로 망명하여 지배자가 되어 백성들에게 문명을 가르쳤으며 그 후손이 천여 년에 걸쳐 고조선을 다스렸다는 주장, 이른바 '기자동래설(箕子東來說)'의 부정이다. 신채호는 먼저 기자가 동쪽으로 왔을 때는 '부여왕조의 빛나는 영광이 아직 조선의 각 지역에 비추고 있었던 때'라고 규정한다. 따라서 '부여왕은 임금이고 기자는 신하이며, 기자가 지배한 영토는 기껏해야 부여 왕이 수여한 평양 주변의 봉토(封土) 백리(百里)에 지나지 않는다'고 주장한다.[25] 더불어 신채호는 "우리의 영토를 차지했다는 그 사실만으로 기자를 민족사의 일부분으로 편입시키는 것은 심각한 문제가 있다"고 주장한다. 신채호에 따르면 민족사는 "우리나라의 땅을 차지했던 종족이면 그들이 어떤 종족인 것도 묻지 않고 모두 우리의 조상으로 인정하는 토지의 역사"가 아니다.[26] 이제 기자는 한국 민족에게 문명을 전수한 자가 아닌 것이다. 그는 단지 부여족이 다스리는 나라의 신하였을 뿐이며, 또 한국 민족사에

---

24 신채호, 「檀君時代」, 『讀史新論』 "武功이 旣張하고 文德이 旣洽하매, 於是乎 九夷八蠻이 繼踵納降하며 遠方異國이
望風歸化하니라. (…) 檀君生我靑邱衆, 敎我彝倫浿水邊이라 하였으니, 邈乎 遠哉라, 聖人의 德이여. 太子 夫婁가 其德을
輔하며, 賢臣 彭吳가 其績을 懋하여 人民에 稼穡을 敎하며 舟車를 作하여 不通을 濟하니라."

25 신채호, 「扶餘王朝와 箕子」, 『讀史新論』 "箕子 東來하던 日은 扶餘王朝의 光榮이 尙且 朝鮮 各部에 照耀하던 日이라.
箕子가 出來하사 其 封爵을 受하고 朝鮮(平壤의 舊名)에 住하여 政敎를 施하니, 扶餘王은 君也며 箕子는 臣也오, 扶餘
本部는 王都也며 平壤은 屬邑也라. 箕子 初來에 封地는 百里에 不過하며 職位는 壹守尉에 不過하니(…)."

26 신채호, 「扶餘王朝와 箕子(附論)」, 『讀史新論』 "吾國人의 史를 讀하는 者─ 壹大迷點이 有하니 迷點은 維何오, 日
土地歷史의 有함만 知하고, 民族歷史의 有함은 不知함이 是라. 此 東國 土地를 占據하던 者면 彼의 何種族됨을
不問하고 是를 皆 我 祖先으로 認定하며, 此 東國 土地를 管轄하던 者면 彼의 何國人됨을 不究하고 是를 皆 我 歷代에
參入하는도다. 嗚呼라, 其 愚昧함이 어찌 此에 至하느뇨."

포함될 수 없는 외국인에 불과할 뿐이다.

이제 한국 민족의 시원인 단군시대는 문명국가의 시대일 뿐만 아니라 광대한 영토를 지닌 국가의 시대가 되었다. 남북으로는 문경에서 흑룡강까지, 동서로는 태평양에서 요동까지의 광대한 영토를 지닌 국가, 이른바 만주를 중심으로 하는 영토 국가였다. 신채호는 『독사신론』에서 한국 민족의 주체-시원-영토에 대한 독자적인 상상을 통해, 조상 대대로 전해 내려왔던 한반도에서 압록강 서쪽까지를 포함하는 강토를 재인식시키는 역사와, 모화주의(慕華主義)에서 탈피하고 외부의 정신에 정복당하지 않는 주체적 역사를 기술하였던 것이다.

3) 날조의 역사 vs 영웅의 역사

신채호는 임나일본부설을 주장하는 일본은 한국 민족사에서 그리 중요한 존재가 아니라고 생각하였다. "일본은 우리 민족 사천년의 대외 적국(敵國) 가운데서 교섭과 경쟁이 가장 치열하여 접촉하면 접촉할수록 더욱 사나워짐을 나타내고 있지만, 도요토미 히데요시(豊臣秀吉)가 일으킨 임진왜란 이외에는 단지 변경지역이나 해안가에서 불쑥 나왔다가 사라질 뿐이었으며, 내륙지역에 섞여 살면서 서로 맞붙어 싸운 일도 없었기" 때문이다.[27] 하지만 한국 민족사에 별 볼 일 없는 족속인 일본의 역사적 날조가 오늘날 심각한 지경에 이르렀다고 신채호는 탄식했다. 그들은 "단군이 스사노오 노미코토(素戔嗚尊)의 동생이라 하고, 고려는 원래 일본의 속국이라 하는 말도 안 되는 주장"을 하며, "우리의 사천년 역사가 일본사의 부속품 밖에 되지 않는다"며 억지를 부리고 있었다.[28]

---

27   신채호, 「人種」, 『讀史新論』 "日本族인즉 我 民族 四千載 對外 敵國 中에 交涉과 競爭이 最烈하여 愈接愈厲한 觀이 有하나, 然이나 己往 歷史는 豊臣秀吉 壬辰 壹役 以外에는 只是 邊境 沿海面에서 欻去欻來하 而已요, 內地幅員에 雜居하여 短兵相接한 事가 無하고(…)."

28   신채호, 「新羅 百濟와 日本의 關係」, 『讀史新論』 "彼輩 近日 筆端이 愈出愈怪하여 檀君이 素戔嗚尊의 弟라 하며, 高麗는 元來 日本 屬國이라 하여, 魔談狐說이 紛紛雪壟하니, 彼等語를 皆信하면 卽 我國 四千載史는 日本史의 附屬品을

신채호는 임나일본부설이나 고려가 일본의 속국이라는 날조된 역사를 부정하는 소극적이고 방어적인 태도만을 견지하지 않았다. 그는 적극적이고 공격적인 태도로 '우리 민족이 일본을 점령하였을 뿐 아니라 일본은 우리 민족이 선진 문화를 전수해 준 열등국가였다'는 역사를 기술하였다. 그는 우리 역사에 신공황후가 신라를 정복하였다는 이른바 '임나일본부설'에 대한 기록은 전혀 없다고 말한다. 더 나아가 강항(姜沆)의 견해를 빌려, 도요토미 정권하에서의 실세 다이묘이자 임진왜란 때 부대를 파견했던 모리 데루모토(毛利輝元)가 백제의 후손이라고 주장한다. 또한 신채호는 임나일본부설과 완전히 반대되는 한국의 기록을 내세운다. 그는 『해사록(海槎錄)』의 저자 김세렴(金世濂)의 언급을 빌려, 일본의 『연대기(年代記)』에 "신라 군사들이 오사카 주변을 쳐들어간 기록이 적혀 있다"고 주장한다.[29] 이처럼 신채호는 임나일본부설을 부정하는 것은 물론이고 신라가 일본을 쳐들어가 굴복시켰다는 역사적 기록을 통해, 일본의 왜곡된 주장에 비수를 꽂는다. 심지어 그는 "백제와 일본의 관계는 시종일관 말갈족이 고구려를 숭배하는 것과 흡사한 상하·주종의 관계"라고 주장한다.[30] 일본은 백제의 선진문명을 전수 받은 미개야인(未開野人)에 불과하다는 것이다.[31] 때문에 일본이 여러 부락을 통합하여 대국을 이룬 뒤에 신라를 쳐들어왔음에도, 백제를 단 한 차례도 침략할 수 없었다고 한다.

作할지니(…)."

29 신채호, 「新羅 百濟와 日本의 關係」, 「讀史新論」 "古時에도 我國 學士가 日本에 渡하여 其 風俗歷史를 探한 者가 不無하나, 姜睡隱 拾年 看羊에 毛利輝元의 百濟遺種됨만 聞하였고, 神功女主가 新羅 征服한 事는 未聞하였으며, 金東溟氏 八月 乘槎에 新羅 太宗이 大阪 征服함만 記하였고[金世濂氏 乘槎錄에 日 日本年代記에서 據한 바라], 彼 神功女主 云云 壹事는 當初에 未有하였으니" 실제 김세렴의 『海槎錄』 「聞見雜錄」을 보면 이렇게 적혀 있다. "일본은 멀리 하늘 동쪽에 있고, 사면이 큰 바다이므로, 다른 나라의 군사가 침입하지 못한다. 다만 그들의 『연대기』를 보면, '이른바 응신(應神) 22년에 신라 군사가 명석포에 들어왔다'고 하였는데, 명석포는 오사카에서 겨우 1백 리 떨어져 있다. 적간관 동편에 큰 무덤 하나가 있는데, 왜인이 이를 가리켜 말하기를, '이는 백마분인데, 신라 군사가 깊이 들어오니, 일본 사람이 和好를 청하여 군사를 해산하고, 흰 말을 베어서 맹세하고, 여기에 말을 묻었다(日本邈在天東, 四面大海, 外兵不入, 但見其年代記, 其所謂應神之二十二年. 新羅兵入明石浦, 浦距大坂纔百里. 赤間關之東, 有一丘壟, 倭人指之日, 此卽白馬墳, 新羅兵深入, 日本人請和解兵, 刑白馬以盟, 埋馬於此云)."

30 신채호, 「新羅 百濟와 日本의 關係」, 「讀史新論」 "百濟·日本의 始終關係는 高句麗·말갈과 略似하다 하노라."

31 신채호, 「新羅 百濟와 日本의 關係」, 「讀史新論」 "蓋 彼가 文化·兵法·商工 等 藝를 皆 百濟에 學得하매, 自然 其 驅役을 受함은 古代 未開野人의 常例가 然하니라"

신채호는 백제와 일본의 역사적 관계를 바탕으로 임나일본부설을 부정할 뿐만 아니라, 일본 문명의 뿌리가 백제였다고 설파한다.[32] 백제는 한국 민족의 주족인 부여족의 후손이다. 이는 일본에 대한 '문화적 우위론'을 설정함으로써 한국 민족사에 대한 자부심을 고취시키고 더불어 '한민족은 일본인에게서 갈라진 민족이기 때문에 일본이 한국을 보호하고 도와야 한다'는 일선동조론(日鮮同祖論)을 역사적으로 반박한 것이었다.

하지만 신채호는 일본에 대한 백제의 문화적 우위성을 높이 사면서도, 일본에 대한 백제의 의존적인 태도를 신랄하게 비판한다. "백제는 일본을 가르친 공덕에 의지하여 언제나 일본 군사를 이용하여 이웃의 적을 방어하였기에, 국가를 위한 그들의 계책이 너무도 어리석었다"는 것이다.[33] 역사적으로 신라 또한 백제와 같이 이웃 나라의 도움을 받았다. 하지만 백제와 신라는 완전히 달랐다고 신채호는 평가한다. 백제는 일본의 도움만을 오로지 믿었지만, 신라는 먼저 자강의 방책을 강구하고 난 뒤에 중국의 도움을 이용하였기에 망하지 않았다는 것이다.[34] 그렇다 할지라도 신라 역시 "외세를 불러와 같은 종족을 없애는 것은 도적을 끌어들여 형제를 죽이는 것과 다를 바 없기 때문"에 결코 용서받을 수 없다고 신채호는 평가하였다.[35]

『독사신론』에 따르면, 고구려·백제·신라는 모두 부여족의 동일한 후손

---

32 신채호, 「新羅 百濟와 日本의 關係」, 『讀史新論』 "日本이 大國을 旣成한 後에도 百濟를 來侵함이 無함은 何故오, 日 日本의 頂踵毛髮이 皆 百濟에서 出한 故라. 文字도 百濟에서 輸入하며 美術도 百濟에서 輸入하였을 뿐더러, 又 其 人種이 多是 百濟人으로 組織된 바라. 故로 其 百濟와 日本은 基礎이 無한 바라 하노라. 卽 百濟·日本의 婚路相通과 武寧王 以後에 諸博士의 頻遣이 皆 其證이라. 是故로 古壬辰에 姜睡隱이 日本에 抱在할 時에, 彼 土民이 百濟遺種이라 自言한 者가 多하였으니, 彼가 어찌 空然히 其 譜系를 誣하였으리오. 是以로 新羅 太宗大王이 百濟를 圖코자 하매, 爲先 輕兵을 驅하고, 大阪에 直入하여 其 巢穴을 覆하고 城下盟을 結한 後에, 南方(卽 百濟)에 從事하였으니, (…) 古史에 衣하여 研究하건대, 當時 新羅·百濟와 日本의 關係가 如是할 而已어늘 近日에 至하여 何其 異說이 百出하는지(…)."

33 신채호, 「三國 興亡의 異轍」, 『讀史新論』 "百濟는 不然하여 恒常 外援을 得하여 國防을 作코자 할 새, 彼가 日本을 教導한 功德에 依하여 恒常 日本兵을 用하여 隣敵을 防하니, 愚哉라."

34 신채호, 「三國 興亡의 異轍」, 『讀史新論』 "或曰 外援을 藉하여 隣敵을 禦함은 新羅와 百濟가 同하건마는, 新羅는 此로 以興하며 百濟는 此로 以亡하였으니 此는 又 何故이뇨. 曰 新羅는 支那의 援이 有하나 此를 專지함이 아니오, 惟其 自强의 術을 講한 然後에 此를 利用할 而已라."

35 신채호, 「金春秋의 功罪」, 『讀史新論』 "異種을 招하여 同種을 滅함은 寇賊을 引하여 兄弟를 殺함과 無異한 者니(…)."

들이다. 역사가들은 김춘추를 우리나라 통일의 단서를 연 임금이라 평가하지만, 신채호가 보기에 그는 절대로 용서받을 수 없는 인물이었다. 민족사의 관점에서 볼 때 김춘추(金春秋)는 동족을 말살시킨 인물이요, 그것도 외세를 끌어와 동족을 살육한 인물에 불과하다. 비록 그가 여러 나라를 남김없이 통일시켰다고 할지라도 말이다. 사실 김춘추가 이룩한 통일이라는 것도, 신채호가 보기에 '압록강 서쪽을 잃어버린 반쪽짜리 통일'에 불과하였다. 그에게 김춘추는 "우리 민족의 영토를 작아지게 한 동족 잔상의 원흉"과도 같은 인물이었다.[36]

이러한데도 김부식을 필두로 한 역사가들은 김춘추를 드높이고 있었다. 김부식의 그러한 사필(史筆)로 인해, "압록강 바깥쪽의 민족이 우리 민족과 같은 민족임을 모르게 하였으며, 그 결과 우리 민족이 압록강 동쪽만을 고수하게 만들었다"는 것이다.[37] 신채호는 한국의 민족정기를 약화시킨 주범 중 하나로 김부식을 꼽았다. 심지어 신채호는 김부식이 역사가로서 조금도 자질이 없으며, 그의 『삼국사기』도 조금도 역사라고 할 수 없는 것이라고 신랄히 비난하였다.

> 김부식은 역사적 식견과 역사적 재주가 전혀 없었다. 지리가 어떠한 것인지도
> 몰랐고, 역사적 본보기가 어떠한 것인지도 몰랐으며, 자기 나라를 존중할
> 줄도 몰랐고, 영웅의 귀중함도 몰랐다. 다만 허무맹랑하며 비열하고 전혀
> 쓸데없는 이야기들을 끌어 모아 몇 권을 만들고서 이것을 역사라 말하며,

---

36 신채호, 「金春秋의 功罪」, 『讀史新論』 "金春秋 壹生에는 罪만 有하고 功은 無하거늘 仍者 我國 歷史家가 (…) 惟 金春秋를 讚美하며 惟 金春秋를 崇拜한 故로 壹國 人心이 駸駸然 魔境에 陷하여 寇賊을 誘하여 兄弟를 滅함을 常事로 認한 故로, 新羅가 唐兵의 後援이 되어 渤海에 侵伐함을 不辭하였으며 王建·甄萱이 幷爭하매, 彼 支那 江南 壹自守虜에 不過한 吳越王 錢鏐을 借하여 其 虛勢空威로 互相 喝脅하였으며, 崔瑩이 北伐의 大事를 擧할 時에 其兵이 半道를 未至하여 趙浚·鄭道傳 等이 戈를 倒하여 麗朝를 覆하고 開國 元勳의 位를 據하였으니 國家削弱의 源을 推하건대 어찌 此 同族 相仇함에 不在한가."

37 신채호, 「渤海國의 存亡」, 『讀史新論』 "鴨綠 以東만 株守하여 進就할 思想이 無하였으니, 此가 何故이뇨 하면, 卽 金文烈이 渤海를 我史에 不著하여 鴨綠 以外 民族이 我民의 同種族됨을 不知한 故니라."

이것을 삼국사(三國史)라 말한 자이다. 역사여, 역사여, 이따위 역사도 역사인가.

(『독사신론』)

『삼국사기』와 달리 "우리의 지리와 역사적 본보기, 나라의 존중과 영웅의 귀중함을 알 수 있는 삼국사"는 어떠한 것인가? 그러한 역사는 바로 고구려를 중심으로 하는 삼국사이어야 한다고 신채호는 주장하였다. "오직 고구려만이 열강의 사이에 있으면서 뛰어난 기개로 동서를 정벌한 무력을 휘둘렀기에, 고구려를 부여족의 주인공으로 인정해야 한다"는 것이다.[38] 더불어 고구려에는 역사적 본보기이자 귀중한 영웅들이 존재하였다. 그 초대 영웅은 '동명성왕(東明聖王) 고주몽(高朱蒙)'이다. 신채호는 동명성왕을 "우리나라의 만세 번영의 기초를 열어 놓은 인물 중에 그 공적과 덕업이 가장 우렁차고 뛰어난 인물"로 찬미하였다.[39] 그는 대대적인 영토 확장을 통해 "단군의 옛 영토를 다시 회복시키는 이른바 다물(多勿)"의 영광을 드러낸 자로서, 부여족의 굳건한 터전을 구축한 영웅이었다.[40] 고구려의 역사에는 동명성왕 이후에도 영웅들의 계보가 이어졌다. 아들 유리왕, 손자 대무신왕, 고국양왕, 광개토왕, 바보 온달, 을지문덕, 연개소문 등과 같은 위대한 영웅들이 출현하였다.[41]

신채호는 이들 가운데 "연개소문이야말로 우리나라 사천년 역사에서 첫째로 꼽을 수 있는 영웅"이라고 주장하였다.[42] 흥미롭게도 연개소문은 『삼국

---

38 신채호, 「鮮卑族 支那族과 高句麗」, 『讀史新論』 "惟 高句麗는 列强의 間에 處하여 曲踊距踊의 氣慨로 東征西伐의 武力을 揮하였으니, 我 古代史를 編하매 扶餘族의 主人翁은 不得不 高句麗로 認할지라."

39 신채호, 「東明聖王之功德」, 『讀史新論』 "蓋 是時에 解夫婁·解慕漱·溫祚·赫居世 諸 聖哲이 其誰가 我 東國 萬世基業을 啓하는 者—가 아니리오마는, 但 其中에 豊功盛德이 最轟轟 最烈烈한 者는 其惟 東明聖王 高朱蒙이 문인저."

40 신채호, 「東明聖王之功德」, 『讀史新論』 "高句麗山에 都를 建하여, 말갈을 攘하며 松讓을 降하며, 行人·肅愼 等 國을 滅하고, 扶芬奴를 遣하여 鮮卑를 驅하며, 扶尉厭을 用하여 沃沮를 服하여, 東으로 三韓을 滅하며 西로 支那를 抗하니 於是乎, 檀君 舊疆이 多勿(多勿은 麗語에 疆土恢復을 指함)의 榮을 呈하며, 扶餘民族이 不拔의 基를 定한지라."

41 신채호, 「東明聖王之功德」, 『讀史新論』 "其後에 子 琉璃王이 王莽의 兵을 却하여 漢土를 蚕食하고, 孫 大武神王이 樂浪을 滅하여 支那 勢力을 殺하였으니, 琉璃王·大武神王이 其亦 英主인저. (…) 及 大武神王이 東扶餘를 幷하매 高句麗의 雄名이 東西에 始振하니라"

42 신채호, 「鮮卑族 支那族과 高句麗」, 『讀史新論』 "按 泉蓋蘇文은 我東 四千載 以來로 第壹指를 可屈할 英雄이라."

사기』에서 대역죄인으로 평가되는 인물이다. 김부식은 연개소문을 "자신이 섬기던 임금을 죽이고 권력을 잡은 불충(不忠)한 대역죄인"으로서 고구려 멸망의 원인으로 규정하였다.[43] 반면, 신채호는 "국가가 중요하고 임금은 가벼운 것"이라면서, 연개소문이 "적국의 위세를 두려워하여 비열한 정책으로 한때 구차히 지내고자 하는 영류왕"을 친 일은 당연한 것이라고 평가한다.[44] 연개소문은 외세에 의존하지 않는 자주적 인물이요, '충(忠)·불충(不忠)의 도덕보다 구국(救國)·망국(亡國)의 현실'을 우선에 두는 인물이었다. 을지문덕 이외에도 고구려의 역사에는 외세에 의존하지 않고 주체적으로 국가를 수호하는 위대한 영웅들이 있었다. 또한 고구려의 백성들은 그러한 백절불굴의 용기를 지닌 영웅들을 본받아 위대한 기운을 지닐 수 있었던 것이다. 신채호는 고구려가 망했더라도 대조영이 발해를 일으켜 옛 강토를 수복한 것은 당연한 일이라고 판단한다. 그 "민족의 정기가 죽지 않았던 국가라면 그 남은 싹이 다시 자라나는 것은 속일 수 없는 이치"이기 때문이라는 것이다.[45]

신채호는 영웅의 역사를 통해 "우리 민족이 그 정신을 제대로 유지할 수 있다면 국가 체제가 부재한 상황에서도 언제든지 부활할 수 있음"을 보여주었다. 그에게 민족은 '국가 체제의 유무를 초월하여, 민족정신이 살아 있다면 언제나 유지될 수 있는 공동체'였다.[46] 국권 상실의 상황에서 무엇보다 중요한 것은 민족정신을 되살리는 일이며, 그 길은 위대한 민족의 역사를 통한 자

---

43 『三國史記(49卷)』「列傳(9)」〈獻誠〉"蘇文亦才士也, 而不能以直道奉國, 殘暴自肆, 以至大逆. 春秋, 君弑賊不討, 謂之國無人. 而蘇文保腰領, 以死於家, 可謂幸而免者."

44 신채호, 「鮮卑族 支那族과 高句麗」, 「讀史新論」 "其君은 敵國의 威를 畏하여 卑劣政策으로 壹時를 苟過코자 하는 者라 비록 公의 且諫 且脅함을 因하여 中止하였으나 末乃 反覆無信하여, 幾個 奸臣과 同謀하고 卑辭厚幣로 敵을 通한 後에 公을 反害코자 하니, 於是乎, 國家가 爲重이오 人君이 爲輕이라, 卽 壹時 凜凜의 憤氣를 乘하여 雪白의 長劍을 拔하여 王의 頭를 斬하여 竿頭에 高懸하고 國中에 號令함은 傑男越과 如하니, 噫噫라, 泉蓋公은 卽 我 廣開土王의 肖孫이며 乙支文德의 賢弟오, 吾輩 萬世後人의 模範의이거늘."

45 신채호, 「三國 興亡의 異轍」, 「讀史新論」 "高句麗는 비록 亡하였으나 大祚榮이 旋起하여 舊疆을 盡復하였으니 (…) 비록 古代에 民權이 無하던 時代에도 其 民氣가 不死한 國이면 其 餘芽가 復長함은 壹定 不可誣의 理니라."

46 신채호, 「精神上國家」, 「大韓每日申報」, 1909.4.29. "世界 何國을 勿論하고 먼저 精神上 國家(抽象的 國家)가 有한 後에야 形式上 國家(具體的 國家)가 始有하나니 (…) 精神上國家가 亡하면 形式上國家는 不亡하였을지라도 其國은 已亡한 國이며, 精神上國家만 不亡하였으면 形式上國家는 亡하였을지라도 其國은 不亡한 國이니라."

긍심을 높이는 것을 통해 이룩될 수 있다고 신채호는 생각하였던 것이다. 바로 그 역사는 '단군조선을 시작으로, 부여-고구려-발해로 계승되는 영웅들이 가득한 민족사'였다. 그 '영웅들의 정신'이 신채호가 보기에 한국인이 망각해온 '주체적이고 토착적인 정신'이었던 것이다.

신채호가 보기에 역사가는 '민족의 정기를 길러주는 교육자'였다. 그런데도 민족정기의 길러내기는커녕 말살시키는 무리들은 반드시 쳐내야 한다고 주장했다. 그 무리의 중심에는 김부식을 비롯한 유학의 입장에 매몰된 역사가들이 자리하고 있었다. 김부식 이래로 조선의 유학자들은 주희가 정통론(正統論)을 바탕으로 마련한 강목법(綱目法)에 매몰되어 있었다. 권근(權近)은『동국사략(東國史略)』에서 신라를 정통(正統)으로 삼았으며, 부여와 발해 등을 독립국가로서 인정치 않았다. 서거정(徐居正)의『동국통감(東國通鑑)』이나 안정복(安鼎福)의『동사강목(東史綱目)』에서도 기자조선과 신라의 역사적 위상을 높이고 단군조선-고구려-발해의 위상을 저평가하였다. 더불어 한국 역사를 중국사와 대등하게 견주었다고 평가되는 이익(李瀷)조차도 「삼한정통론(三韓正統論)」에서 기자와 신라를 중심으로, 부여-고구려-발해를 변두리로 위치시켰다. 바로 유교라는 도덕(道德)과 주의(主義)에 매몰되어, 조선을 위한 도덕과 주의를 만들지 못했던 것이다. 신채호의 입장에 따를 때, 기존의 역사들은 이른바 '노예의 역사'만을 재생산하고 있었다. 이에 신채호는『독사신론』을 통해 '우리 민족이 주인되는 역사 이야기(history)'를 기술하였던 것이다.

【신채호라는 한 소년의 부르짖음】

신채호의 입장은 "우리나라가 몇백 년 동안 문(文)을 높이고 무(武)를 수치스러워하는 태도를 지금까지도 고수하였기에, 20세기 제국주의라는 거대한 악마가 횡행하는지도 모르고 선비들은 옛 서적들만 품고 있으며 조정은 형식적이고 번거로운 의례만 말하다가 비통한 상황을 맞이할 수밖에 없었다"는 것이다.[47] 당시 망국을 앞둔 상황에서 한국 민족이 독립을 얻기 위해서는 반드시 세계와 교섭하며 세계와 투쟁해야 할 영웅이 있어야 한다면서,[48] 이제 "문(文)보다는 무혼(武魂)과 무기(武氣)를 지닌 영웅을 양성해야 한다"고 그는 믿었다.[49] 그 영웅은 이순신과 같이 "그 마음에 부귀·빈천·안락·우고(憂苦)도 없이 오직 나라와 민족만 바라보고, 자신의 몸을 죽여 나라와 민족에 유리하다면, 아침에 태어나 저녁에 죽어도 된다"고 생각하는 애국자였다.[50]

하지만 이와 같은 애국심과 무력 존숭에 근간한 영웅 양성이 '사회진화론'과 결합되면 심각한 문제가 발생한다. 특히 신채호는 "나아가지 않으면 물러나야만 하고, 물러나지 않으면 나아가는 것이 고금(古今)의 공통된 우승열패(優勝劣敗)의 공리(公理)"로서 인정하고 있었기에,[51] '영토 확장의 제국주의'를 정당화할 수 있는 위험성이 도사리고 있었다. 이는 일본 제국주의에 대해 비판하면서도, 본질에서는 '비판의 명분을 잃어버리는 상황'을 맞이할 수 있는 것이다. 그 우려는 사실로 드러났다. 신채호는 "을지문덕의 포부를 강토개척주의(疆土開拓主義)"라고 하며,[52] "을지문덕주의를 제국주의"로서 선언하였기

---

47 신채호, 「文化와 武力」, 「大韓每日申報」, 1910.2.19. "韓國은 文勝武弛한 지가 今已 累百年이라. 民은 昇平에 嬉하며 士는 詞章에 酣하여 一般 武備에 關한 事를 冷視한 故로 壬辰의 創에 八域이 糜爛하며, 丙子의 亂에 國辱이 滋甚하고도 不悟하고, 近世에 至하여 二十世紀 帝國主義의 巨魔가 六洲를 橫行하여도 不覺하고, 士子는 陳編敗冊을 抱하며, 朝廷은 虛文縟禮를 說하다가 今日의 悲境을 致하였나니(…)."

48 신채호, 「英雄과 世界」, 「大韓每日申報」, 1908.1.4~5. "英雄者는 世界를 創造한 聖神이며, 世界者는 英雄의 活動하는 舞臺라. (…) 國家는 閉關絕約하고 帳中에서 自雄하기는 得치 못할지오. 必也 世界와 交涉하며, 世界와 奮鬪하여야 世界中에 獨立함을 得할지니, 然則 其國에 世界와 交涉할 英雄이 有하여야 世界와 奮鬪하리니 영웅이 無하고야 其國이 國됨을 豈得하리오. 今玆 新年新月에 英雄論을 草하여 新人物을 喚起하노라."

49 신채호, 「文化와 武力」, 「大韓每日申報」 1910.2.19. "今日 有志君子가 不可不 國民의 武魂을 喚起하며 武氣를 養成하여, 人人이 林慶業의 三超臺에 羅하며, 人人이 滄海力士의 百斤推를 將하여, 冒險의 途로 前進케 함이 可할지나(…)."

50 신채호, 「水軍第一偉人 李舜臣」 "其 霜淸雪白한 胸中의 富貴도 無하며 貧賤도 無하며, 安樂도 無하며 憂苦도 無하고 只是 此國 此民에 對한 壹雙眼光이 閃爍無際한 故로, 我身을 殺하여 國과 民에 有利할진댄, 朝에 生한 我가 夕에 死함도 可하며 夕에 生한 我가 朝에 死함도 可하니(…)."

51 신채호, 「乙支文德의 雄略」, 「乙支文德傳」 "冥冥上天이 我의 中立을 不許하사 不進或退하고, 不退必進은 古今의 通義라. 故로 古歌에 曰 '가자가자 어서 가자 오늘에 아니 가면 다시는 갈 날 없다' 云云함이 便是 吾人 競爭界에 優勝劣敗의 公理를 指明한 一天書로다."

52 신채호, 「成功 後의 乙支文德」, 「乙支文德傳」 "此時 乙支文德의 罷黜 或 讒去 或 考終이 都是 不可考에 屬한 事로되,

때문이다.[53] 이러한 이유로 신채호가 망명 이후 '영웅론적 민족주의'를 버리고 '민중론에 기반한 무정부주의자로 변신한 것'이 아닌가 생각된다.

이뿐만이 아니다. 한국의 주체적이고 토착적인 정신문화를 상무(尚武)의 정신문화로 간주하는 『독사신론』의 관점은 과연 타당할까? 이것은 어쩌면 신채호가 가장 크게 영향을 받은 양계초(梁啓超)의 역사 서술 방식을 한국 역사에 적용한 것으로 보인다.[54] 양계초가 중국의 역사를 우승열패(優勝劣敗)의 사회진화론으로 재해석하였듯이 신채호도 한국 역사를 그런 식으로 재해석하였는지 모른다. 그래서 『독사신론』은 사실(史實) 그대로의 역사가 아닌 인위적 해석에 의해 재구성된 역사일지 모른다. 앞서 말한 것처럼 최남선은 『소년』지의 부록에서 신채호의 『독사신론』을 '국사사론(國史私論)'이라 평가를 한 바 있다. 그 전문은 다음과 같다.

이는 순정사학(純正史學)의 산물로 보아주기는 너무 경솔하고 그렇다고
순연(純然)히 감정의 결정이라고만 하기도 바르지 못한지라. 다만 조국의 역사에
대하여 가장 걱정하는 마음을 가지고 그 참과 옳음을 구하여
그 오래 파묻혔던 빛과 오래 막혔던 소리를 다시 들어내려고 온 정성을
다한 한 소년의 속마음의 부르짖음으로 이에 이를 수록하노라. 그러므로
과학적 정확에는 기다(幾多)의 미비(未備)가 있을지요 겸(兼)하여 논리와 문맥의
정제(整齊)치 못한 곳이 많으니 이는 분골(奔汨)한 중 홀망(忽忙)한 붓의 어찌하지

譬敵未滅의 遺憾을 抱하고 祖國을 訣別하여 彼數賢과 같이 其懷抱를 盡展치 못함은 吾가 斷言하노니, 懷抱는 維何오. 即 疆土開拓主義가 是라.

53 신채호, 「乙支文德의 雄略」, 「乙支文德傳」 "乙支文德 主義는 敵이 大하여도 我必進하며, 敵이 强하여도 我必進하며, 敵이 銳하든지 勇하든지 我必進하며 (…) 嗚乎라, 土地의 大로 其國이 大함이 아니며, 兵民의 衆으로 其國이 强함이 아니라, 惟 自强自大者가 有하면 其國이 强大하나니, 賢哉라 乙支文德主義여. 乙支文德 主義는 何主義오. 曰 此即 帝國主義니라."

54 양계초는 일본의 메이지유신의 뿌리가 무사도에 있다고 확신하면서, 중국의 약함을 문약(文弱)으로 규정하고 이를 극복하기 위해 상무정신을 부활시켜야 한다고 주장하였다. 특히 그는 중국혼(中國魂)을 '병혼(兵魂)'이야말로 그것이고, 혼을 가진 병(兵)이 있으면 이를 혼이 있는 국가'라고 언급할 뿐만 아니라 '애국심과 자애심이라는 것은 곧 병(兵)의 혼(魂)인 것'이라 말한 바 있다. 그는 심지어 『중국지무사도(中國之武士道)』라는 책을 저술하여 중국의 상무정신을 역사를 통해 증명하고자 하였다. 이러한 양계초의 면모가 신채호에게 분명한 영향을 주었던 것으로 생각된다.

못함으로 용서함이 가(可)할 듯.[55]

최남선이 말하였듯이, 신채호는 '조국의 역사에 대하여 가장 걱정하는 마음을 가지고 그 오래 파묻혔던 빛과 오래 막혔던 소리를 다시 드러내고자 하였다.' 다시 말해, 신채호가 역사 서술의 방식을 양계초에서 차용했을지라도, 중국 중심의 존화주의적 입장을 철저히 거부하고 한국의 독자적이고 자주적인 정신문화를 발견하고자 했다는 것이다.

일본 제국주의에 의한 망국(亡國) 상황을 눈앞에 두고 과연 무엇을 할 수 있을까? 신채호에게 나타나는 현실과 역사는 '아(我)인 조선 민족'과 '비아(非我)인 다른 민족' 간의 투쟁이자 그 기록이었다. 그에게는 동학처럼 그 오래 파묻혔던 빛과 오래 막혔던 소리 모두를 하늘로 여기는 하늘공동체로서 말할 여유가 없었던 것으로 보인다. 그래서 결국은 영웅론을 버리지만 여전히 민중에 의한 직접적인 폭력 혁명, 즉 '건설을 위한 파괴'를 지향했는지 모른다. 그것도 개벽이라면 개벽일 것이다. 감히 구분하자면, 동학은 낭만주의적이고 영성적 입장의 개벽이요, 신채호는 현실주의적이고 역사적 입장의 개벽이라고 말할 수 있을 것이다. 하지만 두 개벽 모두 "우리가 노예가 아닌 주인이 되어야 한다"는 입장이요, 그것은 '정신의 개벽'을 통해 '국가의 개벽'을 이루고자 하는 입장이었다. 정신은 그 형식보다 근원적이고 본질이다. 이에 신채호가 기술한 「정신상국가(精神上國家)」로서 이 글을 마무리한다.

세계 어느 나라를 물론하고 먼저 정신적 국가(추상적 국가)가 존재한 이후에 비로소 형식상 국가(구체적 국가)가 비로소 존재한다. (…) 정신적 국가가 망하면 형식적 국가가 망하지 않았을지라도 그 나라는 이미 망한 나라이며, 정신적 국가만 망하지 않았다면 형식적 국가는 망하였을지라도 그 나라는 망하지 않은

55   錦頰山人, 「轉載하면서」, 『少年』, 1910.8, 2쪽.

나라이다. 어찌 그러한가? 말하자면, 그 민족이 독립할 정신이 없으며, 자유의
정신이 없으며, 생존할 정신이 없으며, 불굴의 정신이 없으며, 국권을 보존할
정신이 없으며, 국위를 떨칠 정신이 없으며, 나라의 영광을 발휘할 정신이 없으면
영토가 있더라도 무용(無用)이요, 주권이 있더라도 무용이요, 군주가 있더라도
무용이요, 정부가 있더라도 무용이요, 의회가 있더라도 무용이요, 관리가
있더라도 무용이요, 군함이 있더라도 무용이요, 대포가 있더라도 무용이요,
육군이 있더라도 무용이요, 해군이 있더라도 무용이니, 이와 같은 나라는
오늘 망하지 않더라도 다음날에 망할 것이고, 다음날에 망하지 않더라도 그
다음날에 반드시 망할 것이다.[56]

이우진
◈ '마음밭[心田]을 김매고 북돋는 그 공부를 이루면
언젠가 국학(國學)의 보루가 되고 천하 영재의 자양분이
될 것'이라고 스승께서 가벼이 하신 말씀을 무거운
진실로 받아들이는 허영심 가득한 망상가 ◈ '모든
인간은 본래 성인'이라는 왕양명의 말에 가슴이 뜨거워져
박사학위논문을 거침없이 써 내려간 낭만주의자 ◈ 인생에
주어진 한국학과 교육학의 길을 지금까지와 마찬가지로
계속 걸어가는 여행자

56 신채호, 「精神上國家」, 「大韓每日申報」, 1909.4.29. "世界 何國을 勿論하고 먼저 精神上 國家(抽象的 國家)가 有한
後에야 形式上 國家(具體的 國家)가 始有하나니 (…) 精神上國家가 亡하면 形式上國家는 不亡하였을지라도 其國은
已亡한 國이며, 精神上國家만 不亡하였으면 形式上國家는 亡하였을지라도 其國은 不亡한 國이니라. 何故오. 日其民族이
獨立할 精神이 無하며, 自由할 精神이 無하며, 生存할 精神이 無하며, 不屈할 精神이 無하며, 國權을 保全할 精神이
無하며, 國威를 奮揚할 精神이 無하며, 國光을 煥發할 精神이 無하면 彊土가 有하여도 無用이요, 主權이 有하여도
無用이요, 君主가 有하여도 無用이요, 政府가 有하여도 無用이요, 議會가 有하여도 無用이요, 官吏가 無하여도 無用이요,
軍艦이 有하여도 無用이요, 大砲가 有하여도 無用이요, 陸軍이 有하여도 無用이요, 海軍이 有하여도 無用이니, 如此한
國은 今日不亡하면 明日亡하고 明日不亡하면 又明日亡하여 必亡乃已하나니라."

안상수의 조형과 담론:
오리엔탈리즘인가, 대안적 근대성인가

최
범

【조형과 담론】

디자인은 조형과 담론의 결합체이다. 조형이 가시적이라면 담론은 비가시적이다. 조형이 표층이라면 담론은 심층이다. 모든 디자인은 이러한 층 구조를 가지고 있다고 일단 말할 수 있다. 하지만 이러한 구조의 형태들은 다양하고 상이하다. 조형과 담론이 직접적으로 결합되어 있어서 자기지시적인(self-referential) 경우도 있고, 담론이 조형을 직접적으로 설명하기보다는 광범위한 문화적 배후로만 존재하는 경우도 있다. 조형과 담론의 관계는 직접적일 수도 간접적일 수도 있다.

디자인 역사 패러다임이라는 관점에서 보자면,[1] 전자는 모던 디자인 (modern design)에서, 후자는 장식미술(decorative art)에서 그 전형적인 구조를 찾을 수 있다. 포스트모던 디자인(post-modern design)의 경우에는 모던 디자인에 대한 대안적 담론을 통해 다시 장식미술의 구조로 돌아가는 경향을 보여준다. 그러니까 포스트모던 디자인에서 조형과 담론의 관계는 직접적인 것으로

~~~~~~

1   디자인 역사 패러다임은 크게 장식미술, 모던 디자인, 포스트모던 디자인으로 구별할 수 있다(최범, 『최범의 서양 디자인사』, 안그라픽스, 2018 참조).

부터 간접적인 것으로 회귀한다고 말할 수 있다.

모던 디자인의 자기지시적 구조라 함은 조형과 담론이 하나의 체계 안에 완전히 통합되어 있어서 그것들이 일대일 대응구조를 이루고 있는 것을 말한다. 이때 담론은 조형을 지시하고 조형은 담론을 입증하는 관계에 있다고 할 수 있다. 이를 '조형으로서의 담론' 또는 '담론으로서의 조형'이라고도 부를 수 있을 텐데, 가장 극단적인 경우를 미술평론가 톰 울프(Tom Wolfe)가 '그려진 언어(The Painted Word)'라고 부른,[2] 2차 대전 이후 미국의 현대미술에서 찾아볼 수 있다. 이때 미술은 그저 담론의 시각화에 지나지 않는 것으로서 조형과 담론이 일대일 대응관계를 이루는 상태라기보다는 차라리 조형이 담론에 종속된 상태라고 보아야 한다.

현대미술에서 이론과 비평 등의 담론이 작품보다 우위에 있는 현상은 드물지 않다. 어떤 의미에서 현대예술은 모두 담론의 산물이라고 할 수 있다. 오늘날 무엇이 예술인가 하는 것은 예술 텍스트 안이 아니라, 텍스트 바깥, 즉 미학적 담론과 사회적 제도에 의한 인정과 확인에 의해 구성된다는 관점이 일반적으로 받아들여지고 있다. 이처럼 조형과 담론에서 무엇이 우위에 있는가 하는 논란이 가능한 것도 일단은 그 둘이 상호지시하는 대응관계를 이루고 있기 때문일 것이다. 모던 디자인은 기본적으로 이러한 모더니즘 체계 내에 위치한다.

그에 비하면 장식미술에서 조형과 담론의 관계는 전혀 다르다. 우선 그것은 모던 디자인처럼 일대일 대응관계에 있지 않다. 무엇보다도 조형에 대응되는 독자적인 담론 자체가 없다. 그보다는 조형조차도 그 일부에 지나지 않는 거대한 하나의 담론 세계가 있을 뿐이다. 그 담론 세계는 물론 현실의 의미체계 그 자체이다. 따라서 장식미술에서 조형과 담론의 관계는 비대칭적이며 불

2   톰 울프의 저서 The Painted World에 해당하는 한국어 번역본은 톰 울프, 박순철 옮김, 『현대미술의 상실』, 아트북스, 2003.

균등하다. 장식미술에서 담론이란 현실 세계의 의미체계 그 자체이기 때문에, 이때 조형은 담론과 논리적인 관계를 맺기보다는 일종의 관습적인 연결고리를 가지며, 그 상호지시 및 결합관계가 매우 자의적이다. 예컨대 고대 동아시아에서 용(龍)의 형상이 왕을 상징한다고 할 때, 그때의 용과 왕의 관계는 관습적인 것이지 어떤 체계적인 논리 구조 속에 있는 것은 아니라고 할 수 있다.

　따라서 장식미술의 세계는 처연하게 펼쳐진 이데올로기의 세계일 뿐, 거기에 조형의 독자성 같은 것은 전혀 없다. 모든 형태는 꽉꽉 눌러 담겨진 의미의 세계이다. 파랑은 동쪽, 빨강은 남쪽, 노랑은 중앙, 하양은 서쪽, 검정은 북쪽을 뜻한다는 것이 오방색의 체계이다. 하지만 그것은 오행사상이라는 형이상학적 체계의 일부이지 독자적인 조형의 체계가 아니다. 장식미술에서 모든 색채와 선과 면과 형태는 습속과 이데올로기의 담지체일 뿐이다. 세상의 질서로부터 벗어난 순수한 형태란 장식미술의 세계에는 존재하지 않는다. 모던 디자인의 세계가 순수한 질서의 세계라면 장식미술의 세계는 때묻은 세속의 세계이다. 모던 디자인이 인공언어라면 장식미술은 자연언어이다.

【디자이너 안상수의 조형과 담론】

디자이너 안상수에게 있어서 조형과 담론의 관계는 독특하다. 그것은 모던 디자인과도 다르며 장식미술과도 다르다. 모던 디자인과 다르다는 것은 그의 조형과 담론이 일대일 대응관계에 있지 않다는 의미이고, 장식미술과 다르다는 것은 그의 조형과 담론이 단순히 관습적 세계관에 포섭되어 있지도 않다는 의미이다. 따라서 디자인 역사 패러다임의 관점에서 볼 때 안상수의 조형과 담론의 관계는 전형적이라기보다는 변종적이며, 정합적이라기보다는 일탈적이다. 따라서 이 글은 안상수의 조형과 담론의 관계가 보여주는 그런 특이성을 어떻게 이해할 것인가에 대한 탐문이다.

먼저 안상수의 조형은 모던하다. 나는 안상수가 한국에서는 거의 유일하게 모던 디자인을 완벽하게 체득한 사람이라고 본다. 그의 디자인에는 모던 디자인의 원본성(originality)이 느껴진다. 그러니까 나는 한국에서 모던 디자인의 완벽한 사례를 그에게서 찾는다. 그런데 이것이 한국에서는 매우 예외적인 사실이다. 왜 그럴까.

디자인만이 아니라 한국 근대는 서구 근대의 모방물이기 때문에 어느 분야든지 다 서구 근대와 닮아 있다. 하지만 그렇다는 말이 곧 한국 근대가 서구 근대와 같다는 이야기는 아니다. 한국 근대는 서구 근대의 모방이지만 실은 크게(?) 다르다. 한국 근대와 서구 근대는 닮았지만 같지는 않다는 것이다. 그래서 사이비(似而非)? 사실 한국 근대에 대한 판단에서 이보다 더 중요한 것은 없다. 그러니까 한국 근대는 서구 근대와 닮았지만 다르다는 사실, 이것을 어떻게 보고 판단하는가에 따라서 한국 근대에 대한 인식과 평가는 하늘과 땅만큼 달라질 수밖에 없다. 만약 한국 근대가 서구 근대와 닮았지만 다르다는 것을 '서구 근대에의 미달'이라고 보면 그것은 '실패한 근대'에 지나지 않을 것이다. 하지만 어떤 '창조적 차이의 생산'이라는 관점에서 보면, 한국 근대가 서구 근대와 닮았지만 다르다는 것은 실패가 아니라 나름의 '한국적 근대'의 성취로서 긍정적으로 받아들여질 수 있을 것이다.

한국 근대를 서구 근대에 미달하는 '실패한 근대'로 보는 관점에 대해서는 더 설명할 것이 없다. 다만 한국 근대를 서구 근대와 닮았지만 다른 '어떤 차이'를 만들어낸 것으로, 더구나 그 차이를 긍정적이고 창조적인 것으로 받아들이고자 한다면 이야기는 달라진다. 이 경우에는 아주 많은 물음과 탐색이 이루어져야 한다. 이런 관점에서 안상수의 조형과 담론의 관계를 다시 따져보기로 하자.

먼저 안상수의 조형이 모던하다고 말했는데, 이는 한국 근대가 한편으로는 디자인에 있어서 서구 근대를 성취했음을 보여주는 분명한 증거이다. 하지만 더 많은 예를 찾을 수 없는 것은 유감이다. 왜냐하면 한국 현대디자인 역시 서구 모던 디자인을 모방했지만(1990년대 이후 포스트모던 디자인의 영향은 논외로 한다), 안상수만큼의 원본성을 보여주는 경우는 많지 않기 때문이다. 이 역시 서구 모던 디자인에의 미달인가, 창조적 차이의 생산인가 하는 물음을 던질 수 있지만, 나는 일단 그 원본성의 불충분함을 미달이자 열등모방이라고 본다. 다만 안상수만은 예외적으로 서구 모던 디자인을 완전 학습하여 재현하고 있다고 보는 것이다.

그런데 진짜 흥미로운 것은 서구 모던 디자인의 완벽한(!) 구현자인 안상수의 담론은 전혀 모던하지 않다는 것이다. (서구 모던 디자인 담론에 대해서는 후술하겠다.) 그러니까 안상수의 조형은 모던한데, 안상수의 담론은 모던하지 않다는 것, 기존의 상식에 따르면 분명 불일치하는 이 현상을 어떻게 보고 이해할 것인가 하는 것이 바로 안상수의 디자인에 대한 해명이자 또 그를 통해서 한국 현대디자인에 던지는 근본적인 물음이 되는 것이다.

그럼 안상수의 모던한 조형과 불일치하는 그의 담론은 어떤 것일까. 여기에서도 안상수가 한국 디자인에서는 드물게 담론을 제시하는 사람이라는 점이 먼저 언급되어야 하겠다. 나중에 다시 이야기하겠지만, 한국 디자인은 대체로 조형만 있지 담론이 없다. 이러한 한국 디자인의 담론 부재에 대해서는 여러 가지의 해석이 가능하겠지만, 나는 일단 한국 현대디자인에는 서구 모던 디자인과 같은 조형과 담론의 자기지시적인 대응관계가 없기 때문이라고 생각한다. 이는 조형과 담론의 관계라는 관점에서 판단할 때, 한국 현대디자인이 서구의 모던 디자인과 달리 장식미술의 단계에 있다는 것을 의미한다. 그러니까 한국 현대디자인은 근대적 분화의 결과물로서의 자기지시적인 독자담론을 가지고 있지 않고, 마치 과거의 장식미술처럼 그저 광범위한 관습과 이데올로기로서의 의미체계에 포섭되어 있다는 것이다. 이러한 한국 현대디자인의 현실에 대해서는 다시 이야기하겠다.

아무튼 주목할 것은 이러한 상황에서 보기 드물게 안상수가 담론을 제시하는 디자이너라는 사실이다. 안상수의 담론은 그리 체계적인 것은 아니어서 이론가의 그것과 비교할 수는 없다. 하지만 안상수의 디자인 담론은 꽤 지속적이고 다양하게, 그리고 여러 장면에서 노출되어 왔다. 안상수의 디자인 담론의 특징을 몇 가지 들어보면 다음과 같다.

첫째, 동아시아적이다. 그는 기본적으로 자신과 자신의 작업을 동아시아라는 담론 공간 속에 위치시키며, 그러한 배경 속에서 설명한다. 평소 그의 발언을 보면 한국과 한국 디자인이 동아시아에 속한다는 것은 너무나 자명한 것이어서 설명을 필요로 하지 않는다는 인상을 준다. (지리적인 것이 아닌 담론 공간으로서의 동아시아에 대해서는 많은 논의가 있다.) 이 또한 그의 모던한 조형과 동아시아 담론이 어떤 관계가 있는지를 생각하지 않을 수 없게 만드는 대목이다. 물론 조형은 모던한데, 담론은 동아시아적이라는 것이 있을 수 없는 잘못된 조합이라는 이야기를 하는 것이 아니다. 그러한 조합도 얼마든지(?) 있을 수 있다. 다만 이러한 조합이 서구 모던 디자인에서의 조형과 담론의 관계와는 어떻게 다른 것으로 보아야 할지, 그리하여 어떠한 효과를 발생시키는지를 묻고자 하는 것이다.

둘째, 민족주의적이다. 자신이 한글 디자이너여서 그렇기도 하겠지만, 안상수는 언제나 자기 디자인의 배경으로 세종과 한글을 든다. 주시경과 최현배 같은 한글학자는 물론이고 동학이나 류영모 등의 한국 고유사상도 많이 언급한다. 그가 말하는 인물과 사상은 언어민족주의와 문화민족주의적 성격이 강하다.

셋째, 문화주의적이다. 안상수의 담론은 논리적이기보다는 감성적이고 산문적이기보다는 운문적이다. 그러면서 전체적으로 문화주의적인 성격을 강하게 띤다. 이는 앞서의 민족주의와 결합하여 문화민족주의의 얼굴을 하기도 하고 불교나 생명평화사상 등과 연결되어 영성적인 면모를 보이기도 한다.

이러한 안상수의 담론은 전체적으로 담론이 부재한 한국 디자인, 그나마 존재하는 담론이라고는 국가주의와 개발주의밖에 없는 현실에서 이색적이고 예외적인 것이라 하지 않을 수 없다.

【장식미술, 모던 디자인, 한국 디자인】

서구 모던 디자인은 인류 역사에서 매우 예외적인 문화적 형태라고 할 수 있다. 왜냐하면 인류 역사의 거의 전(全) 시기에서 디자인은 문화적 상징체계와 뗄 수 없이 결합되어 있었고, 그것은 곧 장식이라는 조형 언어를 통해서 표출되었기 때문이다. 바로 그러한 '장식(decoration)'을 주된 조형언어로 삼는 조형예술 형식이 장식미술(decorative art)이다. 장식은 무늬 또는 문양(pattern)이라고 부르는 조형적 요소를 통해서 구현된다. 그러니까 장식이란 이러저러한 문양들을 사용하여 미적·상징적 효과를 꾀하는 조형적 수법이라고 할 수 있다.

장식의 기원과 기능에 대해서는 여러 가지 이론이 있다. 대표적인 것이 '공백공포(horror vacuii)'설이다. 인간은 본능적으로 빈 공간에 두려움을 느끼기 때문에 그것을 채우려고 하는데, 어린아이가 벽에 낙서를 하는 것이 그 좋은 예라는 것이다. 덧붙여 장식을 '질서 부여' 행위로 보기도 한다. 그러니까 인간은 무한한 자연에 질서를 부여함으로써 문화를 창조하였는데, 장식도 그런 행위의 일종이라는 것이다. 시간, 계절, 방위(方位), 도량형 등이 모두 인간이 자연에 부여한 인위적인 질서인 것처럼, 장식도 자연에 일정한 패턴을 가함으로써 질서를 확인하고 통제하기 위한 것이라는 관점이다. 장식을 가리키는 서양말로 'decoration' 외에도 'ornament'가 있는데, 이 말의 어원이 라틴어 'ordo', 즉 오늘날 질서를 가리키는 영어 'order'에서 왔다는 사실도 이러한 점을 뒷받침한다.

물론 장식은 시문(施紋), 즉 패턴 부여를 통해서 질서를 창출하기 위한 것이지만, 또 그것은 대상을 아름답게 수식하기 위한 것이기도 하다. 그러니까 장식(미술)은 문양을 통해 세계에 (인간 중심의) 질서를 부여하고 대상을 아름답게 꾸미는 조형예술의 일종인 것이다. 예컨대 한국의 전통 십장생 문양은 한국인이 희구하는 이상적인 사물들의 형상이며, 옷과 이불과 가구 등을 아름답게 보이도록 하는 기능도 했던 것이다. 그리고 이러한 것들은 말할 것도 없이 모두 해당 지역과 사회의 가치체계들, 그 시대의 믿음·신념·이데올로기와 굳건히 연결되어 있다. 십장생 문양과 함께 조선시대의 민화처럼 그 시대의 가치와 이데올로기를 잘 보여주는 예술은 없다고 할 수 있다. 거기에는 '입신양명(立身揚名)', '수복강녕(壽福康寧)', '부귀다남(富貴多男)' 같은 조선 사회의 가치관이 성기를 노출한 어린아이처럼 부끄러움 없이 드러나 있다.

그에 반해 서구의 모던 디자인은 전혀 다른 조형관을 갖는다. 모던 디자인은 장식미술의 세계관과 예술관을 전면 부정한다. 왜냐하면 장식미술의 세계는 이데올로기의 세계이기 때문이다. 대신에 모던 디자인은 서구 근대 합리주의의 산물로서 세계가 합리적으로 구축되어야 한다고 본다. 디자인에서의 합리성은 근대과학이나 철학에서의 합리성과 완전히 동일하다. 서구 근대과학과 철학에서 '환원된 것', 즉 물질의 최소단위(원자)와 존재의 기본단위('사유하는 주체')로부터 이 세계가 연역되고 설명되어야 하는 것처럼, 서구 모던 디자인은 조형의 최소단위로부터 이 세계가 조형되고 구축되어야 한다고 믿는다. 이때 조형의 최소단위는 기하학적 형태(삼각형, 사각형, 원)와 삼원색(빨강, 파랑, 노랑)이다. 그러니까 모던 디자인은 이 세계의 모든 사물들, 그것이 건축이 되었든 가구가 되었든 그릇이 되었든 간에 모두 최소한으로 환원된 '조형의 진실한 형태', 즉 기하학적 형태와 삼원색의 조합으로 디자인되어야 한다는 교리(教理)인 것이다.

그런 만큼 모던 디자인은 조형과 담론이 완벽하게 통합되어 있다. 모던 디자인의 조형은 합리주의 담론의 표상이며, 모던 디자인의 담론은 합리주의 조형의 설명서이다. 앞서 언급했듯이 장식미술이 자연언어라면 모던 디자인은 인공언어이다. 모던 디자인은 컴퓨터 언어처럼 인공적으로 만들어진 것이며 그런 점에서 그 체계 내에서는 완벽하다.

물론 2차 대전 이후 포스트모던 디자인이 등장하면서 모던 디자인의 한계가 지적되고 비판되었다. 그리하여 모던 디자인 이후의 포스트모던 디자인이 등장했다. 포스트모던 디자인은 모던 디자인의 합리적인 세계가 반드시 인간적인 것은 아니며, 비합리적인 요소, 즉 역사성과 상징성 등을 도입하여 인간적인 환경을 보완할 필요가 있다고 주장했다. 그런 점에서 포스트모던 디자인은 장식미술과 다소 상관성을 가진다. 그러나 포스트모던 디자인이 모던 디자인의 한계와 모순에 대한 성찰에서 나온 '성찰적 근대성(reflexive modernity)'의 산물인 만큼 장식미술과 동일시할 수는 없다. 어쨌든 그것은 모던 디자인을 통과한 산물이기 때문이다.

지금까지 장식미술, 모던 디자인, 포스트모던 디자인으로 이어지는 서구 중심의 디자인 역사 패러다임을 살펴보았다. 그러면 한국 현대디자인을 어떻게 보아야 할까. 장식미술은 인류의 전 역사와 일치하는 만큼, 한국의 근대 이전은 당연히 장식미술 시기에 해당된다. 다만 장식미술의 구체적 형태, 즉 문양 등은 지역과 종족에 따라서 차별화되어 왔다. 장식미술이 인류적 보편성을 갖는 것과는 달리 모던 디자인은 서구 고유의 것이다. 정확하게 말하면 그것은 서구 근대의 산물이다. 서구의 근대가 정치적 합리성(민주주의), 경제적 합리성(자본주의), 사회적 합리성(개인주의), 문화적 합리성(자아실현)에 의해 구축되었듯이 디자인은 '미적 합리성'의 실현이라고 볼 수 있으며, 굳이 분류하자면 문화적 합리성의 하위범주에 위치한다고 할 수 있다.

서구의 근대성이 세계화되어 갔듯이 서구 근대의 '미적 합리성'의 산물인 모던 디자인 역시 세계로 확산되어 나갔다. 그러나 그 실질적 핵심이 제대로 전파되었다고 보기는 어렵다. 사실 정확하게 말하면 비서구 지역의 모던 디자인은 모던 디자인이라기보다는 '모던 스타일(modern style)'이라고 불러야 정확할 것이다. 왜냐하면 앞서 '조형과 담론의 결합체'로 디자인을 정의한 것에 따를 때, 비서구 지역에서의 모던 디자인(?)은 대부분 조형적 유사성만을 보여줄 뿐 담론적 수용의 양상이 발견되지 않기 때문이다. 그러니까 비서구 지역의 모던 디자인은 '담론 없는 조형'일 뿐이기 때문에 그것은 정확하게 말해서 디자인이 아니라 스타일일 뿐이며, 따라서 '모던 디자인'이 아니라 '모던 스타일'이라고 불러야 한다는 것이다. 그러한 비서구 지역의 모던 스타일은 대체로 전통 담론과 결합되는 양상을 보인다.

한국도 예외가 아니다. 한국 현대디자인은 조형만 있을 뿐 담론이 없다. 조형에 대응되는 언어적 차원, 말하자면 조형 사용설명서가 없다는 것이다. 이는 미국을 통해서 하나의 외양, 즉 스타일로서 디자인을 받아들였을 뿐, 이에 대한 인식론적 차원은 이해된 적도, 수용된 적도 없기 때문이다. 대신에 한국 현대디자인은 탈식민주의 국가의 개발주의 담론과 결합되었다. 아니 그것과 결합되었다기보다는 거기에 종속되었다고 말해야 정확하다. 그러니까 한국 현대디자인은 '미술수출' 같은 국가주의·개발주의 담론을 제외하곤, 빌려온 것이든 아니든 간에 자신의 담론을 가져본 적이 없다.[3]

【조형과 담론이 만나는 방법, 안상수의 방법?】

누구나 특정한 시공간에 위치하듯이, 디자이너 안상수는 이제까지 내가 설명한 현실 속에 위치한다. 그러니까 그는 서구 모던 디자인의 영향을 받은, 그러나 담론 없는 조형만이 있는 '모던 스타일'의 한국 디자인 구조 속에 있는 것이다. 따라서 안상수의 조형과 담론도 기본적으로 이러한 한국적 현실 속에서 조회되고 탐문되어야 한다.

앞서 안상수는 한국 디자인계에서 드물게 조형과 담론을 모두 가진 디자이너라고 말했다. 그리고 그의 조형은 모던한데, 담론은 모던하지 않다고 말했다. 바로 이러한 불일치(?)를 한국 디자인 현실 속에서 어떻게 이해할 것인가 하는 것이 바로 이 글의 문제의식이고 과제임을 다시 확인하고자 한다. 나는 모던 디자인이라기보다는 모던 스타일에 가까운 한국 현대디자인에서 안상수는 드물게 모던 디자인의 원본성에 가까운 조형성을 보여주고 있다고 말

3   최범, 「한국 디자인의 신화 비판」, 『한국 디자인 신화를 넘어서』, 안그라픽스, 2013 참조.

했다. 그리고 조형만 있고 담론은 없는 한국 디자인에서 안상수는 드물게 담론도 가지고 있다고 말했다. 다만 안상수의 담론은 모던 디자인의 그것은 아니고 다분히 동아시아적, 민족주의적, 문화주의적 성격을 띤다고 말했다. 바로 이러한 조합이 바로 안상수 디자인의 특징이다. 이를 어떻게 볼 것인가. 이에 대해 몇 가지를 추론해 본다.

첫째는 오리엔탈리즘이다. 오리엔탈리즘은 '서양에 의해 만들어진 동양에 관한 지식'이다. 조형 측면에서 모던 디자인의 원본성을 획득한 안상수가 담론 측면에서 동아시아적 성격을 보이는 것은 일단 형식적으로 부정합해 보이지만 흥미로운 구도라고 할 수 있다. 나는 프랑스에서 안상수가 자신의 디자인에 대해 발표하는 것을 지켜본 적이 있다. 그는 세종과 한글에 대한 이야기로 시작했다. 역시나 안상수표 담론이었다. 여러 번 이야기했듯이 안상수의 모던한 조형에는 역시 서구의 모던한 담론이 제격이다. 그런데 사실 그때 그 자리에서 안상수가 바우하우스나 러시아 구성주의 담론을 이야기했다면 매우 이상했을 것 같다. 분명 그것들이 정합적인 담론이기는 하지만, 프랑스에서 한국 디자이너 안상수가 모던 디자인 담론을 설파하는 것은 뭔가 어울리지 않는다는 생각이 나 스스로도 드는 것이다.

이런 느낌을 뭐라고 해야 할까. 우리 안의 오리엔탈리즘? 서양이 서양을 위해서 동양을 발명해 내었듯이 우리는 동양이기 위해서 그러한 동양을 연출하고 있는 것일까? 사실 서구에서 활동하는 많은 작가들이 자신을 오리엔탈리즘으로 포장하고는 한다. 하지만 우리는 오리엔탈리즘이 서구의 식민주의 담론이라고 쉽게 비판할 수만은 없다. 역사 속의 인간들은 대부분 그러한 담론 공간 속에서 행위하기 때문이다. 따라서 우리는 안상수만 그러지 말라고 할 수는 없는 법이다. 안상수의 오리엔탈리즘 역시 조형적 모더니티와 담론적 동양성이라는 두 마리 토끼를 잡기 위해 무의식적으로 선택한 전략일 수 있기 때문이다. 아무튼 이렇게 해서 서양과 동양은 이 세상의 파트너로서 사이좋게(?) 지내는 것일 테다.

둘째는 '대안적 근대성'이다. 안상수의 담론은 서구적 근대와는 다른 어떤 근대성을 담보하는 것인가. 이런 질문을 던져볼 수 있다. 나는 거의 20년에 걸쳐 그에 대한 비평들을 써 왔다.[4] 그런 가운데 그를 보는 관점도 조금씩 바뀌어 왔다. 나는 이제 그 20년의 간격 동안 벌어진 간극들을 다시 생각해 보려고 한다. 여러 차례 지적한 것처럼, 안상수의 조형과 담론의 불일치를 어떻게 이해할 것인가 하는 것이 그를 보는 나의 문제의식의 핵심이었다. 그래서 나는 그러한 불일치를 적극적이고 긍정적으로 해석할 가능성은 없는가를 탐색해 왔다. 내가 생각한 것은 '방법'으로 보는 것이다. 그러니까 안상수의 담론을 '대안적 근대성'의 방법으로 보자는 것이다. 나는 바로 이전의 글에서 그러한 가능성을 시도한 바 있다.[5]

어쩌면 그것은 현대판 동도서기(東道西器)일 수 있다. 동양의 도(道)와 서양의 기(器)의 만남. 그런데 문제는 이때 과연 '도'는 무엇이고 '기'는 무엇인가 하는 것이다. 안상수의 조형은 '도'일까, '기'일까. 사실 이것이야말로 안상수의 디자인을 이해하는 핵심적인 열쇠가 아닐까. 만약에 안상수의 조형을 '도'로 본다면 그는 서도동기주의자이다. 안상수의 담론을 '도'로 본다면 그는 전형적인 동도서기주의자이다. 그런데 안상수의 담론을 '기'로 본다면? 그러니까 담론이 조형을 해석하는 것이라기보다는 오히려 조형을 합리화하기 위한 것이라면, 그것은 오리엔탈리즘이 된다.

과연 안상수의 디자인이 서도동기적인 오리엔탈리즘에 빠지는 것인지, 아니면 동도서기적인 '대안적 근대성'의 길이 될 것인지는 열린 물음이라고 생각한다. 그래서 나는 그의 디자인을 하나의 방법으로 보고자 하는 것이다. 물론

4   1. 실험과 창조로서의 전통: 안상수론(월간 「디자인 네트」 2002년 7월호)
     2. 한글의 예술화, 경계를 넘어선 실험(최범, 「한국 디자인 어디로 가는가」, 안그라픽스, 2008)
     3. 안상수가 노는 법(「월간 미술」 2013년 1월호)
     4. 안상수의 방법, 한글의 방법, '세계와'의 방법(월간 「디자인」, 2013년 8월호)
     5. 파롤도 랑그도 아닌, 방법(「월간미술」 2017년 4월호)
     6. 방법으로서의 모던, 목적으로서의 동아시아(월간 「디자인」 2018년 6월호)
5   최범, 「방법으로서의 모던, 목적으로서의 동아시아」, 월간 「디자인」, 2018년 6월호.

나중에 그것은 방법이 아니라 하나의 이데올로기였다는 것이 밝혀질지도 모른다. 하지만 설사 그렇더라도 그것은 한국 디자인의 진로와 관련하여 커다란 의미를 던질 것이라고 생각한다.

최 범
◆ 디자인 평론가 ◆ 디자인을 통해 한국 사회와
문화를 비판적으로 읽어내는 데 관심을 가지고 있으며,
『한국 디자인 뒤집어 보기』 외 여러 권의 평론집을 펴냈다

RE: DIALOGUE

창작은
죽어가는 것에 대한
살림의 감각으로부터
나온다

안상수
PaTI 날개(교장)

날개 안상수(1952~)는 '개벽파'를 자칭하는 한글디자이너로, 영어의 design이라는 말 대신 '멋을 짓다'는 의미의 '멋지음'이라는 말을 즐겨 쓴다. 1985년에 한글 글꼴 '안상수체'를 멋지었고, 홍익대학교 시각디자인과를 거쳐 2013년부터 PaTI(파주타이포그라피배곳)에서 학생들과 함께 멋짓는 일을 하고 있다. 세종의 한글철학을 PaTI의 멋지음 철학으로 삼고 있어, 매년 새해 의례로 PaTI의 스승들과 함께 여주에 있는 세종대왕릉에 가서 인사를 드린다. 2020년부터는 세종의 한글철학에 더해 해월의 동학철학도 PaTI의 멋지음철학에 넣었다.

　새별이 날개를 처음 만난 것은 2019년 11월 1일 '하자센터'에서였다. 개벽학당에서 기획한 〈오래된 하늘을 품어 새로운 하늘을 잇다〉 행사의 일환으로 날개의 〈한글과 동학〉 강연이 열렸는데, 그때 이병한 선생의 요청으로 일본어 통역을 맡은 것이 인연이 되었다.

　그날 강연에서 새별에게 가장 충격적이었던 것은 천도교의 '궁을장'에 대한 설명이다. 새별은 '태극도'가 2차원적으로 평면적 움직임을 형용한 데 반해 궁을장은 3차원적으로 모터가 돌아가는 듯한 입체적 운동을 그리고 있다고 해석하였다. 그동안 늘 풀리지 않았던 궁을장의 의미에 대한 궁금증이 일시에 해소되는 듯한 짜릿함을 느꼈다.

　이 외에도 "내 한 몸이 꽃이면 온 세상이 봄이다"라는 동학 스승 수운의 시에 대한 소개가 인상적이었다. 실제로 새별이 만나본 날개는 "향기가 나는 꽃"과 같은 사람이었다. 왜 날개가 수운과 해월의 말씀을 마음 속에 담아두고 있는지 이해가 되었다.

이날의 '세대간의 대화'는 날개의 철학 전반을 중심으로 이루어졌다. 한글 철학, 멋지음(디자인)철학, 생명평화철학, 예술철학, PaTI의 교육철학 등등. 녹취 작업을 마치고 산뜻은 새별에게 다음과 같은 후기를 보내왔다: "날개는 말을 꾸밀 필요 없이 직관 자체가 찬란한 분 같다. 그리고 그 직관을 따라 온몸으로 듣고, 온몸으로 공감하고, 온몸으로 이야기하신다. 이어폰으로 음성을 들으면서도 날개의 아이 같은 움직임이 떠올라서 내내 즐거웠다."

◎ 일시 — 2020년 8월 19일 수요일 오전 10시 – 오후 2시 30분
◎ 장소 — PaTI(파주타이포그라피배곳) 날개집
◎ 대담 — 새별(조성환) 산뜻(성민교)
◎ 녹취 — 산뜻(성민교)

【'포스트'는 저절로 오지 않는다】

날개　　만나서 반갑습니다. 오신다고 해서 『개벽』 잡지를 다시 보고 있었어요. (모두들 『개벽』의 표지들을 보면서 멋스러움에 감탄한다.)

[그림 1]
여러 가지 디자인 유형의 『개벽』 표지

새별　　계속 글씨체를 바꿨네요?

날개　　맞아요. 매호 바꿨어요.

새별　　제가 『다시개벽』 창간호에 『개벽』의 역사를 소개하기 위해서 찾아봤더니, 1920년에 창간된 이래로 서너 번 정도 폐간과 복간을 반복하였더군요. 그래서 2011년에 모시는사람들의 박길수 대표가 『개벽신문』을 창간한 게 제4기쯤 되고, 저희가 이번에 복간한 『다시개벽』은 제5기 『개벽』이 되는 셈이에요.

날개　　항상 '포스트'가 어렵죠. 포스트는 공들여서 의도적으로 준비하지 않으면 안 돼요. 그냥 저절로 오는 건 아니니까요.

새별　　그러고 보니 제가 예전에 세종실록연구소에서 세종을 공부하다 알게 된 사실인데, 세종만 따로 공부해서는 안 되고 태종까지 같이 읽어야겠더라고요. 그래서 『태종실록』도 다 읽었거든요. 태종이 세종에게 왕위를 물려주고 몇 년간은 자신도 왕위에 있었어요. 외교와 군사는 자신이 여전히 장악하고 국내 정치만 세종에게 맡겼죠. 지금 생각해 보면 그것이 자신의 포스트를 준비하는 과정이었던 것 같아요. 포스트를 위해서 두 명의 왕이 동시에 있었던 셈이죠.

날개　맞아요. 더 많이 공부를 해야 될 사람은 태종이에요. 태종이 세종을 다 만들어 놓은 거거든요.

새별　저는 〈용의 눈물〉[1] 세대인데, 그런 사극에서 그려지는 태종의 이미지는 왕권강화를 위해 '왕자의 난'을 일으켜서 정적을 다 죽인 폭군 같은 모습이잖아요. 그런데 『세종실록』을 꼼꼼히 읽다 보면 아버지로서 아들 세종이 안정적인 상황에서 국정에 집중할 수 있도록 인프라를 다 만들어 주었다는 것을 알 수 있어요.

날개　그렇죠. 모든 판을 다 깔아준 거죠. 자신이 다음 왕을 위해 뭘 해야 할지를 아주 명석하게 알았던 거죠. 사실 올해부터 파티의 화두가 '포스트 날개'예요. 이제 '포스트 날개'가 시작됐어요. 모든 '포스트'는 지금 준비해야 돼요. 지금 준비해야 포스트가 가능하죠.

새별　저희도 포스트를 준비하려고 『다시개벽』을 창간한 거죠.

【한글 이모티콘을 처음 사용】

새별　오늘 대화를 준비하기 위해서 날개에 관한 글들을 모조리 찾아서 읽어봤어요. 그런데 글들이 여기저기 흩어져 있어서 한곳에 모아서 책으로 내면 좋겠다는 생각이 들었어요. 이런 작업도 『다시개벽』에서 기획해 보고 싶습니다. 그런데 날개에 대해서 알면 알수록 아주 기초적인 것들이 궁금해지더군요. (웃음) 가령 문자를 쓰실 때 단어마다 점을 찍으시는데 특별히 이유가 있으신지….

날개　점찍는 것은, 제가 컴퓨터를 처음 시작할 때는 8비트 시대였는데 한

1　1996년 11월 24일부터 1998년 5월 31일까지 장장 19개월 동안 159부작으로 방영된 KBS 대하드라마로, 최고 시청률이 무려 45%~50% 사이를 기록하였다.

글 입력이 완벽하지 않았어요. 한글 입력 오토마타 기능이 제대로 되어 있지 않았기 때문에, 낱글자를 완성시키려면 쓰는 이가 직접 스페이스바를 눌러주어야 했어요. 그러니 정작 띄어쓰기를 하려면 스페이스바를 두 번 눌러야 했지요. 그래서 저는 낱글자 완성은 스페이스바로, 띄어쓰기는 점을 찍었어요. 스페이스바를 두 번 두드리는 게 싫었거든요. 컴퓨터 자판 새끼손가락 위치에 마침표가 있잖아요. 그래서 낱글자 완성은 엄지로 스페이스바를 쓰고, 띄어 쓸 때는 새끼손가락으로 마침표 글쇠를 쳤죠. 점이 들어가니 문장의 긴장감 같은 것도 생겼어요.

띄어쓰기를 하면 낱말 사이 공백이 좀 허전해 보이잖아요. 그 빈칸에 점이 채워지니 문장 전체에 긴장감이 돌면서 꽉 짜여 보이는 거예요. 마치 총알이 박히는 것처럼, 어둠 속 공백에 예광탄 같은 느낌이랄까? 띄어 쓴다는 건 사실 원칙이 아니라 약속이잖아요. 그때만 하더라도 제가 좀 건방진 생각을 했거든요. **어떻게 문법이 나를 구속할 수 있나.** (웃음) 제가 문법을 많이 챙겼던 사람 중에 하나였는데, 정작 제 것을 할 때 엇가는 심정 같은 게 있었어요. 그래서 지금까지 그렇게 하고 있네요.『보고서 \ 보고서』만들 때는 그 엇간 심사가 극에 달했죠. 의도적으로 읽기를 방해하는 거죠.

산뜻　기호 해독서 같아요. 이때 반응은 어땠어요, 날개?

날개　극과 극이죠(웃음). 글로 읽는 사람은 이걸 싫어했고요. 독자를 희롱하냐고….

새별　이거 보니까. 점찍는 건 애교네요. (웃음)

산뜻　저 이걸 보니까 이모티콘이 떠올라서 궁금해져요. '^^' 이게 98년에도 웃는 이모티콘으로 쓰였나요?

날개　^^는 잘 모르겠는데, 제가 **한글 이모티콘을 제일 처음 썼다고** 하더라고요.

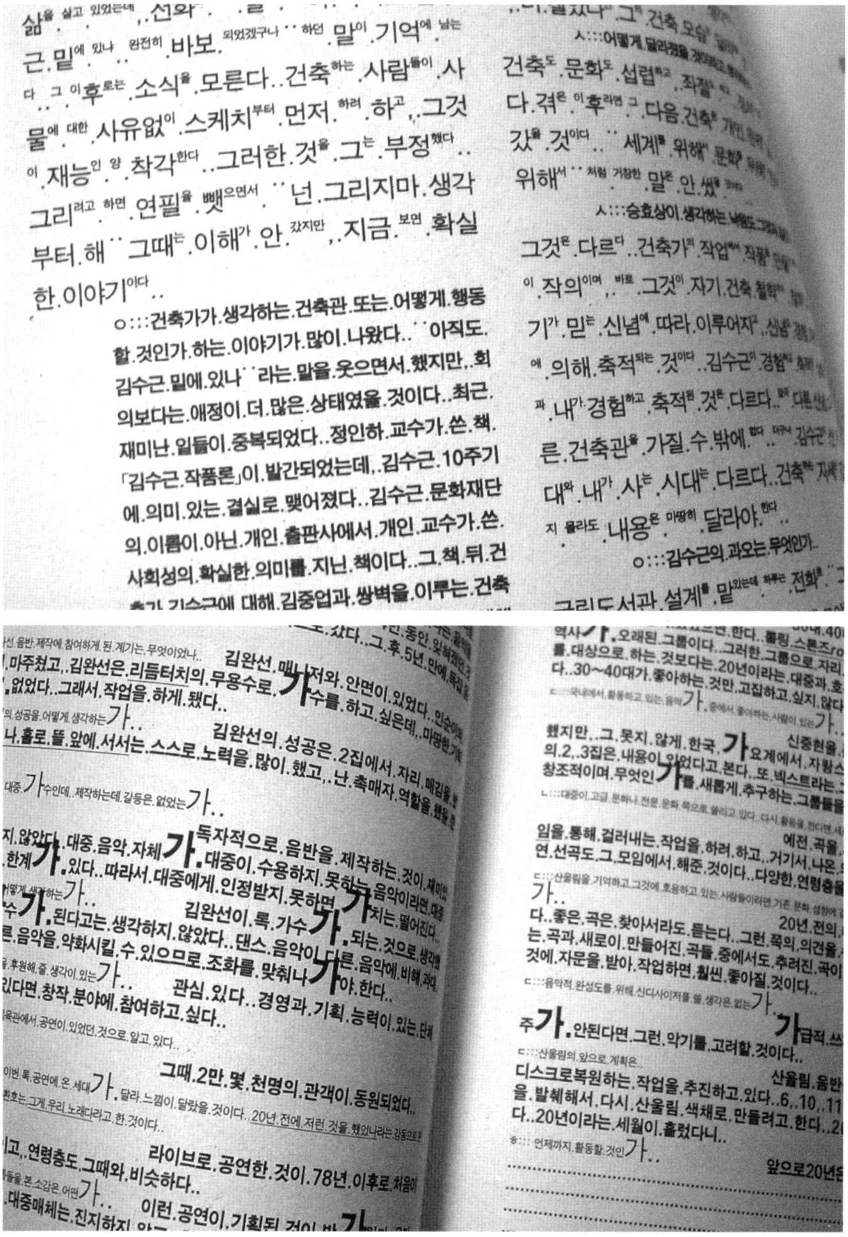

[그림 2]
『보고서\보고서』

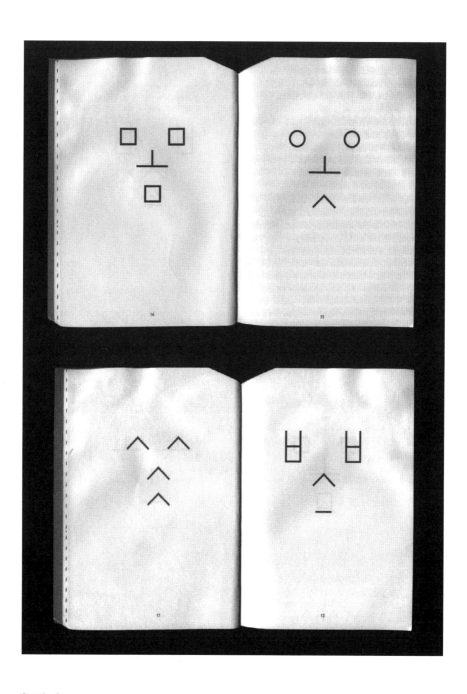

[그림 3]
날개 안상수의 이모티콘 멋지음

【한글과 연애하다】

새별　한글로 작업하신 게 정말 오래됐네요.

날개　85년쯤부터 촉발됐죠. 사실 **한글이 저를 구해준 거예요.** 한글이 아니었으면 제가 이런 호사를 누릴 수도 없었을 거고. 결국엔 한글이 저를 자격지심으로부터 구원해준 거죠. 디자인은 외국 유학파들이 많거든요. 80년대에 한글은 촌스러운 존재였고, 동시에 불온한 존재였죠. "가자 북으로, 오라 남으로!" 같은 운동권 구호에나 쓰이는-. 지금하고는 다르죠. 그런데 그것이 저의 어떤 사명이랄까, 그런 생각도 들었어요. 한글이 싸구려가 아니라고 말하고 싶은 마음? 한글이 훨씬 더 값어치가 있는 거라는-. 당시에는 영어로 된 티셔츠는 비싸게 팔리고 한글로 쓴 건 촌스럽다고 눈치 봐 가면서 입어야 하고. 그 가치를 더 아름답게 만드는 것이 우리 세대가 해야 할 일이라는 의식이 있었다고 생각해요.

　　그런데 그러다가 한글이 제게 확 들어오는 순간 진짜 좋아지게 된 거죠. 처음에는 의식적인 생각도 한편 있었지만, 나중에는 저절로 빠져들어 갔어요. 그러니까 연애를 시작한 거죠. 연애를 하기 전까지는 왠지 그냥 관심만 있고 이러다가, 갑자기 어느 순간에 관계가 돌변하잖아요. 연애하는 관계하고 그냥 관계는 비교가 안 되죠. 한글도 제가 연애를 시작한 것이 85년인 것 같아요. 불이 붙기 시작한 것이요. 지금은 연애를 넘어 모시는 관계고요. (웃음)

산뜻　그럼 날개는 디자인을 언제 처음 접하셨어요?

날개　대학에 들어가면서부터예요. 제 기억에 남는 건 고등학교 때 친구가 이사를 했는데, 그 친구 집에 뭔가 선물을 했으면 좋겠다는 생각을 했어요. 그래서 팔각성냥통에 종이를 오려서 풀로 붙이고 덮개를 만들고, 거기에 복(福)자를 꼼꼼하게 그려서 만들어 드린 게 기억에 남아요. 제가 아마 디자인이라는 의식을 하면서 무언가를 만든 첫 경험일 겁니다. 여러 가지 추억들도 많죠. 어릴 때 그림을 좋아하거나 하는 건 계속 있었죠. 중고등학교 때 미술부 활동을 하게 되고…. 하지만 그게 디자인이다, 이런 걸 본격적으로 의식하게 된 건 디자인과를 선택하게 되면서, 대학에 들어오면서부터였던 것 같아요.

【철학에 이끌리고 시(詩)와 감흥하다】

새별   2019년에 처음 뵀을 때부터 느꼈던 건데 철학을 굉장히 좋아하시는 것 같아요. 저희가 철학 얘기를 하면 너무 재미있게 들어주시고-. 혹시 어릴 때부터 철학서를 읽으셨나요?

날개   제가 이상하게 그런 걸 좋아했던 것 같아요. 철학적인 거요. 어렸을 때 저희 집은 방 벽 액자에 "삼강오륜"하고 "주자십회훈(朱子十悔訓)"이 붙어 있었어요. 그걸 초등학교 다닐 때 읽고 외우고 했던 게 생각납니다. 대학 때 처음 교수님을 도와 아르바이트를 빡세게 한 적이 있어요. 거의 반 년 일이 다 끝나고 돈을 받는데. 돈이 꽤 컸어요. 그런데 그때 제가 그 돈을 가지고 뭘 할까 이리저리 궁리하다가, 제일 먼저 청계천 헌책방에 가서『철학대사전』과 이어령 선생님의 다섯 권짜리『세계문장대백과사전』을 샀어요. 지금도 있어요. 나도 그게 왜 마음에 끌렸는지 모르겠어요. 그걸 사서 끌고 하숙집에 갔다니까요. 그런데 계속 그런 것에 손이 갔던 것 같아요. 개념서나 철학서나 이런 것들이 저는 좋더라고요. 저는 소설을 잘 못 봐요.

한글을 만나면서부터는 주로 동양고전을 봤어요. 특히『주역』요.『훈민정음』을 공부하려면『주역』은 반드시 넘어야 하거든요. 돌아가신 김충렬 선생님한테『주역』을 처음 배우는데,『중용』을 안 하면『주역』공부 못한다고 하셔서,『주역』공부를 끝내고 나서, 그분께『중용』공부를 했어요. 그리고『논어』공부도 하고…. 계속 그러면서 자꾸 타고 가는 거지요. 그리고 제가 글자를 하는 거니까『설문해자』부터 시작해서,『회남자』,『세설신어』…. 책은 자꾸 타고 넘잖아요. 그러다 보니까 율곡과 퇴계도 만나고, 최한기도 만나게 되고, 다산도 만나고, 김지하 선생님 책도 만나게 되고…. 깊이는 몰라요.

그때쯤 돼서는 불교 책으로 넘어갔어요. 저희 집안이 불교 집안이니까, 어릴 때부터 절에 다니고 절밥 먹고 그랬는데, 절에 다닐 줄만 알았지 『반야심경』을 제대로 읽은 적은 없었어요. 제가 가까이 지내던 외국인 비구니 스님이 있었는데, 이분이 같이 밥을 먹으면서 "많은 한국 사람들은 불교를 너무 엉터리로 믿어!" 이러시는 거예요. 얘기 듣자 하니 제 얘기인 거죠. 그때 『반야심경』 공부하고, 진짜 법문을 들으러 가게 되고. 원명 스님이 선물한 틱낫한 스님의 테이프도 듣고. 그렇게 갔어요. 거의 끝물에, 나이가 다 들어서. 마흔 이후에 이렇게 공부를 짬짬이 했나 봐요.

저는 이런 걸 체계적으로 보는 게 아니라, 아무 데나 펴서 읽고 닫고, 이렇게 파편적으로 봐요. 어떤 한 문장을 발견하면 거기에 딱 멈춰서 진도가 안 나가요. 읽다가 어떤 낱말에 꽂혀 버리면 이게 요지부동이에요. 스토리나 맥락은 도대체 저에게는 안 들어오더라고요. 그래서 소설을 못 읽고…. (웃음)

시하고 한글이 저에게 들어온 게 거의 같은 시기예요. 마흔 살 때 쯤요. 다른 사람들은 불혹(不惑)이라고 그러는데 제 마흔은 시와 한글이 제 몸으로 들어왔어요. 연애가 시작된 거죠. 시집만 막 사고…. 그전까지는 시에 대해서 전혀 감흥이 없었어요. 고등학교 때 소월 시 이런 게 교과서에 나오고, 국어 선생님은 막 황홀해 하시는데 저는 '이게 뭐야' 하는 느낌? 그렇게 감흥이 없었는데, 때가 다 있나 봐요. 감흥의 때. 감응을 넘어서 감흥하게 된 거죠. 그 순간이, 한글은 연애가 시작된 거고요. 시는 감흥이 시작된 거예요. 시도 읽으면서 전체가 좋다기보다 어떤 구절에 멈춰 있고. 그때 제일 좋아하던 시인이 최승호, 황지우였어요. 그 시들을 가지고 또 작업을 하기도 했고요.

<u>새별</u>   '감응'과 '감흥'도 다르네요. '흥'이 더 한국적인 느낌이 들어요.

<u>날개</u>   '감응'이라는 말은, 보들레르가 'correspondance'라고 했다는 말을 읽었을 때 '감응'이란 말이 처음으로 저에게 쑥 들어왔어요. 감응이라는 말에 괄호 열고 'correspondance'라고 씌어 있었는데, 그 말에 딱 생각이 멈춘 거

예요. 그 후에 파리에 갔는데 지하철 환승역을 correspondance라고 하더라고요. 이 말하고 그 말이 딱 겹치니까, 그 사람 감각과 제 감각이 교차하는 그 순간, 마치 어떤 대상에 주파수대가 있다면, 그것이 제 주파수대가 가로지르다가 충돌하면서 딱 맞는, 그 말로 오는 거죠. 낱말도 사전적인 이해가 아니라 경험이나 몸으로 만날 때 정말 짜릿하거든요. 그리고 그런 말은 절대 안 잊어버리죠. 사전 찾아서 외운 낱말은 맨날 찾아봐도 계속 잊어버리잖아요.

【디자인의 우리말은 '멋지음'】

새별　　날개가 2006년에 펴내신 『라라 프로젝트』라는 책을 읽은 적이 있는데, **"우리 디자인의 '제다움' 찾기"**라는 부제가 인상적이었습니다. 거기에서 'design'에 해당하는 우리말은 '멋지음'이라고 하시더라고요.

　　오늘 제 얘기는, 결론부터 말하자면 외래어인 '디자인'이라는 말을 우리말인 '멋짓'으로 고쳐 써야 한다는 것입니다. 육백 년 전 세종임금이 『훈민정음』을 지었는데, 바로 그 『훈민정음』이 저에게 디자인 텍스트로 다가왔습니다. "나랏 말쓰미…" 하며 우리가 그냥 누구나 외우고 있던 『훈민정음』의 내용은 저에게 어디에서도 견줄 수 없는 디자인 교과서처럼 확 들어온 겁니다.

　　저는 한글을 디자인으로 봅니다. 한글을 여러 가지 시각으로 볼 수 있는데, 저는 세종대왕을 디자이너라 보고, 한글을 디자인된 결과물로 봅니다. 디자인된 한글의 결과물로 봅니다. 디자인된 한글의 창제 배경 철학, 요새 말로 한다면 한글의 디자인 개념을 적어 놓은 것이 바로 『훈민정음』이라는 얇은 책인 것입니다. 저에게 그것은 어디에도 견줄 수 없는 디자인론이었습니다.[2]

2　　안그라픽스 편집부, 『우리 디자인의 제다움 찾기-라라 프로젝트1』, 안그라픽스, 2006, 337쪽.

날개　제가 한평생 디자이너로 살아왔는데 'design'이라는 말이 자꾸 마음에 걸렸어요. 옛날부터 "design이 우리말로 무엇일까?"가 줄곧 화두였죠. 그러다 마흔 살 쯤 되었을 때 '**멋지음**'이라는 말이 쑥 다가왔어요. 멋은 우리 민족의 독특한 미의식을 나타내는 말이죠. '멋짓'은 '멋지음'에서 온 말입니다. 여기서 '짓는다'가 중요한 동사입니다. 사람이 살아가는 데 가장 중요한 옷·밥·집을 모두 '짓다'라고 표현하잖아요? 밥도 짓고, 우리가 살고 있는 집도 짓고, 옷도 짓고…. 게다가 창의적인 행위나 정성이 들어간 것도 '짓다'라고 해요. 시도 짓고 독도 짓고 농사도 짓잖아요? 여기서 확장하면 웃음도 짓고 눈물도 짓고, 심지어는 죄도 짓고 업까지도 짓죠. 이처럼 무엇을 '만든다'거나 무엇을 '한다'와는 차원이 다른 말이 '짓다'예요. 그래서 저는 **디자인이란 "멋을 지어내는 활동"**이라고 생각해요.

【한국철학의 '제다움' 찾기】

새별　'멋지음', 참으로 멋진 말이네요! 멋은 역시 제다움(자기다움)을 찾을 때 나오는 것 같아요. 『라라 프로젝트』에는 멋지음과 더불어 포정해우(庖丁解牛)[3] 이야기도 나오던데 중국철학을 공부한 저로서는 대단히 흥미로웠습니다.

　　멋지기가 지닌 멋스러운 얼을 그 대상에 불어넣어 제 맛을 맛깔스럽게 내는

　　것이 이 디자이너라고 생각합니다. 그래서 멋깔이나 맛깔이나 그 결을 따라서

　　나타내는 것인데, 장자(莊子)에 나오는 백정 얘기가 생각이 납니다.

　　　백정이 너무 소를 잘 잡길래 임금이 백정에게 물어봤습니다. "당신 어떻게

3　『장자』「양생주(養生主)」에 나오는 이야기로, 포정(庖丁)은 소를 잡아 뼈와 살을 발라내는 솜씨가 아주 뛰어났던 고대 중국의 이름난 백정이고, 해우(解牛)는 소를 잡아 뼈와 살을 발라낸다는 뜻이다.

그리도 고기를 잘 발라내느냐?" 백정은 힘도 안 들이고 칼을 대었는가 하면 뼈와 살이 갈라지는 신기(神技)에 가까운 칼잡이였거든요. 그러니까 백정이 그렇게 이야기를 합니다. "그것은 결을 따라서 할 뿐입니다!" 그러니까 고기 속에 힘줄이나, 살결을 아니까 칼을 대더라도 그 결을 따라 하면 칼도 부러지지 않고 힘을 안 들이고 뼈와 살을 발라내는 것이지요.

저는 장작을 패는데 힘으로 장작을 뽀개는 것이 아니라, 나뭇결에 따라서 장작을 패는 것이라는 얘기를 들은 적이 있습니다. 무엇이든 대상의 결이 있는데, 본성이라는 것이지요. 그 결을 따라서 멋깔을 내는 것, 빛깔을 내듯이 멋에 깔을 내는 것이 디자인이라고 생각합니다. 물이면 물결 따라서, 살이면 살결처럼, 숨이면 숨결로, 그렇게 하는 것이겠지요.[4]

여기에서 설명하신 대로 『장자』에서 포정(庖丁)은 소의 타고난 '결'에 따라 움직이는 소잡이의 달인인데, 동아시아 철학에서는 그 결을 '리(理)'라고 하잖아요. 퇴계 이황의 유명한 학설 중에 리도설(理到說)도 있고요. "내가 리를 궁구하면 리가 스스로 나에게 다가온다(理自到)"고 하는….

날개 보통 '리'라고 하면 종지(宗旨)라고나 할까? 변치 않는 이데아 같은 거잖아요.

새별 예. 그런데 퇴계는 중국의 성리학과 똑같이 '리'라는 말을 쓰지만 거기에 한국적인 뭔가가 들어가서 변형이 된 것 같아요. 그래서 퇴계의 후학인 대산 이상정[5]은 '활리(活理)'라고 명명했어요. "살아 있는 리"라는 의미에서요. 이처럼 한국철학도 '제다움'을 찾아야 할 때가 온 것 같아요.

산뜻 '리자도(理自到)'라고 할 때에는 리가 움직이는 운동성이, '활리(活理)'라고 할 때에는 리가 살아 있는 생생성이 '제다움'과 맞닿아 있겠네요.

~~~~~~

4 안그라픽스 편집부, 『우리 디자인의 제다움 찾기-라라 프로젝트1』, 안그라픽스, 2006, 348-349쪽.
5 이상정(李象靖, 1711~1781)은 퇴계 이후의 영남학파에서 퇴계를 계승하려 한 유학자이다. 리가 단지 움직이지 않는 죽은 물체가 아니라 그 자체로서 움직이고 발할 수 있는 활물(活物)이라고 보았다.

새별　그렇죠. 그 역동성이 한국철학의 핵심인 것 같아요. 조선인들의 정서에는 움직이지 않는 리, 고정부동의 리 같은 건 안 맞았을지 몰라요. 『신생철학』(1974)의 저자 윤노빈이 '하는님'이라고 했잖아요? '하느님'은 '하는 님', '일하는 하느님'이라는 의미인데, 이런 신관과도 관련되어 있는 것 같아요.

날개　리가 하느님이네요!

새별　예. 실제로 고 김형효 선생님은 리를 '님'으로 해석했어요.⁶ 퇴계철학에서는 '리'가 인격화되는 측면이 강하거든요. 실제로 상제(上帝)라는 말도 자주 쓰고 있고. 그래서 퇴계철학에서의 '상제'는 우리말의 '하늘님'의 한자식 표현으로 볼 수 있어요. 김형효 선생의 퇴계 해석은 대단히 토착적이라는 느낌이 듭니다.

산뜻　하늘님에 집중하기보다 그 하늘님이라는 모습을 낳을 수 있었던 바탕으로서의 '님'의 사유에 집중한 거네요. 그러고 보니 동학의 하늘님과 서구의 신 개념을 일대일로 비교하는 것은 층위가 안 맞을 수도 있겠어요. 서양에서는 신이 사유의 바탕에 있다면, 한국에서는 '님'이라는 요소가 있어서 어떨 때는 리(理)로, 어떨 때는 상제(上帝)로, 어떨 때는 하늘님으로 변형되면서 드러나는 것 같아요. 그럼에도 동학의 하늘님과 서구의 신을 비교해본다면, **동학에서는 "너도 하늘님이고 나도 하늘님"**이잖아요. 그런데 서구의 신은 유일신, 유일한 일자(一者)니까, 너도 신이고 나도 신일 수는 없는 거죠. 그러니까 내 안에서가 아니라 타자에게서만 신을 볼 수 있다는 생각도 가능할 거고요. **동학의 윤리학에서는 서로를 높이기 때문에 아무도 추락하지 않아요.** 내가 상대를 높인다고 해서 내가 낮은 자리로 떨어지는 것도 아니고, 동시에 그리고 언제나 상대가 나를 높여주니까요.

날개　신기하네요. 제가 오늘 아침에 '님' 작업을 했거든요. 〈공무도하가(公

6　김형효, 「퇴계 성리학의 자연 신학적 해석」, 『퇴계의 사상과 그 현대적 의미』(한국정신문화연구원, 1997); 김형효, 「퇴계의 사상과 자연신학적 해석」, 『원효에서 다산까지』(청계, 2000).

無渡河歌)〉가 우리나라 최초의 노래라고 하잖아요. 거기에서 '공(公)'이 '님'인 거죠. 김인환 교수는 글자 수 4-5음보를 맞추어 이렇게 번역했어요.

님은 그 물 건너지 마오.
님은 그예 건너시었네.
물에 빠져시어지시니,
님을 장차 어이하올꼬.

진짜 애절한 노래예요. 우리가 무심코 쓰는 말이 '어머니말'이잖아요? 어머니 말 속에 모든 비밀이, 세계관이 다 들어 있죠.

【한글이라는 방법론】

새별　2017년에 디자인평론가 최범 선생님이 날개와 파티(PaTI)의 전시회[7]에 다녀와서 「파롤(parole)도 랑그(langue)도 아닌, 방법」[8]이라는 글을 쓰셨는데, 거기에서 이런 말씀을 하시더군요.

안상수에게 주목해야 할 것은 단지 그의 조형어휘로서의 파롤도, 그런 파롤이 구축한 랑그도 아닌, 일종의 풀 프로세스(Full Process)로서의 방법이다. 이 점이 그를 다른 크리에이터와, 무엇보다도 현대 한국문화의 일반적 양상 전체와 구별 짓는 요체이다. 현대 한국문화의 가장 큰 문제는 문화생산 프로세스를 가지고 있지 못한 점이다. 이것이 바로 식민지적인 것이다. 탈식민주의 연구자

7　서울시립미술관, 2017년 3월 14일 - 5월 14일.
8　https://monthlyart.com/03-exhibition/exhibition-topic-12/

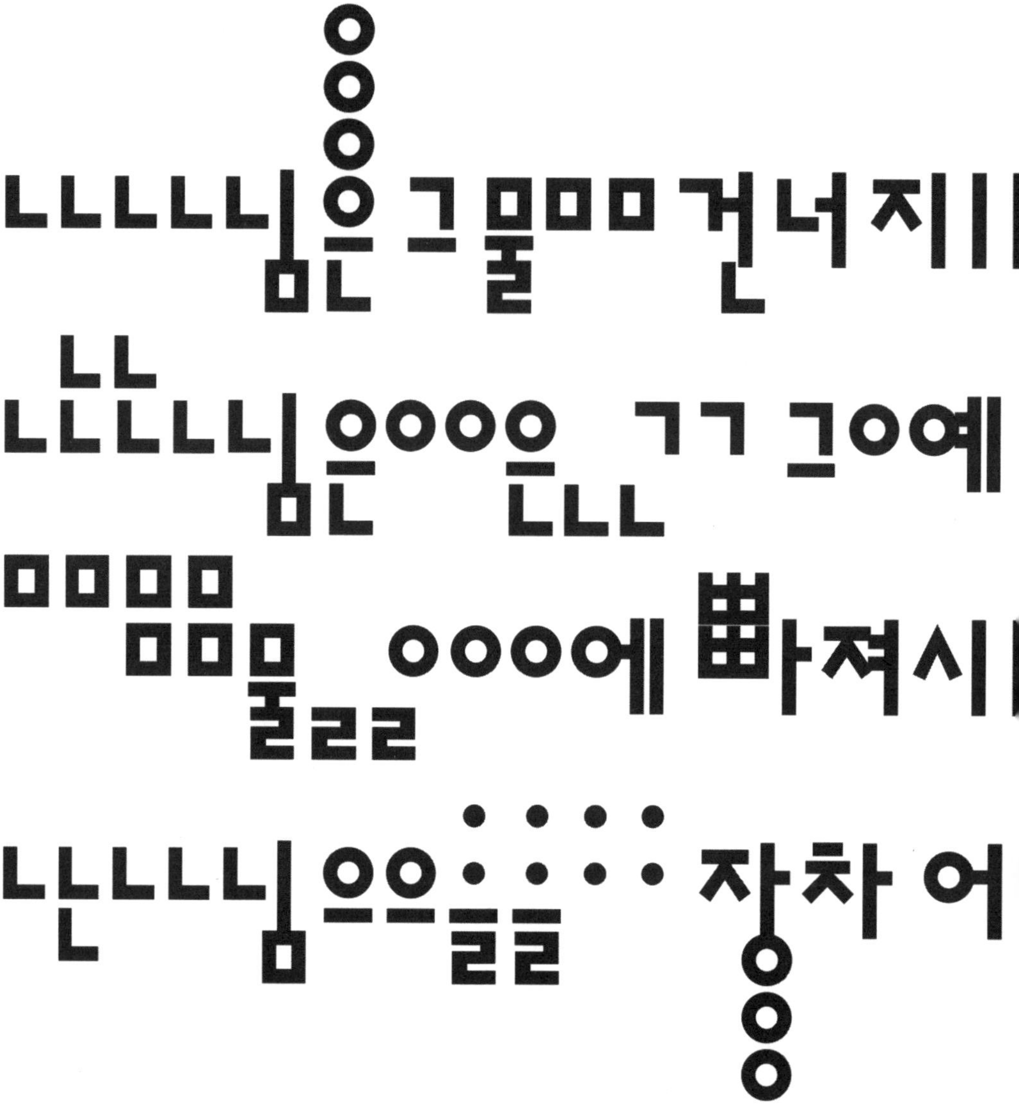

ㅇㅇㅇㅇ
ㄴㄴㄴㄴ님은 그 물ㅁㅁ 건너지ㅣ

ㄴㄴ
ㄴㄴㄴㄴ님은ㅇㅇㅇ은　ㄱㄱ 그ㅇ예
ㄴㄴㄴ

ㅁㅁㅁㅁ물ㄹㄹ　ㅇㅇㅇ에 빠져시ㅣ

ㄴㄴㄴㄴ님으으을을 ⠒⠒ 장차 어
응

[그림 4]
날개의 〈공무도하가〉

ᅡ ㅇㅇㅇㅇㅇㅇㅇㅇㅇㅇㅇㅇㅇㅇㅇㅇㅇㅇㅇㅇ

ㅣ건ㄴ너시었네게

ㅣ지시ㅣㅣㅣㅣ···ㄴㄴㅣㅣㅣㅣㅣㅇㅇㅇ

ㅇㅇㅇ
ㅇㅇㅇㅇㅇ이 하올ㄲㅗㅗㅗ
ㄹㄹ

〈조한혜정〉은 이 문제를 지적한 바 있다. "나는 여기서 '자신의 문제를 풀어갈 언어를 가지지 못한 사회, 자신의 사회를 보는 이론을 자생적으로 만들어가지 못한 사회'를 '식민지적'이라고 부르고자 한다."⁹ (…)

웬만한 거장이라 하더라도 감히 랑그를 만들어내지는 못한다. 그런 점에서 보면 안상수는 드물게 랑그를, 랑그로서의 파롤을 만들어낸 사람이다. 안상수가 파롤이 아니라 랑그를 만들어낼 수 있었던 것은 그에게 프로세스로서의 방법론이 있었기 때문이다. 기실 문화는 프로세스다. 프로세스로서의 문화는 기승전결이 있어야 한다. 그래야 식민지 근대화를 넘어설 수 있다. (…)

그래서 중요한 것은 파롤도 랑그도 아닌 방법이다. 바우하우스와 파티(PaTI)의 유사성이 있다면 아마도 그런 것이 아닐까?¹⁰

날개에게 있어 '방법'은 구체적으로 어떤 걸까요?

날개   '한글로 한다'가 방법이었죠. 한글의 관점에서 보는 거요. 모든 건 관점에 따라 다르게 보이잖아요. '유유상종'이라고, 제가 그런 얘기를 하는 사람들하고 자주 만나게 되더라고요. '홀로아리랑' 노래를 지은 한돌도 그런 생각을 가지고 있어서 가까이 지내고 있어요. 한번은 그러더라고요. '수색(水色)'이라고 하지 말고 '물빛'이라고 하면 얼마나 아름답고 좋냐고. "물빛에서 만나." 이러면…. "수색(水色)에서 만나"라고 하면 아무런 감정이 없잖아요. 그런데 "물빛에서 만난다"고 하면 그 잠깐….

산뜻   그 잠깐!

날개   '잠깐'이라는 그 순간이 자기의 본질이잖아요. 잠깐 스쳐가는 그곳이, 번뜩하는 그 순간이 에고(ego) 속에 들어 있는 거잖아요. 그런 것들이 한글

9   조한혜정, 『탈식민지시대 지식인의 글 읽기와 삶 읽기(1)』, 또 하나의 문화, 1992, 22쪽.
10   최범, 「〈안상수_날개.파티展〉파롤(parole)도 랑그(langue)도 아닌, 방법」, 『월간미술』387호, 2017년 4월.

[그림 5]
〈날개.파티 展〉 포스터

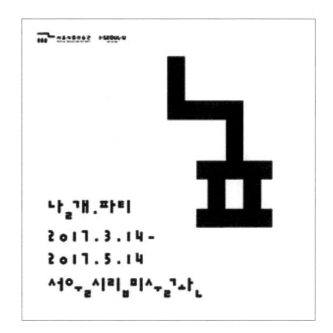

에서 느껴지는 거예요. 우리말로, 또 한글로 되었을 때, 아주 불현듯 그냥 살짝 스쳐가는 그 무엇이 있어요. 그게 짜릿한 거죠. 그걸 계속 만들다 보면 그 짜릿함의 빈도가 점점 높아지는 거예요. 처음에는 그걸 가끔 느끼는데, 그 느끼는 빈도가 올라가면, 내 본질이 그곳에 머물게 되는 거죠.

새별　'얼' 같은 걸까요, 본질이란 것은?

날개　얼이라기보다는 거기에서 쾌감이 있는 거죠. 그것만의 쾌감이 느껴지는 것.

【한글에서 쾌감을 느끼다】

새별　쾌감을 느끼게 하는 그 본질이라는 건 뭘까요?

날개　지난번에 어떤 모임에서 다들 우리말 이름을 소개했는데 한 분은 없었어요. 그분은 중문학을 공부한 분인데 이름이 뭐냐고 물었더니 '선옥'이래요. '선'이 무슨 자(字)냐고 하니까 먼저 선(先) 자래요. 같이 있던 분이 "그러면 '먼저'로 하면 되겠네?" 해서 이름이 '먼저'가 됐어요. (웃음)

'먼저'라는 말을 우리는 무심코 쓰잖아요. 생각하면서 쓰는 말이 아니라 말하기 위해 그냥 나오는 말이에요. 그런데 그렇게 콕 집어서 이름으로 주어지는 순간, '먼저'라는 말이 태어나는 순간, 짜릿한 거죠. 새로운 발견인 거예요. 돌무더기 속에 있었는데 그 말을 끄집어다가 탁 놓는 순간, 즐거움이 다가오는 거예요. 새롭게, 그걸 다시 눈여겨보게 된 거죠. **우리가 무시해 왔던 어머니말 속에 다른 느낌이 숨어 있어요. 수색을 '물빛'이라 했을 때 쾌감이 증폭되지요.** 내가 그걸 알아차리고 의도적으로 만들어낼 때는요. 내 안의 발전기 출력을 좀 높여야 하지요. 그냥은 안 돼요. 출력을 좀 올려야 그게 보이거든요.

제가 아무런 생각도 안 하고 평상시 에너지로 그냥 널브러져 있는데 뭐가 이렇게 휘익 지나가는 것을 저의 어떤 본능적 감각으로 느낄 때가 있어요. 남이 했든가, 스쳐지나가든가, 간판을 보든가, 라디오를 무심코 듣든가, 이럴 때 뭔가 '삥~' 하고 잡히는 게 있거든요. 그럴 때 그 쾌감이라는 것, 그 즐거움은 이루 말할 수가 없어요. 그것이 저한테 다시 와서 제가 창작을 하게 만들어요. 일종의 막 뒤섞여 있는 상태인데, 의도적으로 이렇게 저렇게 하다가 옛날의 어떤 것과 결합이 됐을 때 또 다른 즐거움이 일어나는 거죠. 그런데 그 즐거움이 일어나는 과정 과정에서 어떤 때는 그냥 낭떠러지로 떨어지기도 해요, 롤러코스터처럼….

【무료함을 즐기다】

새별　중고등학생들도 그렇고 대학생들도 그렇고, 그런 즐거움을 못 느낄 것 같아요. 주어진 것만 막 외워야 하니까.

산뜻　특히 학창시절에는 또래들끼리 동질화 과정이 필수적이잖아요.

날개　저는 어떻게 보면 왕따를 즐겼던 것 같아요. 왕따를 당한 적은 없는 것 같은데, 그걸 굳이 왕따라고 표현한다면 왕따를 즐기는 스타일이죠. 무리가 있으면 자꾸 무리에서 나오는 거예요. 영화를 반드시 혼자 보러 간다든가, 데이트하기 전까지 혼자 다녔어요. 지금도 가끔 몰래 혼자 보러 가요.

산뜻　저도 그래요. 안 봤다고 하고 또 보고 그래요. (웃음)

날개　제가 어릴 때, 초등학교 다닐 때일까 중학교 때일까, 혼자 봄에 나물을 뜯으러 가요. 종다리라고 하는 요만한 바구니와 손칼을 들고. 봄에 나물이 나올 때 춥거든요. 쌩쌩 봄바람이 차요. 그럴 때 냉이가 올라와요. 논두렁에 가서 지칭개라고 하는 걸 혼자 캐거든요. 그런데 당시에는 사내아이가 어떻게 나물을 캐러 가, 그랬어요. 그런데 저에게는 즐거움인 거예요. 특히 지칭개라는 걸 좋아했는데, 지칭개는 칼을 뿌리 있는 데에 넣거든요. 칼로 자르는 게 아니라 밀어넣는 거예요. 넣으면서 빗겨서 잘리는 그 맛이 있거든요.

산뜻　그게 '리(理)'네요.

날개　자르면 재미없어요. 빗겨서 아래로 꽂는 거예요. 그러면 땅에 톡 떨어져요. 이만한 것을 종다리에 넣고. 그리고 또 가다가 찔러서 넣고. 그러면 금방 한 바구니가 돼요. 그럼 가져와서 어머니에게 국을 끓여달라고 드리죠. 그러면 콩가루를 묻혀서 끓여주세요. 그렇게 혼자서 나물을 뜯으러 가는 순간이 저는 너무나 좋은 거예요. 혼자 있다는 사실이-. 제가 참 이상한 게, 대부분 군대 경험은 악몽이잖아요. 그런데 저는 군대가 그리워질 때가 있어요. 군대 있을 때 대부분 무료하잖아요. 그런데 전 무료함이 전혀 싫지 않았어요. 군대에서는 진짜 무료하거든요. 특히 토요일 오후나 일요일 아침, 다른 사람들은 외출을 나가고 교회도 가고 그러는데, 저는 내무반에 뒹굴면서 혼자 있는 거예요. 그땐 아무것도 할 일이 없어요. 심지어는 잠도 안 와요. 그냥 밖에 나가 멍하니 앉아서 느끼던, 그 봄날의 무료함을 그 이후에 한 번도 맛을 못 본 거죠. 지금은 뭐라도 할 수 있잖아요. 아니 뭐라도 해야죠. 무료함 자체가 두려운 거죠.

새별   그렇죠. 스마트폰이라도 해야 하고…. (웃음)

날개   혼자 있는 그 무료함이라는 게 참 즐거운 거예요. 그 '순간'을 스쳐가는 '빈곳'이….

【생각하는 손】

새별   저 어렸을 때는 맨날 무료했어요. 시골에서는요. 시골의 자그마한 농촌 마을에 살았는데, 놀 수 있는 거라곤 산이랑 친구밖에 없어요. 뙤약볕이 내리쬐는 한여름 낮에 우두커니 마루에 앉아 있으면 얼마나 무료했는지….

산뜻   요즘은 살면서 기본적으로 받는 자극이 많으니까 역치가 높아져서, 무료함이라는 상태가 너무 멀게 느껴지는 것 같아요. 비정상적인 상태로 여겨지기도 하고요.

날개   사실 무료함을 잃고 나니까 그리운 거죠.

산뜻   보통 장인이라고 하면 짜릿함이 포함되지 않는 것처럼 생각하잖아요. 항상 똑같은 일정, 정해진 자신의 패턴을 반복하는 무료한 작업이라는 이미지가 강하고, 그래서 더 대단해 보이는데, 날개는 어떻게 생각하세요?

날개   장인은 정말 자기 삶의 최고점에 다다른 사람이잖아요. 우리는 장인이 돈을 많이 못 번다든가 하는 선입관이 있는데, 실제로 장인의 작업은 자기완성의 과정이에요. 일본은 쇼쿠닌, 직인(職人)이라고 하잖아요. 그런 직분 기질이라는 게 있다는 거죠.

　　장인의 핵심이 손으로 이루는 것인데, 사실 손이 생각하는 거죠. '생각하는 손'이라고 하는 유명한 말도 있잖아요. 파티(PaTI)의 횃말(슬로건) 가운데 하나가 '생각하는 손'이에요. 모든 창의적인 발상들은 손에서 나온다는 거예요. 그리고 사람이 다른 동물하고 가장 다른 게 손을 정교하게 쓰는 것이죠. 손을 움직이는 것은 뇌지만, 그런 뇌를 움직이게 하는 게 손이래요. 뇌와 가장 연결되어 있는 것이어서…. 손을 써서 움직이는 창작 활동을 하는 과정에서 새로운 생각이 나타난다는 거예요.

　명상이나 참선을 하다가 새로운 생각이 나오는 경우도 있겠지만, 어떤 것을 손으로 만들어가는 사람 특유의 행위 속에서 문제 해결이나 더 좋은 개선 방법을 생각해 내지요. 더 잘 만든다, 이렇게 하면 안 된다, 이렇게 하는 게 덜 힘이 든다, 더 정교하게 된다, 이런 것들을 만드는 과정에서 많은 발견을 하게 되거든요. 이걸 잘 하려면 시간과 절차를 지켜야 하기에 절을 세 번 하고 해야 한다든가 하는 과정에서 제의(祭儀) 같은 것도 생겨나기도 하구요. 우리는 인간 문명이 다 머리에 의해서만 만들어진다고 생각하는데, 사실은 그러한 생각 때문에 우리의 감각들이 퇴화되는 거죠.

산뜻　몸이 축소되고….

【지금은 몸의 시대】

날개　생각나는 얘기가 있어요. 얼마 전 우허 선생과 차담 하다가 그분이 멋진 얘기를 하셔서, 방금 이야기하신 것을 여기에 그려보라고 부탁했더니 이 그림이 나왔어요. 역작입니다. (웃음)
사람 몸을 집에 비유한 거예요. 네 기둥이 팔이고 다리예요. 등짝이 지붕이고, 갈빗대가 서까래고, 손발이 주춧돌이라는 거예요. 그래서 사람은 경혈이 몰려 있는 이 손과 발, 곧 주춧돌이 튼튼해야 몸의 기본이 선다고 하셨어요. 그래서 손발이 몸 건강에 중요하다는 거죠.

새별　팔굽혀펴기 자세 같네요. (웃음)

산뜻　날개가 '생각하는 손'이라고 하셨잖아요. 손짓. 제가 몸짓이라는 말을 요즘 너무 좋아해요. 몸으로 무언가를 짓는 것. 손도 몸의 일부이고, 우리

몸에 여러 부분들이 있잖아요. 우리는 사실 손을 쓸 수 있는 능력이 있는 만큼 몸을 자유롭게 쓸 수 있는데 몸짓을 많이 안 짓고 살게 돼요. 그런데 내 몸이, **이 몸뚱아리가 무언가를 지어낼 수 있는 작업실이라고 생각하면 그저 길을 걸을 때조차 재미있어져요.** 생각하는 손뿐만이 아니라 생각하는 팔꿈치, 생각하는 다리, 생각하는 엉덩이, 생각하는 코가 될 수 있는 거죠. 인간은 태초부터 동물적인 몸을 가지고 있고, 그 몸은 무엇이든 지을 수 있고 될 수 있는 토대 같아요.

날개 이 시대가 몸을 다시 알아가는 시대인 것 같아요. 몸으로 다시 귀환하는 시대. 그동안 몸에서 굉장히 멀어졌잖아요. 머리 위주로 흘러왔고요. 이제 **다시 몸으로부터, 몸을 회복하는 시간이에요.** 파티(PaTI)에 여러 햇말이 있는데 그중에 몸과 관련된 게 두 개예요. 하나는 '생각하는 손'이고 다른 하나는 '몸으로부터'.

PaTI 1학년 워크숍 가운데 이런 게 있어요. 신발 양말 다 벗고 맨발로, 두 눈을 가린 한 배우미가 공간을 체험합니다. 그가 헛디디거나 부딪히지 않게끔 다른 배우미가 한 조가 되어 최소한의 보호를 하지요. 그가 몸으로 환경을 느끼게 하는 거예요. 만나는 대상을 만져보고, 안아보기도 하고, 발바닥 촉감, 냄새, 소리 등 오감으로 환경을 느끼게 하는 것이지요. 우리는 지금 발바닥의 감각도 신발 등으로 많이 잊고 살잖아요. 그러고 나서 그가 직접 체험한 감각을 시각적으로 표현하는 거예요. 모든 이들의 감각이 다 다르잖아요. 걷는 위치도, 만지는 것도 다르고, 어떤 사람은 차게 느끼고 따뜻하게 느끼고. 저마다 그 체험과 느낌을 백이면 백 사람 모두 다르게 표현할 수밖에 없잖아요. 말을 넘어서 자신의 감각 체험이 똑같을 수가 없는 거니까요.

새별   정답이 없는 거네요.

날개   정답이 없는 거죠. 몸이 다 다르니까. 사실 개성이라는 건 거기에서 오는 거잖아요. '개성은 너 자신을 찾아가는 거다'라고 교과서처럼 아무리 말로 해 봐야, 그건 좀 공허해요. 그냥 남이 한 얘기를 외우는 것일 뿐입니다. "나를 찾아야 한다!" 외친다고 해서 내가 찾아지는 게 아니잖아요. 자기 몸으로 느낀 만큼, 그것도 자기가 아는 말의 무게만큼, 자기의 경험 재료만큼 하는 거잖아요. 자기가 가진 것만큼 하는 거예요. 그에 대한 크고 작음이 아니라 그 고유 가치를 스스로 인식하는 거죠. 모두 출발점이 다르겠지요. 그것이 반복될 때, 나는 이렇게 하니까 훨씬 더 재미있다거나, 그렇게 하는 게 더 익숙해진다거나…. 이처럼 **각자 고유의 몸과 감각에 대해서 인정해주는 것 자체가 창의 교육의 시작이에요.**

【나를 찾고 남이 되기】

새별   창의는 나를 찾는 데에서 시작된다는 말이네요.

날개   나를 들여다보고 경험하는 곳, 거기서부터 시작이지요. 그것에 머무는 것이 아니라 거기서 시작인 거죠. 창의라는 것도 다른 사람들의 공감도 필요한 거거든요. 자신의 감각을 이야기했더니 그중에서 어떤 건 다른 사람들이 공감해 주고 어떤 건 아니죠. 또 공감에도 시차가 있잖아요. 처음에는 몰랐는데, 1년 지나니까 그때 그랬지, 그런 것도 있는 거고. 정말 이렇게, 어떤 관점에서 이것을 보느냐. 관점 자체도 또 관점을 가져야 한다고 그러더라고요. 니체가 그런 얘기를 했다고 들었어요.

산뜻 맞아요. 모든 것이 관점이고, 하나의 관점도 여러 관점의 모임인 거죠.

날개 '창의'를 하는데 그런 것도 좋은 방법인 거예요. 역지사지(易地思之) 있잖아요. 둘 사이의 관계를 바꿔놓는 거예요. 차가 나를 마신다, 책이 나를 본다, 돌단풍이 우리 얘기를 듣고 있고, 자기들끼리 뭐라고 한다든가, 둘의 관계를 뒤집어 놓는 거죠.

새별 최근 인류학도 그래요. 『숲은 생각한다』라는 책에서는 우리가 생각을 하는 것처럼 숲도 생각을 한다고 말해요.

날개 멋지네요. 그렇죠. 당연히 그런 거죠. 자기들끼리 교신을 한다는 거예요. 그래서 숲에 벌레들이 침입하면 나무들끼리 희생자를 정하고-. 서로 바꿔놓고 생각하는 것, 사람과 사람과의 관계뿐만 아니라, 사람과 사물과의 관계를 바꿔놓고 생각하는 것. 사실은 그것이 서로가 교감하는 거고, 통하고 그런 거잖아요. 저는 그게 참 중요한 태도라고 생각해요.

산뜻 저는 창의성하고 역지사지가 연결될 거라고 상상을 못 했었나 봐요. 고유성만 생각했었는데…. 역지사지라는 게 관계를 뒤집는 거고, 익숙했던 관계를 뒤집는 것 자체가 창의잖아요.

날개 내가 그것이 되는 거죠. 되기. 그것의 관점에서, 모든 것이 다 관점이 있어서, **젓가락이 나를 먹고 있는 거야. 젓가락의 입장에서 생각을 한다면, 다른 거잖아요. 나무도 아픈 거고.** 뭘 생각한다면, 그것을 표현할 수 있는 생각이 달라지는 거죠.

산뜻 그때부터는 나만의 언어가 아니고 '나-나무'의 언어가 되는 거죠

날개 그렇죠. 나무의 관점으로 내 언어를 그곳에 옮겨놓고, 그것이 또 다른 관계에 가서 다르게 되고, 하는 그런 관계가 이렇게 이어지겠죠.

산뜻 저는 그 '되기'라는 게 초인인 것 같거든요. 초인이 건너가잖아요. 그게 지금 여기에서 다른 무언가로 되는 거죠. 카프카로 말하면 '변신'이고요.

새별　타자가 되어 보는 것?

산뜻　네. 그런데 단순히 되어 보는 것이 아니라 내 형상 자체가 변하는 거죠. 단순히 타자의 입장이 되어 본다, 타자의 입장에서 생각해 본다 이걸 넘어서, 날개가 말씀하신 것처럼, 내가 정말 곤충이 되는 거예요. 순간적으로 일치해 보는 거예요. 날개가 아까 말씀하신 파티(PaTI)의 첫 수업 이야기, 그걸 저도 연극을 배울 때 첫 시간에 했던 기억이 나요. 내 일상적이었던 감각을 차단하고, 평소에 쓰는 몸의 자세를 아예 못하도록 없앤 다음에 새로운 형상을 만드는 것. 까마귀 되기, 집 되기, 구름 되기를 해 보는 것….

새별　중국 도교에서도 그래요. 도인술(導引術) 같은 걸 보면 동물 자세를 하잖아요. 동물의 몸을 취하면서 인간의 정신도 변화되는 거죠. 노자의 저절로 그러함(自然), 무위를 하면 자연히 된다고 했는데, 굳이 말하면 '자기 되기'를 강조하는 것 같아요. 아까 '자기 발견'을 하는 게 '창의의 시작'이라고 하셨잖아요. 한글 창제도 마찬가지죠. "제 뜻을 실어 펴지 못하는 놈이 많다." 백성들이 각자의 자기다움을 표현을 못하니까 한글을 만들겠다는 것 아니었나요?

날개　그렇죠! 〈훈민정음〉에서 그 부분의 알짬은 맹자가 말한 측은지심(惻隱之心)이에요. 제 뜻을 실어 펴지 못하는 이가 많다, 그게 참 안타까웠던 거죠. 측은지심이 사단 중에서, 사람 감정의 제일 으뜸이잖아요. 측은지심이라는 휴머니즘이 한글 창작을 촉발시킨 거예요. 그러니까 모든 창작 행위에서 가장 바탕에 있는 게 측은지심 같아요. 지구도 불쌍히 여기고, 모든 생명을 불쌍히 여기는 감성.

【예술의 바탕은 측은지심】

새별　날개가 『라라 프로젝트』에서 훈민정음의 세 가지 정신을 말씀하셨더라고요.

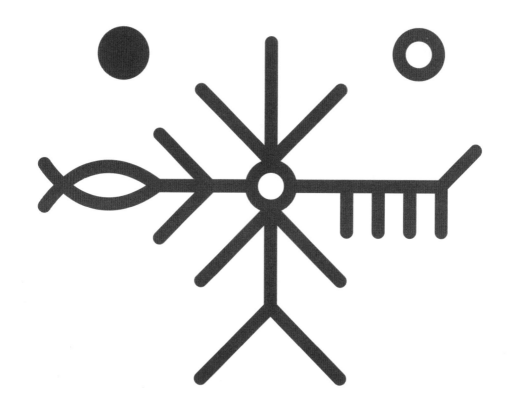

[그림 7] 날개의 〈생명평화무늬〉

> 훈민정음의 알맹이는 '다름'과 '어엿비 여김'과 '쉬움'이라고 하는 쉽지만, 쉽지
> 않은 큰 개념입니다. 그 생각을 그대로 실천한 것이 훈민정음입니다.[11]

여기에서 '어엿비 여김'을 '다름'이나 '쉬움'처럼 두 글자로 줄여보려고 고민하
다가 '살림'이라는 말을 생각해 봤어요. 가엽게 여긴다는 건 뭘 살리려는 마음
이잖아요.

날개   저기 맨 밑에 조그맣게 〈생명평화무늬〉 있잖아요. 저걸 제가 '어울
림 삶'이라고 했거든요. 모든 픽토그램, 그러니까 저런 그림부호가 글자가 되
기 위해서는 음가를 가져야 하거든요. 기호가 소릿값을 가지면 글자가 되고,
소리를 갖지 못하면 그냥 그림부호로 남게 되지요. 음가가 글자와 그림의 차
이, 경계선이에요. 저걸 글자로 남겨 놓으려면 저기에 소리를 붙이면 돼요. 저
는 〈생명평화무늬〉를 글자로 만들고 싶었던 거예요. 그래서 저걸 '어울림 삶'
자라는 글자로 만든 거예요. '어울림'은 새김이고, '평화(平和)'의 우리말이잖아
요. '삶'은 소리고, '생명(生命)'의 우리말이고요. 삶이라고 하는 것이 살아간다
는 것도 있지만, 살려내는 것이거든요. 새별이 말한 '살림'이죠. 지금 죽어 가는
것들, 사람의 생명유지를 위해서 공장식으로 사육되는 가축들, 이런 것들을
살려내야 되잖아요. 이 세상 모든 생명 존재들의 평화를 위해서, 평화로운 삶
을 위해서, 살려내는 삶 자체를 표현한다는 점에서 '어울림 삶' 자라고 이름지
었지요.

산뜻   날개가 측은지심으로부터 창작이 나올 수 있다고 하신 말이 참 아름
다워요.

날개   예술의 바탕생각이 측은지심이라는 거죠. 그런 감각을 깔고 있는 상
태가 제일 가치 있는 것 같아요. 기이한 걸 찾는 것도 있지만, 기이한 걸 찾더라

---

11   안그라픽스 편집부, 「우리 디자인의 제다움 찾기-라라 프로젝트1」, 안그라픽스, 2006, 338쪽.

도 가장 밑에 깔려있는 자신의 의도와 철학이, 신기하고 기이함을 찾고 새로움을 만들어내고 하는 것보다도, 맨 밑 생각 뿌리의 발단이 모든 생명과 존재에 대한 긍휼함을 느끼고 하는 생각에서 출발했다면 더 가치 있다고 믿고 있어요.

산뜻   측은지심이라는 근본 감정이 '살림의 감정'이군요. 살려주고 싶은 감정. 오늘 날개 얘기를 듣고 처음부터 느꼈거든요. 날개는 새로움이라는 감각을 굉장히 중시하는구나. 그런데 그 새로움이 단순히 진기한 걸 찾거나 기묘한 걸 찾는 문제가 아니라, 새로운 걸 '살려내겠다'는 마음인 것 같아요. 새로움에 생명을 주고 싶어 하는 마음.

날개   제 생각에 이것이 창작 과정이 진행되는 회전운동 같아요. 처음에는 단순히 새로운 걸 만들어야겠다 이런 생각으로 시작을 해요. 시작의 발단은 작은 단서만 있고 뭔지 모르는 상태, 혼융된 상태에서 행위가 시작되죠. 그렇게 갔다 왔다가 자꾸 이렇게 회전을 하면서 올라가는 거예요. 고양이 되는 거죠. 어떤 때는 이렇게 가기도 하고 저렇게 가기도 하고. 갈 때마다 다른 거예요. 한참 가다가 뚝 떨어졌다가 다시 올라가기도 하고. 그런데 그것의 가장 밑바탕에 있는 생각, 적어도 사람이라면. 동물이야 본능으로 살생을 하기도 하지만. 사람이라면 그 바탕에서 다시 성찰하고, 다시 생각해보고, 이런 것들…

산뜻   날개가 말씀해 주신 과정은, 혼돈의 수레바퀴 같은 게 제멋대로 움직여서, 뭐가 나올지도 모르고 안에 뭐가 들었는지도 모르는데 갑자기 그 기계에서 무언가 점을 뿌리듯이 나오는 느낌인 것 같아요.

날개   자꾸 고양되는 상태죠. 솔개가 바람을 '타고' 올라가듯이, 그러면서 계속 아래를 보며 올라가는 거죠.

새별   '타다(乘)'라는 개념도 장자적이네요.『장자』첫머리에 대붕이 구만리 창공을 올라가는 장면이 나온 뒤에 "천지의 올바름을 탄다(乘天地之正)"는 구절이 나오잖아요.

【한글 'ㄹ'은 변화의 한가운데】

날개   저는 제가 하는 멋지음에 '바람'을 담거든요. 어떤 걸 멋지었다면 그 멋지음에 저의 바람을 담아요. 최근 '사랑어린배움터'라는 대안학교 로고를 멋지은 것도 그랬어요. 6, 7년 전부터 저보고 로고를 만들어달라고 하셨어요. 해주겠다고 했는데 그게 금방 되나요. 잊고 있다가 지난해 겨우 막 동학을 가까이 하면서 이 로고가 나온 거예요.

류영모 선생이 'ㄹ'은 "변화 그 자체"라고 하셨어요. ㄹ은 변화의 한가운데 있음을 나타낸다는 거예요. 가령 '놀 뿐'이라고 하면 놀려고 하는 그 '사이'에 ㄹ이 개입되어 변화를 이끌잖아요. 사랑어린배움터 스승과 배우미들이 변화를 즐기며 변화에 맞서라는 바람을 담은 것이지요. 마치 파도를 타는 서퍼처럼요. 그래서 사랑어린배움터가 교육의 '궁궁처'가 되라는 마음을 담았어요. 그래서 저 로고에서 핵심은 '궁궁처'예요.

해월이 서른여섯 해 동안 궁궁처를 찾아다니잖아요, '궁궁처'는 이상향, 파라다이스잖아요. 사실 교육의 지향점은 교육의 파라다이스를 지향하는 거라고 봐요. 어떻게 하면 가장 이상적인 교육을 하는 곳을 만들 수 있을까? 그래서 사랑어린배움터가 교육의 궁궁처가 되었으면 하는 뜻을 담아 저 로고를 만들었어요. 그곳 사람들은 이런 말을 알아들을 만한 사람들이에요.

새별   다석의 ㄹ을 동학의 궁궁(弓弓)으로 해석하신 거군요.

날개   그렇죠. 궁궁처라는 건 변화의 한가운데 있는 거죠. 이곳은 사랑어린 배움터인데, 사실 '사랑'에서 묘미는 '랑' 자에 있는 거예요.

새별   '토착적 근대'를 주창하는 일본의 기타지마 기신(北島義信) 선생이 내는 잡지 이름이 『리라(リーラー)』인데 '리라'는 힌두어로 '놀다'는 뜻이라고 하더라고요.

산뜻   역시, ㄹ은 노래하는 발음이고, 흐르는 발음이고 놀러가는 발음이죠.

날개   한글로 놀 때 이렇게 번뜩인다는 거예요. 한글로 놀 때 너무 재미있어요.

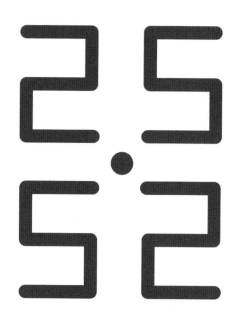

[그림 7]
날개의 〈사랑어린이배움터〉 로고

새별　그런데 우리는 자나깨나 '영어', '영어'라고만 하잖아요. (웃음)

산뜻　전에 『다시개벽』의 편집장 담연이 그런 말을 했어요. 한강 작가가 외국에 번역해서 팔려고 『채식주의자』를 썼겠느냐고요. 자신의 개성으로, 자신의 전통 안에서 쓴 거잖아요. 이걸 어떻게 번역할까 고민하면서가 아니라 해야 할 수밖에 없는 말들을 쓴 거죠.

날개　당연히 그렇죠. **다른 나라 말로 번역할 수 없는 말이 그 문화의 핵심이에요.** '멋'이라는 말은 번역이 안 되거든요. 일본의 '와비사비' 이런 말도 번역이 안 될 것 같아요. 중국의 '묘(妙)'도 번역이 안 되죠. 이렇게 번역이 안 되는 말이 그 문화의 핵심이에요. 이런 걸 추려내야 해요. 그리고 그것을 번역하지 말고 그냥 그 자체로 써야 돼요.

【'공부'란 변화를 파악하는 자기훈련】

날개　　제가 고려대 국문과 김인환 교수님의 책들을 좋아합니다.『동학의 이해』라는 책도 쓰셨는데, 제가 보기에는 동학에 대해서 가장 진솔하게 쓴 책이에요.『용담유사』에 대해 주석을 달았어요. 이 분은 김지하 선생하고 확실하게 비교가 되는 분이에요. 1994년 동학혁명 100주년에 두 권의 책이 나왔어요. 하나는 김지하의『동학이야기』(솔출판사, 1994)이고, 다른 하나는 김인환의『동학의 이해』(고려대학교출판부, 1994). 두 책은 완전히 비교가 돼요. 김지하 선생은 막 탈춤 추듯이, 이 산에서 저 산으로 뛰어가는 글이에요. 저는 김지하 선생 책에서 처음 동학을 알게 되었어요. 김인환 선생의『동학의 이해』는 뼈다귀를 추려놓은 것 같아요. 그리고 접근이 굉장히 창조적이에요.

　　저는 김인환이라는 분을 몰랐어요. 문학평론가 함돈균 선생과 만나 이야기 하다가 자기 박사논문 지도교수였던 김인환 교수 얘기가 나왔어요. 얘기에 빠져들어 차를 마시다 말고 제가 "당장 교보문고에 갑시다!"라고 해서 함선생이 권해 주는 책을 사고, 또 그도 저에게 한 권 사서 선물로 받았는데, 집에 와서 읽어 보니 대단한 거예요. 찌릿! 했어요. 줄줄이 샀지요. 엄청난 분입니다. 나중에『동학의 이해』도 샀죠. 이 책을 보는 순간 머리가 쭈뼛 서더라고요.

　　몇 해 전 겨울, 이 분이 북아현동 '작가'라는 출판사에서『노자』강의를 하신다고 해서 제가 들으러 갔어요. 개근했지요. 끝내주더라고요. 그때 이런 말을 하셨어요. **"동아시아에서 공부라는 것은 변화를 파악하고 자기수양을 하는 것이다. 응고를 거부하고 변화를 가능케 하는 것을 자기 훈련하는 것, 이것이 공부의 핵심이다."**

산뜻　　우리는 보통 공부를 정해진 하나의 리(理), 고정불변의 리(理)를 학습하고 외우는 거라고 생각하잖아요. 그런데 변화를 공부하는 것이 동아시아 문화에서 중요하다는 점이 인상적이에요. 시카고대학의 브룩 지포린(Brook

Ziporyn) 교수는 동아시아의 '리'를 principle이 아니라 coherence라고 영역했다[12]고 하는데요 coherence에는 애초에 타자가, 이질적인 것들이 포함되어 있잖아요. 두 개 이상의 서로 다른 것이 서로 현존해 있다는 개념이에요. 결이라는 것도 혼자 존재하는 게 아니고 무언가와 무언가의 사이에 결이 나는 거고요. 동양의 리는 변화 자체, 모든 것이 섞여 있는 상태에서 만들어내는 흐름과 변화 자체를 상징하는 기호이기 때문에, 리를 전제로 세워 두고 거기에 대해 정리하고 실험하고 확인할 의식이 없어서 과학에 집중하지 않았다는 분석도 들은 적이 있어요. 흐르고 변화하는 게 당연한 일이니까 변화를 측정하려 하지 않은 걸까요. (웃음) 변화에 대한 예상이나 대응보다도 실제로 내 몸과 마음이 변화를 타는 게 중요한 것 같아요.

새별 변화를 파악하게 하는 공부가 PaTI의 교육이념이 아닌가 하는 생각이 드네요. 정신없이 얘기하다 보니 벌써 5시간이 다 되었네요. (웃음) 오늘은 날개의 철학 전반에 대해 들을 수 있었던 소중한 자리였던 것 같아요. 바쁘신데도 불구하고 오늘 긴 시간 함께해 주셔서 고맙습니다.

날개 오늘 저도 두 분과의 대화에서 '새별'처럼 '산뜻'한 영감을 많이 받았어요. 즐거웠습니다.

산뜻 저는 오늘 날개가 개념의 영역에서 사유하는 철학자라는 걸 알게 됐어요. 감흥의 판을 열어주셔서 진심으로 감사합니다. 언젠가 또 즐거운 대화를 할 수 있으면 좋겠습니다.

12 Brook Ziporyn, *Ironies of Oneness and Difference: Coherence in Early Chinese Thought; Prolegomena to the Study of Li*, State University of New York Press, 2012.

【참고문헌】

◎ 안상수, 「한글디자인과 어울림」, 『디자인학연구』 17-3(통권 57호), 2004.

◎ 안상수 기획, 『라라 프로젝트(1) : 우리 디자인의 제다움 찾기』, 안그라픽스, 2006.

◎ 안상수, 「(인터뷰) 한글과 불교, 그리고…」, 『월간 불광』, 2010.08.09.

◎ 안상수, 「(인터뷰) 배움과 삶이 이어지는 공동체를 디자인하다」, 『고양신문』, 2018.03.05.

◎ 안상수, 「(시민강좌) 개벽과 디자인」, 『원불교사상과 종교문화』 86, 2020.12.

◎ 최 범, 「실험과 창조로서의 전통: 안상수론」, 『디자인네트』 2002년 7월; 최 범, 『한국 디자인을

   보는 눈』, 안그라픽스, 2006.

◎ 최 범, 「안상수의 방법, 한글의 방법, '세계와'의 방법」, 『월간 디자인』 2013년 8월. 『한국 디자인의

   문명과 야만』, 안그라픽스, 2016.

◎ 최 범, 「파롤(parole)도 랑그(langue)도 아닌, 방법」, 『월간미술』 2017년 4월.

◎ 최 범, 「방법으로서의 모던, 목적으로서의 동아시아 : 안상수의 조형과 담론」,

   『월간 디자인』 2018년 6월; 『한국 디자인과 문화의 전환』, 안그라픽스, 2019.

다시그린다

RE: IMAGINE

말더듬이

차
도
하

나는 그를 말더듬이로 고용했다
처음 그리고 세 음절마다 말을 더듬는 게 그의 일,
내 집에 우편과 사람이 올 때

열여덟 통의 우편이 성공적으로 쓰레기통에 들어갔을 때
한 명의 손님이 왔다
그는 훌륭하게 말을 더듬었다

돌아가는 손님의 뒷모습을 보며
나는 배를 잡고 웃었다
그 후로 여러 번 사람들이 찾아왔다
얼마 지나지 않아 떠났다

나는 미안해하는 그들의 얼굴을 평화롭게 박제하고 싶었다
행복한 말더듬이의 나날이었다

서른 통의 편지가 쓰레기통으로 처박혔다

이제 손님은 거의 없었다 다만 저 멀리서 한 명의

아빠가 왔다!

나는 부엌 싱크대 밑 수납장에 숨었다
(계단을 올라오는 둔탁한 발소리 문을 세차게 두드리는 소리)

악 아악 왜 왜 이러 세 세요 연기인 거 다 안다 무 무슨 말씀 혀를 자르든
가 해야지 이거 원

수납장 문이 열리고 쪼그려 앉은 나와 아빠의 눈이 마주쳤다
아빠는 칼을 빼서 말더듬이의 혀를 잘랐다

자 우리 딸 가자 아빠가 다정하게 손을 내민다
나는 힘겹게 혀를 움직여
네 네

응급실

태어난 적 없는 동생이 기른 적 없는 개에게 물렸다
나는 우는 동생의 손을 잡고 응급실로 갔는데
치료할 수 없다고 했다
동생이 태어난 다음에 다시 오라고
개를 기른 다음에 다시 오라고
개가 동생을 물어버리면 그때 오라고 했다
그 전에 죽어버리면요? 내가 묻자 의사 선생님은
이런 일은 죽음이 아니라고 했다
이런 일은 아무 일도 일어나지 않은 일이라고 했다
나는 기른 적 없는 개를 원망하지도 못하고
태어난 적 없는 동생의 손을 꼭 잡은 채
병원 근처를 오래 서성였다
동생이 코를 훌쩍였다

【시작노트】

수업 시간에 유년에 관한 시를 써 오라는 과제를 받았다. 유년에 대해선 더 이상 생각하기 싫었다. 고등학교 2학년 때 썼던 「말더듬이」를 가져갔다. 고칠 건 없다고 했다. 다만 이런 말을 들었다. "세상에 부모에게 학대받지 않은 아이는 없다고 생각해요." 그 말이 마음속에 오래 남았다. 모든 청소년들에게 「말더듬이」를 바친다.

아프면 아프다고 말해야 한다. 적절한 시기에 적절한 곳에서 치료를 받아야 한다. 설령 시기를 지나쳤더라도 우리는 더 나아질 권리가 있다. 그러나 최후의 최후까지, 구조요청을 했음에도 받아들여지지 못한 사람들에게 「응급실」을 바친다.

차도하
◈ 내가 할 수 있는 말과 내가 할 수 없는 말을 구분하는
데 지쳤다 ◈ 무엇이든 다 말해 버리고 싶고, 아무것도
말하고 싶지가 않다 ◈ 그러나 무엇이든 다 말하려다가도
문득 입을 다물게 되는 순간이 있고, 아무것도 말하지
않으려다가도 불쑥 말이 튀어나오는 경우가 있다 ◈ 나는
어떻게든 말하게 될 것 같고, 어떻게든 말하지 못하게 될 것
같다 ◈ 막막하다 ◈ 너무 좁은 방에서 너무 많은 물건들을
정리하고 있는 기분이다 ◈ 그럼에도 불구하고 물건들을
이리저리 옮겨보고 싶다 ◈ 잠깐이더라도 마음에 드는
배치를 발견하고 싶다

블라인드

성
다
영

그가 아이를 낳을 때마다 나는 꿈을 꾼다

한 사람이 한 사람을 알아보는 꿈

위의 두 행은 이렇게 바꿔 쓸 수 있다

내가 꿈을 꿀 때마다 그가 아이를 낳는다

벌써 두 번째 아이다

두 사건이 어떻게 연결되는지 근거를 찾는다면 찾지 못할 것이다 찾지 못하는

이유를 이 시에서 찾는다면 찾을 수 없을 것이다

맹검법

편향 작용을 막기 위해 실험이 끝날 때까지 실험자 또는 피험자에게 특정 정

보를 공개하지 않는 것

너는 무엇을 보는 것일까

사람들이 평범해 보이는 회색 빌라를 진지하게 본다

조금씩 표면이 얇아지다가 투명해지다가

왜소한 추억이 된다

그러나 그것은 쉽게 없어지지 않는다

별 볼일 없어 보이는 것

그것만이 살아남는다

안으로 말려드는 몸

꿈에서 나는 그를 구하기 위해 합정역 7번 출구 근처를 서성거리다 설계자를

지나친다

해석할 수 없는 것은 무섭다

나는 무엇을 보는 것일까

너는 마치 사회에서 사라진 사람 같다

실험자와 피험자 모두에게 맹검이 적용되었을 경우 이중맹검법이라고 한다

찢어지다

찢어지다

찢어진다

다음 꿈에서 너의 남편은 죽을 것이다

스킨스카이

장소를 생산한다
너는 내가 만드는 장소 안에 있다
여기는 어디라고 할 수 없는
아직 어디가 아닌 곳

눈이 내린다 눈이 쌓인다
오늘 나무는 더욱 선명해진다

이것이 놀이처럼 보인다면
너는 해석할 수 없는 것을 보고 있는 것이다

눈이 빠르게 내린다 눈이 불규칙적으로 흩날리면
나쁜 일이 일어날 것 같지
이제 너도 안다 나쁜 일은 인간이 만든다

다시, 먼지 같은 눈이 차분하게 내린다
정확히 어디에서 시작된 것인지 알 수 없다

이제 막 카페에 들어온 사람들이 이쪽을 본다
여기엔 아무것도 없는데 나는 아무도 아닌 사람 드디어 내가 되었네
큰 보일러는 큰 것을 데우고
작은 보일러는 작은 것을 데운다
음악처럼 사람들이 움직인다

【시작노트】

위험에 빠진 사람을 구하려고 하지만 실패하는 꿈을 꾼다. 가끔씩 꾸는 꿈이다. 나는 그를 구하고자 하는 주인공이며, 밧줄에 묶여 상영되는 영화를 강제로 관람하는 관객이다. 고개를 돌릴 수 없지만 나는 안다. 영사기가 있는 검은 방에 누군가 있다는 것을. 사람들은 눈으로 보아야 믿는다. 눈으로 보는 것이 정확하다고 말한다. 블라인드 테스트는 보는 것의 무력함을 폭로한다. 그리하여 누군가는 보기 위하여 눈을 감는다. 그러나 인간은 눈을 감을 수 없다. 감았다고 착각할 뿐이다. 언젠가부터 나는 세계의 피부를 보려고 하였다. 그러나 내 눈은 존재하지 않는 것을 더 보고 싶어 한다. 믿지 않는다. 그 세계에서는 모두가 객체다. 나의 믿지 않으려는 믿음은 죽음 충동에 다름 아니다. 그러나 그보다 더 아름다운 믿음은 보지 못하였다.

성다영

◈ 저는 동물과 함께 살고 있으며 저도 동물인간이라고 생각합니다 ◈ 저는 대학원에서 미학공부를 하고 있습니다 ◈ 저는 오늘 김치찌개, 무 조림, 바게트, 커피와 유자차를 먹었습니다 ◈ 저는 목소리가 없는 음악을 좋아합니다 ◈ 저는 하얀색을 좋아합니다 ◈ 저의 집에는 열두 개의 식물이 있습니다 ◈ 그중 여섯 개는 녹차나무이고, 여섯 개 중 하나는 아직 싹이 나지 않은 미래의 녹차나무입니다 ◈ 저는 메모를 자주 합니다 ◈ 매년 두 세 개의 노트를 메모장으로 씁니다 ◈ 메모는 시가 되기도 하고 되지 않기도 합니다 ◈ 잠에 들기 전, 밥을 먹을 때, 길을 걸을 때, 책을 읽을 때, 샤워를 할 때, 누군가 수상소감을 말할 때, 집중해야 할 때도 온갖 생각이 떠오릅니다 ◈ 그것은 시를 쓰는데 도움이 되기도 하고 되지 않기도 합니다 ◈ 저는 시인 성다영입니다

이것은
여행이 아니다

김승일

그리고 그 뒤로 그는 죽을 때까지 단 한 번도 대중 앞에서 연주회를 갖지 않았습니다. 그 이후로 그는 죽을 때까지 농사를 짓지 않았습니다. 빵을 굽지 않았습니다. 은퇴를 선언한 이후로 그는 그 어디에도 투자를 하지 않았습니다. 다시는 방송에 출연하지 않았습니다. 카메라를 들지 않았습니다. 아무도 가르치지 않았습니다. 적을 죽이지 않았습니다. 붓도 펜도 들지 않았습니다. 혁명에 참여하지 않았습니다. 거부했습니다. 죽을 때까지. 강당에서 사람들이 언제 어떻게 은퇴했는지 듣고, 원재연은 버스를 타고 집으로 돌아가는 중이다. 오늘의 강연자는 추측했다. 그들이 어째서 그만두었는지. 원재연은 어떤 추측은 긍정하고, 어떤 추측은 부정하면서, 지하철을 타고 집으로 돌아가는 중이다. 해외로의 여행이 금지되었다. 그래서 원재연은 자기가 동경하는 사람을 만나러 갈 수 없다. 원재연은 집으로 가면서 자기가 동경하는 사람이 어째서 하던 일을 그만두었는지 추측한다. 집으로 돌아가면 원재연은 하던 생각을 그만둘 것이다. 그래서 내가 늦은 밤 집 앞 골목에 서서 가을바람을 맞고 있는 것일까? 집으로 들어가지 않는 것일까? 아니다. 그는 일단 부정해본다. 그리고 긍정도 해본다. 언젠가… 원재연은 자기가 동경하는 사람의 인터뷰를 읽었다. 일을 하러 갔다가 폭풍이 몰아치는 설산에 38시간 동안 갇힌 이야기. 그는 눈을 파서 구덩이를 만들고, 생각에 잠겼다. 집으로 돌아가면 하던 생각을 그만둘 것이다. 원재연은 집 앞에 있다. 어쩐지 들어갈 수가 없어서 집 앞 정자에 앉았다. 더는 생각을 곱씹고 있지도 않다. 그냥 들어갈 수가 없다.

21세기에

저녁에 동네를 산책하다가 야훼와는 아무 상관 없는 신을 영접한 뒤로 종교 수행을 하면서 사는 것은 확실히 즐거운 일이었다. 1년의 시간이 흐르고 원재연은 마침내 공책에 다음과 같이 썼다. 경전을 집필하기 시작해야겠다. 그러고서 한참을 그날 아침에 들었던 새소리가 어떤 새들의 것인지를 분석하고, 집 앞 공터에서 발견한 작은 돌멩이들의 모습을 묘사한 뒤에, 재연은 다음과 같이 썼다. 나는 경전에 쓰지 않을 것들에 대해 생각했다. 당시 마흔다섯의 그 교주 지망생에게는 자주 만나는 친구가 하나도 없었고, 아내가 물려받은 유산으로 구입한 아파트를 시작으로 점점 평수가 낮은 집으로 이사를 해가면서 경전에 쓸 말을 고르는 데 하루를 다 쓰면서 살았다. 공책에는 경전에 쓰지 않을 말들만이 쌓여갔으며, 건너서 아는 출판사 사장의 권유로 〈경전에 쓰지 않을 것들〉이라는 제목으로 책을 몇 권 내기도 하였으나 재연이나 출판사 사장의 지인들이 팔아준 것을 제외하고는 반응이라고 할 만한 것이 없었다. 원재연은 공책에 신을 만났던 일에 대해서도 쓰곤 했는데, 일화의 말미에는 꼭 이 얘기는 경전에 쓰지 않을 것이라는 말을 덧붙이곤 했다. 그로부터 8년이 지났는데, 원재연이 지금 어디서 무엇을 하면서 살고 있는지 나는 전혀 모른다. 산으로 갔는지 바다로 갔는지 어디론가 값이 싼 곳으로 갔을 것이다. 재연이 예전에 출판했던 책들은 이제 몇몇 지인들의 서가에 꽂혀, 가끔 우리가 만나서 얘기하기로, 어쩌면 그냥 그 책들을 경전이라고 불러도 되지 않겠냐고들 한다. 그가 16세기에 서양에서 태어나기만 했어도, 야훼랑은 상관없는 신을 영접했다는 이유로, 이미 그의 공책은 불경한 책이 되고, 심문도 받고 감옥에도 갇히고, 어쩌면 처형을 당했을지도 모를 일이다. 그러나 재연은 어디 갇혀서도, 지금까지 자신이 쓴 것들은 자신이 쓰지 않을 것들을 쓴 것일 뿐이라고 주장했을 것이다. 그러나 원재연보다 비교적 생활력이 강한 시인인 내가 보기에,

모든 것은 순서의 차이인 것이다. 쓰지 않을 것들을 쓴다고 천명하지 말고, 나중에 내가 쓴 것들은 쓸 필요가 없는 것들을 쓴 것이다. 그렇게 천명하는 것이 확실히 생활에는 도움이 된다. 그렇게 손바닥 뒤집듯이 살아도 몇 푼 벌지는 못하겠지만. 어차피 일기라는 것이 손바닥을 어떻게 뒤집었는지에 대한 기록이라고 나는 생각한다. 나는 남이 열심히 쓴 일기를 읽는 것이 그렇게 좋다.

【시작노트 1】

어떤 사람이 있지. 그 사람은 어딘가에서 수업을 들었네. 카페에서 책을 읽었네. 결코 집에서 수업을 듣거나 책을 읽은 것은 아니라네. 왜냐하면 그녀가 지금 집으로 돌아가고 있는 중이기 때문이지. 수업을 곱씹으면서, 읽은 내용을 곱씹으면서. 가끔은 딴생각에 사로잡히고, 오늘 알게 되었거나, 누가 주장했던 얘기를 부정도 해보고 긍정도 해보면서. 아무리 골똘히 생각에 잠겨있어도, 세상 풍경이 눈에 들어오는 것은 막을 수 없지. 길에는 사람도 있네. 나는 오늘 집으로 돌아가는 그 사람이 마음에 들어. 누군가의 얘기를 듣고 집으로 돌아가는 사람. 오늘은 그 사람의 슬픔에 대해 말해보고자 하네. 그 사람은 누군가의 얘기를 들었기 때문에 슬퍼졌네. 집으로 돌아가고 있기 때문에 슬퍼졌네. 집이 아직 멀게만 느껴지네. 집이 멀어서 슬픈 것은 아니라네. 어떤 이론가가 무언가를 말하였네. 어떤 이가 그 이론가의 얘기를 한참 듣다가 집으로 돌아가고 있었네. 어떤 이론가가 책을 썼고, 어떤 이가 밖에서 그 사람의 책을 읽다가 집으로 돌아가고 있었네. 어떤 이론가가 죽었네. 어떤 이론가는 외국 사람이라 너무 멀리 있었네. 어떤 이론가의 책은 너무 어려웠네. 그래서 학원인지 학교인지 아카데미인지에서 어떤 강사가 사람들에게 그 이론가가 했던 말을 전했다네. 자신의 생각도 담아서 전하고, 자신의 생각은 빼고 전하기도 했지만, 언제나 생각을 완전히 빼는 것은 불가능하다네. 그 사람의 수업을 듣고 누군가가 집으로 돌아가고 있었네. 나는 그 사람을 생각하면 슬프다네. 그 사람이 또 누군가의 선생님이 되었다네. 이제 선생이 된 그 사람의 수업을 또 누군가가 들었다네. 수업 듣던 사람이 집으로 돌아가고 있네. 역시나 그 모습을 떠올리면 나는 슬퍼지네. 누군가에게 무슨 얘기를 하다가 집으로 돌아가는 사람들. 무슨무슨 선생님이라고 불리는 그 사람의 퇴근길도 떠올려보네. 퇴근길은 언제나 슬프지만 하굣길보다는 슬프지 않네. 무슨무슨 선생님은 잠시 카페에 들려 어려운 책을 뚝딱 읽었다네. 그리고 집으로 돌아가네. 그 모습 떠올리면 역시나 또 슬프지. 뭔가를 배우고 집으로 돌아가는 사람들. 그 사람들이 생각하는 모습이, 그 사람들이 생각을 잠시 멈추는 모습이 나는 슬프네. 누군가에게 들은 얘기를 생각하는 사람이 있네. 그 사람이 주인공인 이야기를 쓰고 싶네. 그 이야기에는 희비극적인 사건들이 등장하지. 그러나 이 이야기에서 슬픔은 온전히 누군가의 얘기를 듣고서, 집에 돌아가고 있기 때문에 존재한다네. 내가 이야기를 하면. 누군가가 듣거나 읽겠지. 만약에 당신이 지금 밖이라면, 당신은 집으로 돌아간다네. 집이 없는 사람도 있지. 돌아갈 곳이 없는 사람. 그 사람에 대한 얘기는 나중에 생각하기로 하지. 일단은 돌아갈 곳이 있는 사람에 대한 얘기를 하겠네.

【시작노트 2】

시로 쓰지 않을 소재를 방금 떠올렸다. 로봇에게 일자리를 잃은 인간의 자리를 다시 로봇이 대체한다. 그러니까 실업자 신세도 로봇이 대체하는 것이다. 실업자 신세도 로봇에게 빼앗긴 인간의 자리도 로봇이 대체한다. 그러니까 실업자 신세를 빼앗긴 신세도 로봇이 대체하는 것이다. 그렇게 계속 로봇이 빼앗김도 빼앗는다. 기계가 나오는 시는 쓰지 않기로 했기 때문에 이걸 시로 쓰는 일은 없을 것이다. 만약에 시로 쓴다면 이러한 굴레를 기본 세계관으로 설정하고, 최대한 설명하지 않고, 화자는 누구로 설정하지. 아주 어려운 작업이 될 것이고 재미가 있을 것 같지만 쓰지 않을 것이다. 나는 항상 쓰지 않을 얘기를 생각한다. 왜 써서는 안 되는지도 생각하고. 나는 지금 시를 쓰려고 쓰지 않을 이야기를 계속 떠올리고 계속 폐기하는 사람이 나오는 시를 쓰고 싶은 것일까? 그 사람이 화자인가? 조금 더 두고 봐야겠지만 그 사람은 화자가 아닌 것 같아. 나는 항상 나를 화자로 만드는 걸 피하려고 하니까. 그리고 쓰기에 관한 이야기는, 메타시는 쓰지 않으려고 노력하니까. 그래도 이야기를 생각하고 이야기를 버리는 과정을 둘러싼 어떤 이야기를 해보고 싶다. 아닌가? 하고 싶지 않은가? 하고는 싶은데. 이 이야기를, 이야기를 생각하고 이야기를 버리는 과정을 둘러싼 어떤 이야기라고 설명하기는 싫어. 다른 정의가 필요할 것 같다. 이 이야기에 대한 다른 정의. 그걸 오늘 하자.

김승일
◈ 제 이름은 김승일이고 시인입니다
◈ completecollection.org에 제가 쓴 모든 것을
업데이트 하고 있습니다 ◈ 한지라는 고양이와 함께 살기
시작한 이후로 제가 쓰는 글에 종종 한지가 등장하게
되었습니다 ◈ 그 사실이 정말 좋습니다

다시 잇다

RE: CONNECT

『지구전요(地球典要)』

최한기

(번역 김봉곤)

역자주: 원광대학교 원불교사상연구원에서는 지구인문학 스터디의 일환으로 2020년 9월 2일부터 12월 23일까지 약 4개월간 조선후기의 기학자 혜강 최한기(1803~1879)의 『지구전요(地球典要)』를 읽었다. 이 스터디는 '지구기학(地球氣學)'의 관점에서 최한기를 다시 읽기 위해 마련된 공부모임으로, 동서양의 지구학을 비교하고 융합하기 위한 일환으로 기획되었다. 『지구전요』는 최한기가 55세인 1857년에 쓴 저작으로, 그의 대표작인 『기학(氣學)』도 이 해에 나왔다는 점에서 주목할 만하다. 다만 아직 한글번역이 없기 때문에 한학에 능통한 김봉곤 연구교수가 번역을 맡아 주셨고, 『최한기 기학 연구』의 저자 야규 마코토 연구교수가 해설을 돕는 방식으로 진행되었다. 나머지 멤버들은 원문 번역에 대한 조언을 하거나 지구학적 관점에서 자유롭게 의견을 개진하였다. 참여한 이는 김봉곤 교수를 비롯하여, 야규 마코토, 허남진, 이주연, 황명희, 최규상, 송지용, 그리고 필자(조성환) 등 8명이다. 『지구전요』는 분량도 대단히 방대할 뿐만 아니라 내용도 천문학에 관한 것이 대부분이어서 부득이하게 선별해서 읽지 않을 수 없었다. 우리가 읽은 부분은 『지구전요』 맨 앞에 나오는 서문과 범례, 그리고 본문 중에서는 최한기의 세계종교론에 해당하는 「양회교문변(洋回敎文辨)」이다. 『다

시개벽』 편집실에서는 최한기가 한국철학사, 나아가서는 세계철학사에서 차지하는 중요성에 공감하고, 그의 철학이 오늘날 지니는 지구학적 의미에 주목하여, 『지구전요』 번역문을 몇 차례 나누어서 싣기로 하였다. 흔쾌히 수록을 허락해 주신 김봉곤 교수님을 비롯한 원불교사상 연구원의 지구인문학 연구팀에 깊이 감사 드린다. 마지막으로 수록하는 과정에서 가독성을 높이기 위해 조성환이 약간의 윤문을 하고 주석도 보완하였음을 밝힌다.

— 연구팀을 대신하여 조성환이 씀.

【『지구전요』 서문(『地球典要』序)】

제1절

커다란 원구를 어찌 한번 바라보고서 대체를 알 수 있겠는가. 크게 도는 것은 별들의 회전을 통해야 증험할 수 있으니, 지구(地球)를 밝히는 것이 본래 단계가 있는 것이다. 한 사람의 발자취로는 불과 수천 백 리에 이르지 못하고, 보고 듣고 아는 것도 우뚝 솟은 산이나 흐르는 강물 정도이니, 어떻게 지구의 모양이 네모난지 둥근지, 지구의 몸체가 움직이는지 정지해 있는지를 알 것인가? 형세상 천하 사람들이 도달한 발자취와 보고 듣고 알았던 것을 쓸어 모아야 지구의 모양이 원구임을 증험할 수 있고, 천 만년 동안 일월의 궤도와 별들의 회전을 추측하고 상고해야 지구의 몸체가 도는 것을 증험할 수 있다. 이게 바로 우주의 현자(賢者)와 지자(知者)들이 힘과 정성을 합하여 점차 연구하여 밝힌다는 것이니, 결코 한두 사람이나 천백 년에 논해서 정할 수 있는 것이 아니다. 여기까지가 제1절이다.

大而圜者, 豈可一望而認體? 巨而運者, 須因轉曜而得驗, 地球之明, 自有層節. 一人之足跡所到, 不過數千百里, 耳目所及, 只在山峙水流, 何以知地形之方圓, 地體之動靜? 勢將裒聚, 天下人之足跡所到, 耳目所及, 可驗其形之圜球, 推稽千萬歲之日月躔度星辰斡旋, 可驗其體之運轉. 是乃宇宙賢知, 協力同寅,[1] 漸次修明, 決非一二人, 千百年. 講定者也. 是一節也.

제2절

상고인은 상고시대에 보고 들은 것과 경험으로 뜰 가가 평탄한 것을 미루어서 지구가 네모나다고 여겼고, 하늘의 여러 별들이 움직여 가는[運行]는 것을 보고 땅은 정지해 있다고 여겼다. 이 이후로 그 설을 높이고 그 법을 숭상하여, 같으면 옳다고 하고 다르면 그르다고 하여서, 변론하는 학설이 갖추어지지 않은 것이 없었다. 혹은 지구가 둥글다고 하거나 지구가 사방을 떠돈다고 하는 경우도 있었으나, 모두가 증험하거나 추산하지 못하였다. 근고(近古)시대부터 지구가 둥글다는 설을 한 바퀴 돌아서 증명하였고, 지구가 도는 자취를 여러 별에서 증명하였다.

上古人, 以上古之見聞閱歷, 推庭除之坦平, 而謂之地方. 仰諸曜之運行而謂之地靜. 自玆以降, 尊其說, 尙其法, 同則是, 異則非, 辯論之說, 無所不備. 或謂地圜, 或謂地游四方, 皆未有測驗立算. 自近古地圜之說, 驗於周環, 地轉之歷, 證於諸曜.

---

1 '同寅(동인)'은 『서경(書經)』「고요모(皐陶謨)」편에 '동인협공(同寅協恭)'이라는 말로 처음 나온다. 의미는 조정의 신하들이 함께 경건하고 공손한 자세로 화합한다는 뜻이다. 주석에서는 "군신은 마땅히 조심하고 두려워함을 함께하고 공경함을 합쳐야 한다(君臣當同其寅畏, 協其恭敬)"고 풀이한다.

그 설을 처음 접한 자는 은근히 기뻐하고, 그 이치를 점차 깨닫는 자는 흔쾌히 이치와 하나가 되며, 그 운화(運化)를 견득한 자는 받들어 섬기고 [천지만물을] 위육(位育)한다.[2] 만일 실상(實象)과 실리(實理)를 분명하게 드러내지 못한다면, 천하에 조금이라도 지혜가 있어서 구명하려는 자가 어떻게 이견 없이 한 목소리로 응하겠는가! 모름지기 비슷하게 모방하는 설과는 비교하여 의논할 바가 아닌 것이다.

始得其說者, 隱有悅樂; 漸覺其理者, 快有契合; 見其運化者, 承事位育. 如非實象實理之著顯, 天下之稍有明慧究解者, 何以無異辭, 而同聲和應哉! 須非倚俙倣似之說, 所可擬議也.

과거의 설에 빠져 얽매인 자는 수시로 측량하고 증험할 모르고, 지금의 설에 의혹을 품는 자는 연구하여 부합할 수 없다. 고금에 얽매여 언설의 바탕으로 삼는 자는 실제를 얻지 못한다. 대저 사람이 지구에 함께 살면서 자전에 힘입고 기화(氣化)를 타면서 평생을 지내는 것이 예나 지금이나 다름이 없다. 그런데도 어떻게 견식의 불균등함이 이처럼 현저하게 다른가! 여기까지가 제2절이다.

泥着古說者, 不識隨時測驗, 疑惑今說者, 不能研究符合. 牽掣古今, 以資言說者, 未有實得. 夫人共生於地球之面, 資旋轉而乘氣化, 以度平生, 古今無異. 奈何見識之不等, 若是懸殊耶! 是二節也.

제3절

이에 백성을 깨우치고 이 세상을 깨닫게 하고자 하는 오직 지구운화(地球運化)에 대해서 끝까지 밝혀주어야 한다. 상등인(上等人)은 도설(圖說)로 일깨우고 하등인은 속설로 비유해야 실효를 바랄 수 있으니 참으로 고통스러움을 면치 못

---

2   '位育'은 『중용』 제1장의 "天地位焉, 萬物育焉"에 나오는 말로, "천지가 제자리를 찾고 만물이 잘 길러진다"는 뜻이다.

한다. 또한 칭찬과 비난이 끊이지 않는 것은 변론이 가지가지여서인데, 그것의 근원은 최초로 계몽시킨 자로부터 유래하였다. 여기까지가 제3절이다.

於是欲覺斯民, 悟斯世者, 惟於地球運化到底發明, 上等人以圖說開牖, 下等人以俗說譬論, 斬臻實得之效, 未免良苦. 而又與譽毀不已者, 辯論多端. 是固出於最初啓蒙也. 是三節也.

제4절

지금에 와서는 세상의 현자나 지자 등이 모두 그 대강을 알고 있고, 그 나머지도 알지 못하지만 바람에 휩쓸리듯 따르는 자들이 절반을 넘으니, 온 세상 사람의 지각이 이에 이르러 또한 옮겨졌다.

到今宇內賢知之類, 皆能認其大致, 其餘不知而風靡者過半. 擧世知覺, 至斯而亦運遷.

그러나 신이(神異)한 말은 변동하는 시대에 쉽게 간섭하고, 도리에 어긋난 말이 동이(同異) 사이에 섞여서 성실(誠實)한 도리에 도리어 누를 끼치고, 구명하는 방도를 미혹되기 쉽게 한다. 서양학자의 지구에 관한 책이 두세 가지가 아니지만, 대부분 과장되어 있다. 천도가 과장으로 설명할 수 있고, 지도가 과장으로 설명할 수 있겠는가! 입이나 붓으로 희롱하는 말은 비록 경박한 재주꾼의 우스갯소리라고 하지만, 천지 기화(氣化)의 도는 실로 뭇 별들이 거짓 없이 회전하는 데에서 말미암으니, 이것이 『전요』를 지은 까닭이다. 여기까지가 제4절이다.

然神怪之說, 易涉於變動之際, 違戾之談 或參於同異之間 反貽累於誠實之道 易致惑於究解之方. 西士地球等書, 不翅二三而率多誇誕. 天道其可以誇誕說哉! 地道其可以誇誕說哉! 口筆游戱之談, 縱爲輕薄才藝之滑稽, 天地氣化之道, 實由諸曜無訛而旋轉, 此所以典要之作也. 是四節也.

제5절

지금까지의 지구론은 일정한 방향이 없는 것에서 시작하여 일정한 방향이 있
는 것에 이르렀고, 과장된 주장에서 시작하여 과장된 주장을 그치기에 이르렀
으니 다시 붓을 적실 필요는 없다. 이제 앞으로의 지구론은 전(前) 시대 사람들
이 정성과 힘을 다한 것은 자신의 경험이 될 것이며, 천지의 운화(運化)와 도리
[經常]는 백성을 구제하는 사무(事務)가 된다.

已往地球之論, 自無方向, 至有方向, 自倡誇誕, 至息誇誕, 不必更事泚筆. 方來地球之論,
前人之殫精竭力爲己之經驗閱歷, 天地之運化經常, 爲民之康濟事務.

귀신과 화복은 기화(氣化)의 큰집에서 삭아 없어지고, 영허함과 괴이함은 진실
의 용광로에서 녹아 없어진다. 경계의 노정(路程)이나 토산품의 성쇠가 지구 표
면에서 점차 자세해지고, 일월이 조응하고 별들이 나란히 도는 것이 지구 밖
에서 누차 징험되니, 이것은 지구를 알게 된 광대한 경험이다. 그러나 만약 단
지 지구를 말하면서 원근의 나라 이름과 신기한 사적을 전하기만 하고, 경상
(經常)과 운화를 알지 못한 채 귀신에게 화복을 빌거나 더럽고 누추한 풍속만
을 고집한다면, 지도(地道)에 대해서 견득(見得)한 바가 없음을 알 수 있다. 여기
까지가 제5절이다.

鬼神禍福, 鑠於氣化之府, 靈怪虛異, 熄于眞實之鑛. 境界程里, 土産榮枯, 從球面而漸詳,
日月照應, 諸曜並運, 從球外而累驗, 是則認得地球之宏效大驗也. 苟或但說地球, 而能傳
遠近國名, 神怪事跡, 不識經常運化, 而固守鬼神禍福, 汚俗陋習, 可知其無攸得於地道也.
是五節也.

제6절

사람과 사물은 땅의 기화를 타고 일어났다 없어지고 생겨나고 줄어드니, 땅
의 입장에서 사람과 사물을 보면 유무를 알지 못하고, 사람의 입장에서 땅을

보아야만 [땅의] 표면의 바다와 육지, 그리고 [거기에서] 발생하여 일어나는 기화를 추측할 수 있다. 그러나 그 안을 보지 못하고 그 밖에 대해서 분명히 알지 못하면, 장차 어떻게 지구를 인식했다고 하겠는가!

人與物, 乘地之氣化而起滅生息, 以地視人物, 不識有無, 以人視地, 惟能揣摩被面之海陸發作之氣化. 而不見其內, 不瞭其外, 將何以認識地球言哉!

마땅히 우주 내에서 인물(人物)이 지구와 관계하는 사무(事務)를 조목별로 권징(勸懲)하고 써야 할 것을 연습하여, 인도(人道)의 변함없는 도리를 분명히 말하고 정교(正教)의 교화를 수립해야 지구에서의 인생의 도리를 알았다고 할 것이다. 여기까지가 제6절이다.

當於宇內, 人物關涉地球之事務, 條別勸懲, 硏習須用, 明言人道之經常, 樹立正教之化行, 足可謂認地球之人生道理也. 是六節也.

제7절
대개 천인(天人)의 도는 모두 발동하는 기괄(機括)[3]이 있으니, 어찌 맥락이 없겠는가! 지구의 운화는 여러 별이 조응(照應)하기 때문에 이루어지고, 인생의 도리는 지구의 운화 때문에 생겨난다. [그래서] 기화(氣化)를 네 부문으로 배정하고, 각 부문마다 조목을 나누어 세계 각국의 사적(史蹟)을 짜서 만들었다.

蓋天人之道, 儘有機括, 豈無脈絡! 地球運化, 由諸曜之照應而成, 人生道里, 由地球之運化而生. 排定氣化之四門, 門各有條, 織成宇內各國之史蹟.

이 글을 읽는 자가 기화를 보고서 인도를 세우고 인도를 행하면, 인도가 정해지고 지구 표면[球面]에까지 널리 도달할 수 있지만, 기화를 보지 못하고서 인

---

3   쇠뇌의 방아쇠와 화살의 오늬이다. 중요한 관건이나 기미를 가리킨다.

도를 말하고 인도를 생각하면 인도가 정해지지 못하여 지구 표면에까지 널리 도달하지 못할 것이다. 여기까지가 제7절이다.

讀之者, 見氣化而立人道, 行人道, 則人道定而可偏達于球面, 不見氣化而談人道, 思人道, 則人道未定而不可偏達于球面. 是七節也.

구절마다 분별하여 깨우쳐 나가서 견득(見得)과 지각(知覺)이 옮겨 가면, 인간세상에서 경륜과 학업의 범위가 어찌 이보다 크며 이보다 더한 것이 있겠는가! 도가에서 선천지(先天地)나 후천지(後天地)를 논하는 것은 근거도 없고 기준도 없으며, 불가에서 산하가 공(空)하니 윤리와 사물을 버리라고 말하는 것은 밝은 세계를 등지고 어두운 세계로 향하는 것이다.

若於逐節分別, 漸次開牖, 見得知覺遷移, 人世之經綸, 學業之範圍, 豈有大於此, 過於此哉! 玄談之先天地·後天地, 沒着無準, 佛說之空山河·遺倫物, 背明向暗.

정사년 5월 보름, 혜강 최한기가 기화당에서 쓰다.

丁巳五月望, 惠岡崔漢綺書于氣化堂.

김봉곤

◈ 지리산 노고단이 환히 바라보이는 섬진강 강가에서
1985년부터 구례농업고등학교 국사교사로서 낮에는
학생들을 가르치고, 밤에는 팔순의 겸산 안병탁 선생을
찾아가 7년 동안 사서삼경과 당송시를 익혔다 ◈ 이후
광주의 송담 이백순 선생과 서울의 용담 김철희 선생께
10여 년 동안 한학과 초서를 익혔다 ◈ 2007년 「노사학파의
형성과 활동」으로 박사학위를 취득했다 ◈ 현재 원광대학교
원불교사상연구원 연구교수로 재직하고 있다 ◈ 요사이는
위기에 빠진 지구를 살리기 위한 지구인문학, 동학, 원불교
등의 개벽종교, 유학사상의 현대화에 깊은 관심을 갖고
동료들과 함께 연구하고 있다

창해거사

(번역 김현숙)

외래 사상의 흡수와 소화력의 여하

『개벽』 제5호 (1920.11)에 게재

【1. 과거의 죄악[1]을 깨달으라】

현재의 개선을 도모하고 현재 모든 것을 향상시켜서, 장래에 대한 이상에 부합하게 하고 장래에 대한 기대에 조금이라도 비슷해지려면, 우리는 가급적 과거 죄악을 알아야 하겠다. 우리 과거 생활 중 어떤 죄악이 있었던가. 그것을 알아 하루바삐 그 죄악의 뿌리를 뽑아 없애고, 아울러 그 죄악으로부터 나온 직간접의 여러 가지 폐해를 없애지 않으면 안 될 것이다.

옛 사람이 "사람이 누가 허물이 없으리오만, 고치면 귀하다." 하였다. 생각하면 과연 그러하다. 어떤 개인 어떤 사회 어떤 민족을 막론하고, 크고 작은 과거 죄악을 갖지 않은 자 거의 없으리라. 크고 작은 잘못들이 그 역사 몇 페이지를 차지하지 않은 자는 없으리라. 사람이 다 요순, 석가, 예수가 아니다. 세상이 다 요순, 석가, 예수가 아닌 이상 원만무결이라는 것이 어디 있겠느냐. 아니 요순, 석가, 예수일지라도 사상이나 혹은 행위에서, 적더라도 자기 양심에 비추어볼 때 잘못이 절대적으로 없지는 않았으리라. 이와 같이 이 세상이 과거 역사를 통해 크고 작은 죄악의 자취를 남긴 이상, 개조(改造)라는 것은 인

---

1 문맥상 '잘못, 병폐, 폐단, 나쁜 습속이나 제도'를 뜻한다.

간 역사에 필연으로 예기(豫期)된 것이고, 필연으로 실행해야 될 일이다. 이 세상의 개명과 미개라는 것은, 개조력의 민첩함이나 지연과 긴밀하게 관계된다고 해도 과언은 아니다. 즉 그 죄악을 먼저 고치느냐 나중에 하느냐에 따라서, 그 개인, 사회, 민족의 문명과 야만을 능히 점칠 수 있고, 그 행복이 빨리 올지 늦을지를 능히 예측하고 기대할 수 있다. 누구든 과거에 있던 죄악이 크면 큰 만큼 현재에 개조의 고통을 받는 것이고, 적으면 적은 만큼의 현재의 고통이 있는 것은, 인과율의 떳떳한 이치요 상식으로 능히 판단할 수 있다.

과거 우리가 어떤 죄악을 지었냐고 누가 내게 물을 것 같으면, 나는 구구히 과거를 들어 논할 것 없이 간단히 다음과 같은 대답을 주고자 한다. "동포들이여, 우리가 과거에 어떤 죄악을 가졌는지를 알려고 하면, 제군은 먼저 현재 우리의 부족함을 알게 될 뿐이다. 현재의 부족을 알면 과거의 죄악을 알 수 있다."고 하겠다. 동포들이여, 오늘의 우리 사정을 돌아보라. 현재의 우리는 실로 모든 문화에서 불구자라는 것을 알게 된다. 경제의 불구자, 지식의 불구자, 정신 의지의 불구자, 교육, 학술, 종교 모든 것의 불구자이다. 우리의 현재, 즉 모든 불구는 다 같이 현재에서 나온 것이 아니고, 모두 과거의 죄악으로부터 나온 결과이다. 생각하면, 우리 모든 고통은 우리 스스로 지은 것이고 우리들 여럿이서 그렇게 만든 일이다. 누구를 원망하며 누구를 비난하겠는가. 자책하고 뉘우치고, 하루바삐 그 죄악을 고치고, 다시 새롭고 산뜻한 도에 나서지 않으면 안 될 것이다.

【2. 죄악의 괴수】

생각하니, 세상 모든 죄악 중 가장 큰 것은 자기가 자기 정신으로 살지 못하고 자기 아닌 남의 정신에 의뢰하여 생활하려는 것이다. 자기는 아무것도 없는 것으로 여기고, 그저 물, 불, 나무, 돌인데도 남의 것이라면 그걸 믿고 의지하는 것, 생사존망을 남의 정신으로 좌우하고 마는 것만큼 헛되고, 비열하고, 약해빠지고, 천한 행위가 어디 있을 것인가.

길에서 걸인을 볼 때, 그 사는 것이 얼마나 헛되고 보잘것없고 구차한가를 느꼈으리라. 몸에 있는 기생충을 볼 때, 그 사는 것이 얼마나 비열하고 악착스럽고 가증스러운가를 느꼈으리라. 한 사람이나 한 개 미물이 제 힘으로 자기 생활을 유지하지 못하고 완전히 남에게 빌붙어 생활하는 것도 큰일이라고 하거든, 하물며 한 사회, 한 민족이 다 같이 걸인이 되고 기생충이 되었다면 그야말로 일 중의 가장 큰 일이며 죄악 중의 큰 죄악이 아니겠느냐.

기탄없이 말하고자 하니, 우리 과거 생활은 정신상으로 적기는 해도 걸인의 생활이었고 걸인의 죄악을 짓고 있었다. 그 허약하고 구차한 생활 속에서 몇백 년 세월을 취생몽사 상태로 지내 왔다. 가슴속에 그 죄악을 아직도 원형 그대로 짊어진 자가 많다. 설사 그 전부 바꾸었다는 사람일지라도, 죄악을 어떤 변형체로 만들어 다른 방향에서는 그런 행위를 드러내는 자도 많이 있다.

일찍이 모 신문에 「가명인 두상 일봉(假明人 頭上 一棒)」²이라는 문제가 나오자, 13도 유생들이 무슨 큰일이나 낼 듯이 도복을 입고 큰 갓을 쓰고 긴 대를 들고 입으로 '에-헴'을 연신 소리 내며 종로 큰길가에서 암탉걸음을 하는 것을 볼 때, 누가 우리 조선에 서광이 비쳤다고 말할 수 있을 것인가. 물론 종교의 독실한 믿음을 놓고 뭐라 할 수 없고, 선사(先師)를 위하는 마음으로 신도가 된 직분을 행하는 것은 당연한 일이다. 그렇지만은 시세의 변천도 모르며, 일신우일신도 모르며, 온고이지신도 모르며, 군자시중(君子時中)도 모르는 그자들에게, 즉 자기 죄악을 자기가 해석 못하는 그자들에게는, 선사를 위한다는 말은 기실 선사를 위하는 것이 아니고 선사의 교훈을 배반하는 일이다. 탁한 물에

---

2   '가명인 두상 일봉(假明人 頭上 一棒)'은 "가짜 명(明)나라 사람 머리에 몽둥이가 한 대"라는 뜻이다. 명나라를 숭배하는 조선 후기 유신들에 대한 비판을 뜻하는데, 『동아일보』 1920.5.8~9에 실렸던 권덕규(權悳奎, 1890~1950)의 논설 제목이다. 권덕규는 그의 스승인 주시경과 같이 대종교인(大宗敎人) 한글학자였으며, 『개벽』 창간호에 「自我를 開闢하라」는 논설을 실었다.

서 사는 벌레처럼 오염된 세월을 알지 못하며, 앞서의 과오를 헤아리지 못한 것이다. 현대 문명 도덕을 자강 자주 자율의 분위기 속에서 세운 외국인들이 그런 행위를 볼 때에 무엇이라 비평을 가하였을까.

물론 그네들은, 우리야말로 절조를 바꾸지 않는 진실한 조선 사람이며 선왕의 법, 선왕의 도를 확고하게 지키는 참된 조선 사람이라고, 자기 사랑채에서 혼자 큰소리로 말하고 있으리라. 그러나 정절을 지키며 선왕의 도를 바꾸지는 않았을지라도 정절이며 선왕의 도가 자각에서 나온 것이 아니요, 다만 의뢰하는, 즉 자기를 없애고 타인의 정신 지배를 받은 노예적 정조이니, 무슨 가치가 있을 것인가. 더구나 그 노예적 정조에는 과거 우리를 쇠망케 했고 현재 우리를 저주하는 해로운 독이 그대로 있는 것을.

【3. 사상이 위험한 것이 아니요, 자기 정신이 위험함】

그런데 노예적 정조, 노예적 도덕이 외국 사상의 감화를 바로 지칭하는 것이 결코 아니다. 외래 사상을 느끼고 받아들이는 것은 어디까지나 문명적 일이고, 외국 문화 감수는 어디까지나 예민한 일이다. 될 수 있는 한 많이 흡수하고 감화해서 시대에 영합할 수 있게 하고, 새로운 것을 아는 도를 지키며, 날마다 새로워지는 발달을 도모하며, 시중(時中)의 활동을 보호하는 것, 이는 삶의 당연한 일이요 장부가 반드시 따라야 할 도이다. 이에 무슨 비난할 것이 있겠는가. 그러나 여기에 크게 주의할 일은, 사상 수입 자체가 위험한 것이 아니라 이에 나서는 자의 정신의 위험성이다. 즉 위험은 외래 사상에 있는 것이 아니고 본래부터 자기 정신에 있는 것이다. 자기 정신이 외래 사상을 감수(感受)하여 소화하는 여하에 따라 위험과 위험하지 않음이 갈라지는 것이다.

생각하면 어느 나라 어느 민족이건 외래 사상에 접촉하여 외래 문화를 받아들여 왔다. 그들이 그것을 받아서 잘 소화하느냐 여부에 따라, 그 민족정신의 강약을 알게 되며, 그 민족 발전의 장래를 점칠 수 있다. 저 서구 문명 열강들이 기독교 교화를 받지 않은 자가 없고, 희랍의 문화를 숭배하지 않는 나라가 없다. 그렇지만 그들은 접촉한 교화와 문화를 직접 자기 민족의 것이 되게 하고 자기 생활을 위해 이용하고 활용한 까닭에, 영국에는 영국의 정신이 특유하게 나타났고, 프랑스는 프랑스의, 독일은 독일의 자기 발휘를 나타냈다. 비유하면 똑같은 비를 맞더라도 복숭아나무에는 복숭아 과실이 맺히고, 자두나무에는 자두 열매가 맺히게 된 것이다. 이렇게 된 데에는 다른 이유가 있어서가 아니라, 복숭아와 자두 각각이 자기 조직과 종류의 특성과 정신이 특유함 때문이다.[3] 이와 같이 똑같은 문화를 받아들일지라도 민족 각기 민족의 특유한 사상을 드러냈던 것은 자기 정신이 건전했기 때문이다.

유교 문화는 중국 고유의 사상으로 조선에 왔고 일본까지 건너갔다. 그 감화를 받은 조선과 일본은 그에 의지해서 고대문명을 이루게 된 것은 사실이다. 동일한 중국 사상을 받아들인 일본이 능히 오늘의 신문명을 이룬 이유는, 그들은 넉넉히 그 문화를 소화해서 자기화를 이루었고 자기의 생활로 되게 하여, 그것에 따르고 지켜야 한다는 고집을 부리는 일 없이 능히 때마다의 사정에 알맞게 하는 도를 지켜서 날로 새로워지는 단계에 이르렀다. 조선인은 옛날부터 했던 자기화를 버리고, 이조 오백 년 이래 자기 정신으로 중국 사상을 배우지 않고 정신 전체가 직접 중국인이 되어 중국 사상을 배워 왔다. 그런 까닭에 육체로는 조선인이고 정신으로는 중국인 생활을 하였다. 공자를 자기의 공자로 알지 않고 중국인의 공자로 알았고, 문학을 자기 문학으로 알지 않고 중국인의 문학으로 알았다. 결국 걸인이 되고 기생충이 되고 말았다. 즉 조선인은 중국 문화를 받아들이되 소화하지 못하여 체증을 얻고 말았다. 체증을 병의 증세로 알지 못하고 인생 고유의 상례로 알아 왔다. 몸이 쇠약해지고

---

3   cf. "비유하면 같은 비와 이슬에 복숭아는 복숭아 열매를 맺고, 살구는 살구 열매를 맺나니, 이것은 천차만별의 식물에 좇아 천차만별의 열매를 맺음과 같으니라." 『해월신사법설』「성령출세설」.

심신은 죽음에 이르고 말았다.

【4. 우리는 전철을 밟지 말자】

근래 우리 조선은 새로움을 동경하고, 새로움을 연구하는 소리가 매우 높아진 모양이다. 우리는 어디까지나 그 운동을 조장하고 그 사상을 찬성하지 않을 수 없다. 원래 우리 조선의 지금은 공허한 집, 즉 아무것도 없이 텅텅 빈 집과 마찬가지이다. 가마도 없고 나무도 없고 쌀도 없고 이부자리도 없고 살림 도구도 없는 집과 한가지이다.

　우리는 어서어서 마련하고 사들이고 손수 만들어야 하겠다. 중국의 문화도 먹어야겠고 일본의 문화도 먹어야 하겠고 서양의 문화도 먹어야 하겠다. 많이 먹고 많이 커야 하겠다. 될 수 있으면 하루 열두 번이라도 먹어야 하겠다. 먹기는 널리 먹을지라도 체증에 걸리지 않게 주의해야 한다. 많이 먹고 많이 소화하여 그것이 살이 되고 뼈가 되어야 하겠다. 서양의 문화를 먹어도 내 살이 되고 동양의 문화를 먹어도 내 살이 되어야 하겠다. 돼지고기를 먹고 배 속에 돼지를 넣고 있어서는 안 된다. 소화해서 살이 되어야 한다. 쇠고기를 먹고 배에 소를 가져서는 안 된다. 소화해서 살이 되어야 한다. 무엇이든 먹으면 다 같이 내 살이 되고 내 뼈가 되어야 한다.

　우리는 병을 앓고 난 건강하지 못한 몸으로 아무쪼록 많이 먹고 많이 크기를 도모하되, 그 먹은 것이 도리어 신체를 상하지 않도록 주의해야겠다. 물론 음식을 먹을 때 위장의 건강이 필요하다. 위장이 건강하지 못한 자는 몸을 이롭게 할 것들이 도리어 해를 끼친다. 우리는 외래 사상을 흡입할 때 먼저 자기 위장을 건강하게 할 필요가 있다. 자기 위장을 건강하게 하려면 조선이라고 불리는 민족의 정신을 특히 건강하게 할 필요가 있다.

【해제】

1. 수많은 외래 담론의 세례를 자진해서 받는 지금 우리의 모습은, 1920년대 『개벽』주체들과 크게 다르지 않다. 때문에 『개벽』을 대표하는 인물 중의 한 사람인 이돈화가 외래 담화들을 놓고 어떤 태도를 취했는지, 엿보는 재미가 쏠쏠하다. 이돈화의 입장을 요약하면, 많이 받아들이되 자기 것으로 소화 흡수하자, 그러려면 우리 위장(조선 정신)이 건강해야 한다는 것으로 요약된다. 이돈화는 무엇을 얼마나 받아들일 것인가보다 받아들이는 주체의 면모에 더 유의하고 유념했다. 지금 우리는 1920년대 이돈화의 염려로부터 자유로운가? 자본과 지식 그리고 문화의 월경이 수월한 오늘이다. 더불어 주체와 타자의 식별 또한 손쉽지 않다. 이돈화의 조언에 따르면, 우리가 온갖 사조와 담론의 소비자로부터 벗어나고자 할 때 핵심 태도 하나는, '새로운 자신의 생산에 초점 겨누기'라고 할 수 있다.

2. 〈개벽라키비움-개벽강독회〉는 2020년 1월부터 시작되었다. 『개벽』창간 100년을 헤아리는 해에 시작이라는 공교로움이 있다. 코로나19로 봄과 여름에 주춤했으나, 줌이라는 문명의 이기로 계획대로 매월 2회 강독을 꾸준히 하고 있다. 2021년 1월까지 21번 모임을 진행하여 16호까지 읽었다. 매 강독마다 한 호씩 읽기가 원칙인데, 「인내천 연구」처럼 중요한 문건은 따로 다루었다. 참가자의 면면을 보면, 현대문학이나 천도교 사상 연구자들이다. 다른 참여자를 기다리고 있다. [역자]

창해거사(滄海居士)

◈천도교의 대표적인 사상가인 야뢰(夜雷),
이돈화(李敦化, 1884~1950)의 호이다. 1910년 창간된
『천도교회월보(天道敎會月報)』나 1920년 창간된『개벽』
등을 통해 다수의 논설을 발표하였고,『신인철학(新人哲學)』
『동학지인생관(東學之人生觀)』등 여러 권의 단행본을 남겼다.
천도교단 내에서도 여러 직책을 거쳤고, 일제 말기에는
천도교단 임원으로 친일단체에도 소속-활동하여 오점을
남겼다. 해방 이후, 이북의 천도교단과 청우당원 지도에
진력하다가 6.25 전쟁 중에 사망하였다.

김현숙

◈ 동화를 쓰다가 아동문학 연구에 발을 디밀었다
◈ 느린 삶에 있어서는 일등급 인간 ◈ 남들이 교수
시작할 무렵 고려대 대학원에서 박사과정을 밟더니,
방정환의 소년소설을 놓고 학위논문을 쓰겠다고 나선 지도
오래되었다 ◈ 어느 날, 이런 삶 또한 하늘의 뜻이 있겠거니
하며 너그러워졌는데, 다행인가? ◈ 아동을 독자로 서사를
꾸린다는 것이 어떤 의미를 갖는가는 최대 관심사이다
◈ 1920년대 사람들이 왜 아동에게 관심을 두게 되었나
하는 의문이 1920년대 읽기, 『개벽』 읽기로 이어졌다

사랑, 바람, 날개, 랄랄라

한여름, 빨간 버스를 타고 파주에 갔다. 담쟁이덩굴이 연회색 외벽을 타고 있는 날개의 작업실에서 날개와 새별을 만나 대화를 나눴다. 날개는 부지런하고 느긋하게 차를 끓여주고 새별과 나의 티키타카를 아이 같은 얼굴로 관찰하다가 카메라를 꺼내 사진을 찍고 방을 꽉 채운 책꽂이에서 그동안 작업해온 것들을, 25년 전의 것부터 그날 아침의 것까지 쓱쓱 꺼내 보여주었다. 날개가 하는 말들은 대개 당신이 사랑하는 것들에 대해서였다. 사랑이라는 단어 자체에 대한 사랑도 말해주었다. '사'에서 '랑'으로 넘어갈 때 그 'ㄹ'의 묘미를 사랑한다고 했다. 날개가 움직일 때마다, 그러니까 손이나 발을 움직이거나 눈썹이나 입을 움직일 때마다 나는 그가 가벼운 바람을 닮았다고 느꼈다. 바람은 변화의 흔적으로 다가온다. 매순간 움직이는 공기는 우리의 피부를 지나치며 자신의 존재를 알린다. 우리는 바람이 피부에 닿는 순간만을 느끼기보다 바람이 피부를 스쳐간 자취를 느낀다. 문득 느껴진 바람이 생그러운 이유는 스치며 지나가는 그 변화에, 이전과 이후의 전환에 있는 것 같다. 너무 익숙해서 굳어 있던 내 몸은 늘 움직이고 이동하는 바람의 흔적을 따라 흐르기 시작한다. 사실 날개를 인터뷰하러 간 날 두통이 너무 심해서 눈알이 저릿할 정도였다. 그런데 아마 날개도 새별도 내가 아프다는 걸 몰랐을 거다. (아닌가? 그들은 너무 사려 깊고 깨끗한 눈을 가져서 아셨을 수도 있다.) 그날 나는 신이 나면 고통이 비워지고 말이 생각처럼 움직일 수 있다는 걸 알았다. 계속해서 흐르는 날개가 너무 아름다웠고, 나는 말끔해졌다. 바람과 사랑의 ㄹ은 다석 류영모가 말했듯이, 바보새 함석헌이 말했듯이, 날개 안상수가 말했듯이 변화와 운동의 기호이자 흔적이다. 날개의 ㄹ도.

생생하게 살아 있고 싶어서, 질척대며 끌려가고 싶지 않아서 1년 반 전쯤

산뜻이라는 이름을 지었다. 나도 날개처럼 산뜻한 흔적을 남기는 어른이 되고 싶다. 진심으로. 참, 저 석사논문 다 썼어요. 제가 다음 순간에 어디에 가 있을지 모르겠지만 정말 행복해요. 바람을 따라, 사랑을 따라 열심히 읽고 쓰고 살겠습니다. 랄랄라.

편집위원 성민교 모심

흔적을 알아보다

느낌은 '늦다'와 바탕을 함께하는 말이다. '느낌이 있다'는 것은 '늦은 것'이다. 느낌은 반드시 경험한 다음에 인식되기에 늘 존재(것)보다 늦게 인식된다. 지각은 감각이 종합된 상태의 '얼'이다. '얼'은 '늦'이 모여 살얼음처럼 얼은 이미지다. '얼추', '얼치기' '얼렁뚱땅', '어림짐작'에서 보다시피 대강의 이미지다. '얼'이 '넋'이 되면 흐릿한 이미지가 또렷하게 변한다. 얼의 이미지를 기억 속 범주로 또렷하게 이해한다. 방향을 갖고 자리를 잡는다. 그래서 '넋'과 동녘, 서녘의 '녘'과 바탕을 함께하는 말이다. '넋'들이 모이며 '알'이 된다. '알'이 '앎'이다. 즉 '것'을 최초로 인식한 '늦'이 모여 '얼'이 되고 흐릿한 '얼'이 모여 또렷한 '넋', '넋'이 모여 '알'이 되면 통찰이 일어난다. (한국학자 최봉영의 페이스북 강의를 기록한 윤여경의 브런치 글에서 구성해 인용)

이번 봄 호의 주제는 '형상과 흔적'이다. 수운 최제우가 먼저 동학에 대해 평하며 "우리 도는 인위적인 것이 없는 변화다. 형상은 없으나 흔적이 있다"고 했다. 해월 최시형은 이를 이어 '감각되어도 감각할 수 없다(視之不見 聽之不聞)'고 했다. 그렇게 이번 호는 "학문에서 아직 또렷이 언어화되지 않았지만 이미 사람들이 은연중 느끼고 있는 바를 민감하고 날렵하게 포착하여 표현하는(홍승진 편집장의 권두언)" 문화예술 분야의 흔적을 담아냈다.

　내가 이해한 흔적을 한국말로 하자면 존재(갓)보다 늦은 앎이 구성되는 궤적이다. 이번 호의 또 다른 글에서 야뢰 이돈화는 외래 사상을 열심히 수입하고 받아들이는 대식가로서의 한국 사람들이 '알=앎'이라는 형상, 즉 자주적 생각을 만들지 못했다는 한탄을 쏟아낸다. 돼지를 먹고서 살로 바꾸지 못하고 그대로 돼지를 안고 있는 꼴, 소를 먹고서 '살'로 바꿔내지 못하고 그대로 소로 얹혀놓고 있는 문제를 '위장'에 비유한다.

　생각의 '소화'를 주제로 했으니 한번 생각해보자. 소화기관에서는 어떤 것이 자생적 사유라고 할 수 있을까. 위는 사람의 몸에서 신축성이 가장 좋은 기관이다. 끝도 없이 늘어난다. 음식물을 살균하는 강한 위액(胃液)이 잘 분비돼서 음식물과 잘 섞여 잘게 부수어야 하는데, 그 위액이 자생적 사유라고 할 수 있다. 대식가일수록 더 많은 위액을 분비해야 하는 셈이다. 곱씹을수록 '위'라는 메타포를 한국 사람의 생각과 비견한 예는 매우 탁월하다. 대식가의 욕망을 포기할 필요는 없다. 위를 튼튼히 하면 된다.

　신축성은 흔적을 남긴다. 확장과 수축의 운동을 하면서 궤적을 그린다. 순환적이면서 또 방향을 갖는 운동을 한다. 동일성과 변화의 움직임이 동시에 이뤄진다. 홍승진 편집장의 글에서 보듯 이것은 '다시개벽'을 이끄는 내재적 신성의 춤이다. 함석헌 선생은 '앎'은 '앓음'이라고 했다. 우리의 도(道)는 위가 한번 앓고 뱉어내는 흔적이다. 다 부서지고 흩어져 형상은 없어도, 흔적이 흡수되고, 자취를 남긴다.

　어제 2020 선댄스 영화제 미국 극영화 경쟁부문 심사위원 대상·관객상 수상작인 <미나리>의 정이삭 감독과 <기생충>의 봉준호 감독이 함께 만나 대화하는 영상을 봤다. 미나리 씨앗이 미국에 정착하는 '원더풀'한 과정을 통해 호평을 받았다. 한국 사람의 살려내고 살아내는 삶을 묘사해 세계에 알리고 공감을 받은 이들은 서로의 작품 스타일에 대해서뿐만 아니라 감독으로서의 인생, 윤여정, 스티븐 연, 한예리 등의 영화배우들에 대해서도 끊임없이 '알아보고' '알아주는' 수다를 이어갔다.

최봉영 선생은 '늦'이 '알'로 바뀐 후, 한국 사람들이 잘 하는 6개의 '알'을 제시한다. 그는 복과 덕을 주고받으려면 사람들이 서로가 서로를 '알아보고' '알아듣고' '알아차려야' 하며 그래야 서로 '알아내고' '알아주고', '알아 하게' 된다고 말한다.

『다시개벽』을 이끄는 모든 사람들은 서로를 알아보고, 알아듣고, 알아차린다. 알아보는 것은 보지만 다 본 것이 아니다. 알아듣는 것은 듣지만 다 들은 것이 아니다. 아직 여물지 않은 얼과 넋의 흔적을 찾아서 줍는다. 이렇게 움츠러든 생각을 펼쳐내고, 막힌 숨통을 '알'로 트여낸다. 그 알은 미나리처럼 '원더풀'하게 바람에 흩날리며 생명력으로 자라난다.

그래서 오늘도 신나게 '알'아 보자. 새해에는 더 잘할 것이다.

　

　-신축년 새해에 이원진 모심

투고 안내

계간『다시개벽』은 한국의 관점에서 자생적 사유를 창조하고
지구 생명의 관점에서 급진적 희망을 모색하고자 합니다.

『다시개벽』 제3호(여름호) 주제에 관한 글을 모십니다

주제　계간『다시개벽』 제3호의 주제는 '지구인문학과 탈인간중심주의(post-humanism)'입니다. 최근 서구에서는 '신유물론'이나 '사변적 실재론'과 같이 인간중심주의의 한계를 돌파하려는 사상적 모색이 활발하게 이루어지고 있습니다. 이는 기존의 문명으로는 지구 생명의 공멸을 막을 수 없다는 반성에서 비롯하였을 것입니다. 인간중심주의를 넘어서 인간이 아닌 생명과 물질도 지구의 중요한 주체이자 행위자임을 인식하자는 최근 서구 철학의 흐름은 동학 등의 한국 자생적 지구인문학에 접근하고 있습니다. 홍대용은 인간과 사물을 존재론적으로 대등한 관계로 사유하였으며, 최한기는 천지만물을 차별 없는 하나의 기운으로 사유하였습니다. 이처럼 인간과 비인간을 평등하게 바라보는 사유는 동학에서 극대화되어, 모든 사물이 하늘님이며 모든 사건이 하늘님이라는 해월 최시형의 물물천(物物天) 사사천(事事天) 사상으로 표출되었습니다.

　서구의 포스트휴먼 철학이 동학에 가까워지고 있다는 것은 비로소 양자의 대화 가능성이 활짝 열리기 시작하였다는 뜻이며, 이제 한국사상도 주체적으로 서구 철학에 응답할 때라는 뜻이겠지요. 제3호(여름호)에서는 한국 자생적 지구인문학과 서구 포스트휴머니즘의 어깨동무를 도모하고자 합니다. 서구 포스트휴머니즘의 경우에는 그 갈래와 범위가 다소 방대하므로, 논의의 범위를 도나 해러웨이나 로지 브라이도티 등의 포스트휴먼 페미니즘 이론에 한정할 예정입니다. 홍대용-최한기-동학 등의 한국 지구인문학 또는 해러웨이-브라이도티 등의 포스트휴먼 페미니즘과 관련한 주제의 글을 『다시개벽』에 보내주시면, 편집위원회의 검토를 거쳐 『다시개벽』에 싣도록 하겠습니다. 독자 여러분의 깊은 고민과 많은 관심을 정중히 부탁드립니다.

분량　1만 자 내외

형식　인문사회과학 전공자가 아니더라도 읽을 수 있는 글. 20~30대도 재미있게 읽을 수 있는 글.

마감　2021년 5월 1일까지

보내실 곳　이메일 sichunju@hanmail.net 또는
　　　　　우편번호 03147 서울시 종로구 삼일대로 457(경운동 수운회관) 1207호

정기구독 안내

일년에 네 번,
『다시개벽』을 편안하게 집에서 받아 보세요

정기구독 혜택

1. 10% 할인된 가격으로 구독할 수 있습니다.

2. 편하게 집에서 받아볼 수 있습니다.

　(기본 배송비 무료, 해외/제주/도서/산간 지역은 배송비 추가)

3. 구독기간 중에는 가격이 올라도 추가 비용이 없습니다.

4. 다양한 이벤트와 혜택의 우선 대상이 됩니다.

정기구독료

1년(4개호)　　43,000원

2년(8개호)　　86,000원

3년(12개호)　129,000원

정기구독 방법

전화　　　　02.735.7173(도서출판 모시는사람들)

이메일　　　sichunju@hanmail.net

인터넷　　　forms.gle/j6jnPMzuEww8qzDd7

　　　　　　혹은 옆의 QR코드를 통해 정기구독 신청서 작성

위의 방법으로 신청 후 아래 계좌로 구독료를 입금해 주시면 정기구독 회원이 됩니다.

계좌정보

　　　　　国민은행 817201-04-074493

　　　　　예금주: 박길수(도서출판 모시는사람들)

책을 만드는 사람들

발행인	박길수
편집인	조성환
편집장	홍박승진
편집위원	성민교 안마노 유상근 이소연 이원진 조성환 홍박승진
편집자문위원	가타오카 류 김용휘 김인환 박맹수 박치완
	방민호 손유경 안상수 이우진 차은정
편집	소경희 조영준
아트디렉터	안마노
멋지음	이주향
마케팅 관리	위현정

다시개벽 제2호

발행일	2020년 3월 1일
등록번호	1994.7.1 제1-1071
등록일자	1994년 5월 20일
펴낸곳	도서출판 모시는사람들
	서울시 종로구 삼일대로 457 (경운동 수운회관) 1207호
인쇄	(주)성광인쇄 (031.942.4814)
배본	문화유통북스 (031.937.6100)

열두 가지 주제로 들여다본 한국 디자인의 현실

디자인평론가 최 범의 『한국 디자인 뒤집어 보기』

디자인으로 본 한국 사회
사회로 읽은 한국 디자인

우리나라 어느 도시에 살든 길거리 조잡한 간판이나 기괴한
조형을 보며 한 번쯤 눈살 찌푸린 적이 있을 테다.
어쩌다 한국의 공공 시각문화는 이런 모양새가 되었을까?
한국의 공공 디자인은 시민과 교감하지 못하게 되었을까?
『한국 디자인 뒤집어 보기』는 이 같은 질문을 따라 어그러진
한국의 디자인 풍경을 근현대사와 그간 있었던 이슈를 통해
낱낱이 살펴본다.

최 범의 『한국 디자인과 문화의 전환』『한국 디자인의 문명과
야만』『한국 디자인 신화를 넘어서』『한국 디자인 어디로 가는가』
『한국 디자인을 보는 눈』을 이은 여섯 번째 디자인 비평서이며
날카로운 사회 비평서이기도 하다. 더욱이 이 책은 단순히
디자이너만의 이야기가 아닌 민주주의 공화국에서 살아가는
시민 모두의 이야기이기도 하다.

안그라픽스
tps://agbook.co.kr/books/
stagram @ahngraphics

도서출판 b의 여성주의 인문학

상상적 신체

모이라 게이튼스 지음 | 조꽃씨 옮김 반양장본, 319쪽, 값 20,000원

페미니즘 이론의 난점 가운데 하나인 '젠더-섹스' 이분법을 넘어서 양자를 통합적으로이 해할 수 있는 지평을 열었다. 섹스-젠더가 전제하고 있는 신체-정신 더 나아가 수동-능동, 자연-문화 등과 같은 서구의 유서 깊은 이분법은 한 편의 항에 가치를 부여하고 다른 항을 억압하는 작용을 해왔다. 따라서 게이튼스는 '섹스의 대립물로서의 젠더'를 대체할 새로운 개념을 모색한다. 그것이 바로 이 책의 제목이기도 한 '상상적 신체'이다.

해러웨이, 공-산의 사유

최유미 지음 양장본, 303쪽, 값 22,000원

도나 해러웨이는 동물학·철학·영문학을 공부하고 생물학사와 생물철학 연구로 박사학위 를받은 뒤, 산타크루즈 캘리포니아대학에서 과학사와 여성학을 가르친 학자다. 복잡한 이력 에서 짐작할 수 있듯이, 학문의 장벽을 넘나드는 융합적 사유로 페미니즘 이론의 전선을확장 했다는 평가를 받는다. 최유미 씨가 이 독특한 페미니즘 이론가의 저작들을 따라가며 그의 사상을 깊숙이 들여다본다.

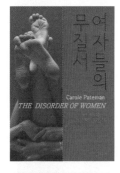

원문보기:여자들의 무질서

캐롤 페이트먼지음 | 이성민, 이평화 옮김 반양장본, 348쪽, 값 22,000원

페미니즘의 고전. 쉬운 사례로 지금까지도 수많은 미디어와 문화 텍스트들은 여성들의 '노' 를 '예스'로 해석한다. 페이트먼은 '여자들의 문제'를 단순히 '여성쟁점'으로서가 아니라 민주주의 이론의 급진화의 계기로 사유할 것을 제안한다. 혁명적 사고의 전환 없이는 어떤 사회의 발전도 여성의 배제와 종속이라는 딜레마에서 벗어날 수 없다는 게 저자의 지적이다.

여자가 없다고 상상해봐

조운 콥젝지음 | 김소연, 박제철, 정혁현 옮김 양장본, 423쪽, 값 25,000원

라캉주의 정신분석학자 조운 콥젝은 충동과 윤리를 매개하는 수단으로 승화라는 개념을 끄 집어낸다. 콥젝은 프로이트에게서 승화 개념이 불충분하게 발달되었다고 진단하고, 승화를 통해 우리의 결점을 꾸짖기 위해 초자아가 설정하는 상상적 이상들에 대한 우리의 굴종을 촉진시키는 그런 감정들로부터 정화될 수 있다고 말한다. 정신분석에서 통상 초자아는 윤리 의 자리였지만, 콥젝은 초자아로부터의 해방을 승화와 연결시킨다.

도서출판 b 08772 서울시 관악구 난곡로 288 남진빌딩 302호 | 전화: 02-6293-7070 | 팩스: 6293-8080 | 메일: bbooks@naver.com | 웹: b-book.cc

시대의 사유를 통한 현실인식의 가능성

  오늘의 시인에게 필요한 것은 일상과 물신의 안에 깊숙이 들어가서 그 너머의 것을 볼 수 있는 마음의 눈이라고 말한다. 그에 따라 저자는 현실에 대한 비판적인 관심을 보여온 작품을 살펴 이 시대의 내면적 사유가 일구어낼 수 있는 현실 인식의 가능성을 타진한다. 한국 시가 가야 할 길을 모색하고 본원적인 성찰의 시선이 필요한 오늘날, 인간적인 삶과 세상을 위해 분투하는 시인들은 보다 나은 환경을 새로 구축해야 할 것이다.

환경의 재구성

:현대시의 현실주의적 지향과 비판적 기능성

박윤우 평론집

http://www.prun21c.com http://blog.naver.com/prunsasang 푸른사상 PRUNSASANG

김종삼정집(金宗三正集) 출간!

김종삼 문학의 집대성!

시인의 시인!
아름다움과 평화의 시인! 문단과 학계의
선후배가 힘을 모아 바르게 묶은
『김종삼정집(金宗三正集)』!
김종삼의 시 정신과 삶을 오롯이 만날 수
있습니다.

『김종삼 · 매혹시편』 동시 출간!

매혹당한 사람들!
김종삼은 무교동과 종로와 명동과 남산과
서울역 앞을 종삼종삼 걸으며 엄청난 고생
되어도 순하고 명랑하고 맘 좋고 인정이
있으므로 슬기롭게 사는 사람들을 시인이라
불렀습니다. 그를 매혹시킨 사람들이
거주하는 김종삼 시선집!

- **주문방법:** 입금하고 아래 연락처(이메일, 문자, 전화)로 이름, 연락처, 주소를 알려
  주십시오. (서점 구매 가능)
- **책값:** 『김종삼정집(金宗三正集)』 50,000원, 『김종삼 · 매혹시편』 8,000원
- **은행계좌:** 국민은행/054-01-0258-284/북치는소년
- **이메일:** book-so@naver.com
- **연락처:** 010-6295-8061/02-6264-9669

도서출판 북치는소년